Monumenta Rhenaniæ Historica

Texte und Bilder zur Geschichte Bonns, Kölns und des Rheinlands

Band 12

herausgegeben von Norbert Flörken

Die Texte sind z. T. den Digitalisaten des Internet entnommen. – Rechtschreibung und Zeichensetzung sind beibehalten worden, gegebenenfalls sind Namen in der modernen Schreibweise hinzugefügt worden. Die Punkte hinter den einfachen Zahlen, z. B. den Jahreszahlen, sind weggelassen worden. Der Text der Vorlage steht in einer Serifenschrift, Zusätze und Ergänzungen des Bearbeiters in dieser serifenlosen Schrift oder in [ ]. Die Klammern der Vorlage ( ) sind durch { } oder – – ersetzt worden. Die wenigen Streichungen des Herausgebers stehen in ( ), die Seitenzahlen der Vorlagen in < >. In den Fussnoten sind die Fussnoten der Verfasser in Anführungszeichen gesetzt.

Fremdsprachige Wörter und Zitate sind *kursiv* gesetzt. Beim Seitenwechsel wurde die anfallende Trennung aufgehoben. Die häufigen Sperrungen bei Eigennamen oder Ortsnamen wurden nicht übernommen. Die Angaben zu Personen, Orten oder Sachen sind dem Portal Wikipedia entnommen.

Titelbild: Nonnenwerth und Drachenfels, by Tombleson 1832

Bibliographische Information der Deutschen Nationalbibliothek: Die Deutsche Nationalbibliothek verzeichnet diese Publikation in der Deutschen Nationalbibliographie, detaillierte bibliographische Daten sind im Internet über http://dnb.dnb.de abrufbar.

Impressum

© Norbert Flörken 2025

Verlag:

BoD · Books on Demand GmbH, In de Tarpen 42, 22848 Norderstedt,

bod@bod.de

Druck:

Libri Plureos GmbH, Friedensallee 273, 22763 Hamburg

ISBN: 978-3-7693-5284-9

INHALT

Antike 6

Mittelalter 13

Neuzeit 25

Das lange 19. Jahrhundert 59

Zeitgeschichte 207

Verzeichnis der Abbildungen 213

Ausführliches Inhaltsverzeichnis 217

Index 220

ANTIKE

GRABSTEIN DER HYLE ODER DEMO AUS THESSALONIKI[1]

Einer der wenigen Grabsteine, die nicht in lateinischer Sprache verfasst sind. Er beweist – neben den Namen verschiedener Toten auf anderen Steinen - die kulturelle Vielfalt, die in der römischen Provinz Niedergermanien vorherrschte.

ΘΕΣΣΑΛΟΝΕΙΚΗ·Μ///

ΠΑΤΡΙΣ·ΕΠΛΕΤΟ·ΟΥΝ///

ΔΗΜΟΙ·ΚΑΜ·ΑΣΙΟΣ·Β///

ΑΣ /// ΥΙΟΣ·ΦΙΛΤΡΟΙΣΙ·ΔΑΜ///

ΕΥΝΟΥΧΟΣ·ΠΕΡ·ΕΗ///

/// ΚΥΡΟΝ·ΕΗΝ·ΛΑΧΟ///

ΙΜΑΙ·Δ ΕΝΘΑ·Λ ///

ΣΟΝ·ΑΝΕΥΘΕ·Π·Ρ///ΤΡ///

---

[1] Fundstelle: (Lersch, Die Inschriften des Königlichen Museums rheinisch-westphälischer Alterthümer und der Umgebung von Bonn, 1840, S. 39); starke Abweichungen bei (Dorow, Die Denkmale germanischer und römischer Zeit in den Rheinisch-Westfälischen Provinzen (Text), 1823, S. 51 f); Bild bei (Dorow, Die Denkmale germanischer und römischer Zeit in den Rheinisch-Westfälischen Provinzen (Bild), 1823, S. Tafel 19).

Thessalonike war meine Heimat, und Hyle/Demo war mein Name. Asios, Sohn des Batallos, bezwang mich mit Liebestränken, obwohl er ein Eunuch war. Und so war meine Ehebett fruchtlos. Und nun liege ich hier, so weit entfernt von meinem Vaterland.

Diese auf dem Remigiusplatze/Römerplatz zu Bonn gefundende Inschrift ist die einzige griechische, wenigstens in Versen, die am Rhein gefunden wurde. Wegen der Schäden am rechten Rand und der nachlässigen Schreibweise ist die Entzifferung unsicher.

[0065] GRABSTEIN FÜR VELLAUNUS[2]

ein französischer Standartenträger

74x221x35 BHT

VELLAVNVS·NONNI
F·BITVRIX·EQVES
ALA·LONGINIANA
TURMA·L·IVLI·REGVLI
AN·XXXVIII·STIPENDIO
RVM·XVIII·H·S·E
EX /// STAMENTO·FACTV
CVRAVERVNT·L·IVLIVS·REG
VLVS·DECVRIO·ET·MACER·ASPADI
F·EIVSDE·TVRMA

Vellaunus Nonni
filius, Biturix eques
ala Longiniana
turma Luci Iulii Reguli
annorum 38, stipendiorum18, hic situs est.
Ex Testamento factu
curaverunt Lucius Iulius Regulus decurio et Macer Aspadi
filius eiusdem turbae.

Gefunden in Bonn, am Johanneskreuz, zwischen Kölnstrasse und Rosental. - Vellaunus starb nach 18 Dienstjahren

Vellaunus, Sohn des Nonnus, des Biturigers, Reiter der ala Longiniana, aus der Schwadron des L. Iulius Regulus, errichtet nach dem Testament von dem

---

im Alter von 38 Jahren. Die ala Longiniana war bis 70 in Bonn bezeugt.

decurio der Schwadron, Lucius Iulius Regulus, und dem Kameraden Macer, dem Sohn des Aspadius, aus derselben Schwadron.

0227 WEIHEALTAR FÜR DIE AUFANISCHEN MATRONEN[3]

Der Matronenkult war im Rheinland der Ubier und in der Voreifel weit verbreitet: ca. 850 Weihungen sind verzeichnet. In der Nische des Steins sitzen gewöhnlich drei Frauen, die mittlere ohne Haube, und halten Früchte in ihren Schoß. Man sieht in ihnen Schutzgöttinen für Fruchtbarkeit. Die Aufanischen waren sicher die populärsten unter den römischen Soldaten und Beamten, hinzu kommen andere, die allesamt einen lokalen Bezug haben.[4] - Ein vergleichbarer Stein bei (Lehner, 1918, S. 144), gefunden in Bonn vor der Stiftskirche.

57x51x24 BHT

MATRIBUS·AUFAN	Matribus Aufaniabus
NEPOTINIUS	Nepotinius
NEPOTIANUS	Nepotianus
BF·COS·PRO·SE·ET	beneficiarius consularis pro se et
SUIS·V·S·L·M	suis votum solvit libens merito
ALBINO·T·MAXI	Albino et Maximo consulibus
MO·COS	

---

[3] Fundstelle: (Lehner, 1918, S. 133 f), # 282.

[4] Allgemein siehe https://rheinische-geschichte.lvr.de/Epochen-und-Themen/Themen/kultische-zentren-und-die-matronenverehrung-in-der-suedlichen-germania-inferior/DE-2086/lido/57d11da75eb178.97404476 und https://www.sophie-lange.de/matronenkult-und-kultplaetze/koeln-das-hohe-ansehen-des-matronenkults-zur-roemer/index.php

Gefunden bei Nettersheim, aus dem Jahr 227 n.Chr.

Den Aufanischen Matronen [hat] der Nepotinius Nepotianus, konsularischer Unteroffizier, für sich und seine Angehörigen [diesen Stein] gerne gestiftet

[0245] Ehreninschrift des Marius Titius Rufinus[5]

Bemerkenswert ist diese Inschrift, die in Italien gefunden wurde, wegen des Ortsnamens von Köln: COLONIA CLAUDIA AUGUSTA AGRIPPINENSIUM: diese Auflösung von CCAA ist sehr selten. Dieser Titius Rufinus war ein hoher Beamter und Offizier, der eigentlich wissen musste, wie sein Dienstsitz hiess.

M·MARIO·M·F
STEL·TITIO·R·VFINO
COS
LEG·LEG·I·MINER·P·F
CVR·COL·CLAVD·AVG[6]
AGRIPPINENSIUM
PROCOS·PROV·SICILIAE
CVR·AMERINOR·PRAET

Marco Mario Marci filio
Stellatina [tribu], Titio Rufino
consuli,
legato legionis primae Minerviae piae fidelis [231][8],
curatori coloniae Claudiae augustae Agrippinnensium,
proconsuli provinciae Siciliae[228],
curatori Amerinorum praetori [225],

---

[5] Fundstelle: (Gruterus, 1616, S. 436); http://digi.ub.uni-heidelberg.de/diglit/gruter1616/0467 ; CIL IX, 1584 = EDCS 12401090.

[6] Gruter und (Mommsen, 1883) haben AUG, EDCS ergänzt hier "A" zu ARAE.

[8] In diesem Jahr 231 hat Titius Rufinus einen erfolgreichen Feldzug gegen die Germanen auf dem rechten Rheinufer geführt: siehe https://www.kuladig.de/Objektansicht/KLD-294846#id1.

TR·PL·Q·PROV·MACEDON
SEVIR·TVMAR·EQ·ROM
TRIB·LATICL·LEG·I·ADI·P·F
IIII·VIRO·STLITIB·IVDIC
FIDES·CVM·HELLADE·ET
TERTIO·PARENTI[7]·B·M·FEC

tribuno plebis quaestori provinciae Macedoniae,
seviro tu[r]marum equitum Romanorum,
tribuno laticlavio legionis primae adiutricis piae fidelis,
decemviro[!] st[?] litibus iudicandis.
Fides cum Hellade et
tertio parentibus fecit.

Dem Marcus Marius Titius Rufinus, Sohn des Marcus, dem Konsul, aus dem Stimmbezirk Stellatina,
dem Legaten der 1. Minervischen Legion, der ergebenen und treuen,
dem Verwalter der CCAA,
dem Prokonsul der Provinz Sizilien,
dem Prätor-Verwalter von Ameria,
dem Volkstribun und Quaestor der Provinz Makedonien,
dem Sechsmann der römischen Reiterschwadronen,
dem gewählten Tribun mit der breiten Schärpe der 1. Legion, der hilfreichen, ergebenen und treuen,
dem Zehnmann ... Streit ... Richter.
Fides hat es mit Hellas und mit einem dritten
ihren Eltern gestiftet.

(Gruterus, 1616, S. 436) *schreibt: "E Metelli, Pighii et Verdereii schedis, Beneventi in horreo templi Annunciatae, in basi." Der Stein ist verschollen* (Hainzmann, 2021, S. 16). *229 n.Chr. weiht die 1. Legion unter dem Kommandeur Titius Rufinus dem Jupiter und anderen Göttern einen Altar: CIL XIII, 08017 und* (Lehner, 1918, S. 50 f)*, EDCS-11100242.*

---

[7] Mommen und Hainzmann ignorieren Gruters Schreibweise "PARENTI·B·M" und verbessern zu "PARENTIBUS".

MITTELALTER

0948 Erzbischof Wichfrid zum Wichelshof

Erzbischof Wichfrid von Cöln † 953 bestimmt 948 n. Chr. den Sprengel und Zehntbezirk der Kirche zu Oberpleis im Auelgaue in der Grafschaft des Konradiner Grafen Hermann I. † 949[9]

In nomine sanctae et individuae trinitatis. Wichfridus sanctae Coloniensis ecclesiae divina favente gratia archiepiscopus. Noverit omnium sanctae dei ecclesiae praesentium scilicet ac futurorum sollertia, qualiter nos - dei amore pulsati - anno ab incarnatione domini nostri iesu christi nongentesimo quadragesimo octavo indictione autem sexta anno etiam gloriosissimi regis Ottonis regni XIII. determinationem subtus nominatam perfecimus et ad integrum nostrae auctoritatis largitione ad ecclesiam sanctorum martyrum Primi et Feliciani et sancti Augustini confessoris, quae constructa est in villa, que dicitur Pleisa, in pago Aualgauense sub comitatu Herimanni comitis determinamus in perpetuo habendam, ut omnia, quae antea ad eandem fuerant, separata maneant firma, et novalia eidem ecclesiae contigua, quae hucusque existebant, interminata illius respiciant stabilia. Hoc est a blanconbiechi

Im Namen der heiligen und ungeteilten Dreifaltigkeit. Wichfried, mit Gottes gütiger Gnade Erzbischof der heiligen kölnischen Kirche Gottes. Die verständigen unter allen Menschen der heiligen Kirche Gottes – jetzt und zukünftig – sollen erfahren, wie wir – getrieben von der Liebe zu Gott – im Jahr der Fleischwerdung unseres Herrn Jesus Christus 948, im sechsten Jahr der Indiktion, im 13. Jahr der Herrschaft des glorreichen Königs Otto, die unten angeführte Abgrenzung durchgeführt haben und durch die Grosszügigkeit unserer Autorität als unverletzlich festgelegt haben zugunsten der Kirche der heiligen Märtyrer Primus und Felicianus, die im Dorf Oberpleis steht, im Auelgau in der Grafschaft des Grafen Hermann, und zwar so, dass alles, was vorher zu ihr gehörte, sicher bleibt; und das dieser Kirche

---

[9] Fundstelle: (Lacomblet, Urkundenbuch für die Geschichte des Niederrheins oder des Erzstifts Cöln ... aus den Quellen, 1840, S. 59 ff).

gespringun sursum [...] et de curte dominicali in bunna Wichingi decimam [...].

Et ut haec eadem determinatio rata stabilisque permaneat, manu bonorum virorum eam corroborari fecimus. Si quis autem minime credimus contra hanc nostrae constitutionis auctoritatem dissentire in ullo vel eam annullare presumpserit, spiritus sancti iudicio feriatur.

Signum Wichfridi archepiscopi, Sig. Arnoldi, Sig. Cuniberti, Sig. [...].

Ego Adalbertus, indignus diaconus, scripsi hanc cartam.

benachbarte Brachland, das bis dato existierte, soll als unbegrenzt und dauerhaft gelten. Das heisst von Blankenbach (?) bis [...] und den Zehnten von dem **Bonner Herrenhof Wichingi**[10] [...].

Und damit diese Abgrenzung glaubwürdig und fest bleibt, haben wir sie von guten Männern eigenhändig bestätigen lassen. Wenn jemand aber – wir glauben es kaum – sich herausnehmen sollte, gegen die Autorität unserer Festlegung irgendwie opponieren oder sie sogar zu annullieren, soll er durch das Urteil des heiligen Geistes geschlagen werden.

Die Zeichen des Erzbischofs Wichfried, des Arnold, des Kunibert [etc.]

Ich, Adalbert, unwürdiger Diakon, habe diese Urkunde geschrieben.

---

[10] auch: »Wichindi« bei (Asen, 1921, S. 140) nach (Maassen, 1894, S. 216)

[0996 ODER SPÄTER] GRABSTEIN FÜR MEGINGOZ UND GERBERGA[11]

Stifter des Stiftes Vilich um das Jahr 987

Grabstein , ehemals in der Stiftskirche in Vilich, mit dem Grab wohl im 17. Jahrhundert zerstört und nur schriftlich überliefert.

A1:
Regum dulcis amor, patriae pater, altor egentum
Ecce, Megengaudus hic tumulatus inest.
Scit servare fidem divo Gerbirga marito,
Quam mors non separat coniugis a gremio.
Hoc templum propriis struxerunt ruribus ambo:
Felices, quorum praedia praeda dei.
Cum quartus decimus sol volvitur ante horizontem
Ianum, tunc senior raptus ad astra fuit.

Siehe, die süße Liebe der Könige, der Vater des Vaterlandes, der Ernährer der Bedürftigen:
Megengaudus liegt hier begraben.
Gerberga [†993 ?], die der Tod nicht vom Herzen des Gatten trennt, versteht es, dem zu Gott genommenen Gemahl [†996 ?] die Treue zu bewahren.
Diesen Tempel haben die beiden mit eigenem Besitz erbaut.
Glücklich die, deren Güter Gewinn Gottes sind!
Als die vierzehnte Sonne vor dem janischen Horizont wiederkehrte, da wurde der Gatte zu den Sternen entführt.

Die Gräber befanden sich neben dem Chor. Eine längere Fassung der Grabinschrift (A2) nennt zusätzlich eine Irmintrudis, möglicherweise eine Nichte der

---

[11] Fundstelle: DI 50, Bonn, Nr. 1 † (Helga Giersiepen), in: www.inschriften.net, urn:nbn:de:0238-di050d004k0000100.

ersten Äbtissin Adelheid [†1015], der Tochter der beiden Stifter.

1210 Caesarius von Heisterbach: Zur Finanzierung der Godesburg[12]

Da diese Erzählung eine hanebüchene Konstruktion ist, muss man in Betracht ziehen, dass auch das Geld des Juden eingearbeitet wurde, um die Verwerflichkeit des Projekts noch zu unterstreichen.

Von den Leuten, welche gesehen haben, dass Reliquien von Godesberg auf den Stromberg [=Petersberg] verbracht worden sind. [VIII, 46]

Zu der Zeit, da Herr Dietrich[13], Erzbischof von Köln, welcher noch am Leben ist, das Schloss zu Godesberg {Gudinsberg} erbaute, sah ein von Köln heimkehrender frommer Priester, als er sich dem genannten Berg näherte, wie der Erzengel Michael in bekannter Gestalt vom Godesberg nach dem benachbarten Stromberg, auf welchem der h[eilige] Petrus der Apostelfürst verehrt wird, mit ausgebreiteten Fittigen hinüberflog. Zu gleicher Zeit sah ein gewisser Dietrich, als er in Begleitung seiner Frau aus dem nächstgelegenen Dorf zur Kirche eilte, wie ein Kästchen mit Reliquien, das er öfter gesehen hatte, durch die Luft vom Godesberg weg nach dem Stromberg geführt wurde. Beide haben dies gesehen und können heute noch für die Erscheinung Zeugnis ablegen.

Willst du aber mir weniger Glauben schenken, so frage Herrn Wilhelm, den Priester auf dem Stromberg, und er wird dir bezeugen, dass er Alles aus dem Munde der Leute, die es gesehen, vernommen hat. Es hatte nämlich und hat noch der h. Erzengel auf dem Gudinsberg oder, wie Andere sagen, auf dem

---

[12] Caesarius von Heisterbach: Dialogus miraculorum (Wunderbuch) VIII,46, übersetzt von Kaufmann in AHVN 47, S.149 f.

[13] Dietrich von Hengebach (* um 1150; † um 1224) war als Dietrich I. von 1208 bis 1212 bzw. 1215 Erzbischof des Erzbistums Köln, 1212 abgesetzt.

Wudinsberg eine auf seinen Namen geweihte Kirche. Obwohl nun dieser Berg ziemlich stark und für den Schutz des Landes höchst geeignet ist, hatte es Niemand gewagt, auf demselben eine Feste zu errichten, weil es nach Aussage der Umwohner der genannten Verehrung wegen nicht geschehen dürfe. Obengenannter Erzbischof Dietrich achtete jedoch nicht auf solche Reden, sondere begann dort ein festes Schloss zu erbauen; bevor er aber mit den Mauern fertig geworden, wurde er abgesetzt. Kein Wunder, wenn diesem Schloss der himmlische Beistand entzogen wurde, da fast der ganze Bau aus den Wuchergeldern eines Juden[14], welchen der Erzbischof gefangen genommen hatte, errichtet worden ist.

1246 OKT. 22 PAPST INNOZENZ IV. SCHÜTZT DIE JUDEN VOR ZWANGSTAUFEN UND VERFOLGUNG[15]

Dieser und die beiden folgenden päpstlichen Erlasse von 1247 und 1274 haben die Massaker von 1287 nicht verhindert: Mit den – unsinnigen - Vorwürfen des Ritualmords an christlichen Jungen oder des Hostienfrevels wurden deutschlandweit tausende Juden ermordet: z.B. in Siegburg 21, in Bonn 103 Männer, Frauen und Kinder.

Innocentius episcopus, servus seruorum dei, dilectis in christo filiis fidelibus Christianis salutem et apostolicam benedictionem.

Sicut iudeis non debet esse licentia in synagogis suis ultra quam permissum est lege presumere, ita in hiis que concessa sunt nullum debent preiudicium sustinere. Nos ergo, licet in sua magis velint duritia perdurare, quam prophetarum verba et suarum scripturarum archana cognoscere atque ad Christiane fidei et salutis notitiam peruenire, quia tamen defensionem nostram et auxilium postulant, ex Christiane pietatis mansuetudine prodecessorum nostrorum felicis memorie Calixti, Eugenii, Alexandri, Clementis, Celestini,

---

Innocentii, Honorii et Gregorii, romanorum pontificum, vestigiis inherentes, ipsorum petitionem admittimus eisque protectionis nostre clipeum indulgentiis.

Statuimus etiam, ut nullus Christianus inuitos vel nolentes eos ad baptismum per violentiam venire compellat: sed si eorum quilibet sponte ad Christianos fidei causa confugerit, postquam voluntas eius fuerit patefacta, christianus absque aliqua efficiatur calumpnia: veram quippe christianitatis fidem habere non creditur, qui ad Christianorum baptisma non spontaneus sed inuitus cognoscitur peruenire. Nullus etiam christianus eorum personas sine iudicio potestatis terre vulnerare aut occidere, vel suas illis pecunias auferre presumat, aut bonas, quas hactenus in ea in qua habitant regione habuerint, consuetudines immutare.

Preterea in festiuitatum suarum celebratione quisquam fustibus vel lapidibus eos ullatenus non perturbet, neque aliquis ab eis coacta seruitia exigat, nisi ea que ipsi preteritis facere temporibus consueuerunt. Ad hec malorum hominum prauitati et auaritie obuiantes, decernimus, ut nemo cimiterium iudeorum mutilare vel minuere audeat, siue obtentu pecunie corpora humana effodere.

Si quis autem decreti huius tenore cognito temere, quod absit, contraire temptauerit, honoris et officii sui periculum patiatur aut excommunicationis ultione plectatur, nisi presumptionem suam digna satisfactione correxerit. Eos autem dumtaxat huius protectionis presidio volumus communiri, qui nichil machinari presumpserint in subuersionem fidei Christiane.

Ego Innocentius catholice ecclesie episcopus ss.

+Ego Petrus tit. s. Marcelli presbiter cardinalis [=Kardinalspriester] ss. +Ego frater Johannes tit. s. Laurentii in Lucina presb. card. ss. +Ego frater Hugo tit. s. Sabine presb. card. ss. +Ego Otto portuensis et s. Rufine episcopus ss. +Ego Willelmus Sabinensis episcopus ss. +Ego Ottauianus s. Marie in via lata diaconus card. [=Kardinalsdiakon] ss. +Ego Petrus s. Georgii ad velum aureum diac. cardinalis ss. +Ego Johannes s. Nicolai in carcere tulliano diac. card. +Ego Willelmus s. Eustachii diac. card. ss.

Datum Lugduni per manum magistri Marini s. romane ecclesie vicecancellarii, XI. kal. Nouembris, indictione V., incarnationis dom. anno M.CC.XLVI., pontificatus vero domini Innocentii pape IIII. anno quarto.

1247 Juli 05 Papst Innozent IV. an die deutschen Bischöfe[16]

Mandat des Papstes Innozenz IV. an die Erzbischöfe und Bischöfe in Deutschland, alle Maßnahmen gegen Juden zu annullieren, die aufgrund des Ritualmordvorwurfs geschehen, und ähnliche Anschuldigungen zu verhindern.

Archiepiscopis et episcopis per Alamanniam constitutis.

Lacrimabilem Iudeorum Alamannie recepimus questionem, quod nonnulli tam ecclesiastici quam seculares principes ac alii nobiles et potentes vestrarum civitatum et diocesum, ut eorum bona iniuste diripiant et usurpent, adversus ipsos impia consilia cogitantes et fingentes occasiones varias et diversas, non considerato prudenter quod quasi ex archivio eorum Christiane fidei testimonia prodierunt, scriptura divina inter alia mandata legis dicente: »Non occides«, ac prohibente illos in solempnitate paschali quicquam morticinum non contingere, falso imponunt eisdem, quod in ipsa solempnitate se corde pueri communicant interfecti, credendo id ipsam legem precipere, cum sit legi contrarium manifeste, ac eis malitiose obiciunt hominis cadaver

An die über Deutschland eingesetzten Erzbischöfe und Bischöfe

Die tränenreiche Klage der Juden Deutschlands haben wir vernommen, dass einige Fürsten, kirchliche wie weltliche, und andere Adlige und Mächtige in euren Städten und Diözesen, um ihnen widerrechtlich ihre Güter zu entreißen und sich dieser zu bemächtigen, ruchlose Ränke gegen sie schmieden und die unterschiedlichsten Vorwände erfinden – ohne vernünftigerweise zu bedenken, dass die Zeugnisse des christlichen Glaubens gleichsam aus den Archiven der Juden hervorgehen und dass die Heilige Schrift neben anderen Geboten auch sagt »Töte sie nicht« und ihnen verbietet, am Pessach-Fest irgend etwas Totes auch nur zu

---

mortui, si contigerit illud alicubi reperiri.

Et per hoc et alia quamplura figmenta sevientes in ipsos, eos super hiis non accusatos, non confessos nec convictos contra privilegia illis ab apostolica sede clementer indulta spoliant contra Deum et iustitiam omnibus bonis suis, et inedia, carceribus ac tot molestiis tantisque gravaminibus premunt ipsos, diversis penarum affligendo generibus et morte turpissima eorum quamplurimos condempnando, quod iidem Iudei, quasi existentes sub predictorum principum, nobilium et potentum dominio deterioris conditionis, quam eorum patres sub Pharaone fuerint in Egypto, coguntur de locis, inhabitatis ab eis et suis antecessoribus a tempore cuius non extat memoria, miserabiliter exulare; unde suum exterminium metuentes duxerunt ad apostolice sedis providentiam recurrendum.

Nolentes igitur prefatos Iudeos iniuste vexari, quorum conversionem Dominus miseratus expectat, cum testante propheta credantur reliquie salve fieri eorundem, mandamus, quatinus eis vos exhibentes favorabiles et benignos, quicquid super premissis contra eosdem Iudeos per predictos prelatos, nobiles et potentes inveneritis temere attemptatum, in statum debitum legitime revocato, non permittatis ipsos de cetero berühren; sie werfen ihnen fälschlicherweise vor, dass sie an diesem Fest das Herz eines ermordeten Knaben miteinander genießen in dem Glauben, dass es ihnen ebenjenes Gesetz vorschreibe, obwohl es doch offensichtlich dem Gesetz zuwider ist, und ihnen hinterlistig den Leichnam eines Toten hinwerfen, wenn zufällig irgendwo einer gefunden wird.

Mithilfe dieses und anderer Vorwände fallen sie über sie her und berauben sie ohne Anklage, Geständnis oder eine rechtmäßige Verurteilung entgegen den ihnen vom Apostolischen Stuhl milde gewährten Privilegien aller ihrer Güter, im Widerspruch zu Gott und zur Gerechtigkeit; und sie bedrücken sie mit Hunger, Kerkerhaft und so vielen Schikanen und so großen Belastungen, indem sie ihnen die unterschiedlichsten Qualen zufügen und viele von ihnen zu schändlichstem Tod verurteilen, dass dieselben Juden, denen es unter der Herrschaft der vorgenannten Fürsten, Adligen und Mächtigen schlimmer ergeht als ihren Vorvätern in Ägypten unter dem Pharao, gezwungen werden, aus den Orten, die von ihnen und von ihren Vorfahren seit unvordenklichen Zeiten bewohnt super hiis vel similibus ab aliquibus indebite molestari; molestatores etc.

Dat. Lugduni, III Non. Iui. anno V°.

In eundem modum archiepiscopis et episcopis per regnum Francie constitutis.

wurden, elendiglich zu fliehen, weshalb sie, in der Angst, gänzlich ausgelöscht zu werden, beschlossen, sich an die Fürsorge des Heiligen Stuhls zu wenden.

Da wir also nicht wollen, dass die vorgenannten Juden ungerechterweise misshandelt werden, deren Bekehrung der Herr in seinem Erbarmen erwartet {da man glaubt, wie der Prophet bezeugt, dass ihr Überrest dereinst erlöst wird}, gebieten wir, dass ihr euch zugewandt und milde erweist und, nachdem alles, was ihr im Sinne des Vorgenannten gegen dieselben Juden durch dieselben Prälaten, Adligen und Mächtigen frecherweise unternommen findet, auf rechtmäßige Weise zurückgenommen ist, ihr nicht zulasst, dass sie weiterhin deswegen oder wegen ähnlicher Dinge von irgendwem ungerechterweise belästigt werden. Die sie aber derart belästigen, etc.

Gegeben zu Lyon, an den 3. Nonen des Juli, im 5. Jahr

In derselben Weise an die über das Königreich Frankreich gesetzten Erzbischöfe und Bischöfe.

NEUZEIT

1569 Visitationsprotokoll der Pfarrei St. Johannes des Täufers, Metternich[17]

Dominus Joannes Hamerius, pastor in Metternich, habet ecclesiam ex collatione quondam Rev[erendissimi] domini a Weda; una cum sculteto ibidem et aliis parrochianis inquisitus. Nulli defectus, sed omnia catholice servantur. Nullos hereticos habent. Domicellus Joannes Metternich in festo Pasch[a]e advocari curat aliunde, qui ipsi cum familia communionem porrigit, sed qualiter nescit.

Publicos criminosos non habent, sed quendam adulterum, qui conventus [est] per sutorem fiscalem.

Parrochiani cum pastore contenti [sunt], non adeo bene propter senium audit, sed bene concionatur et parum competenti[a]e habet, nisi 30 jurnalia terr[a]e arabilis et adhuc qu[a]edam exigua emolimenta, ut vix vivere possit. Domus dotis[18] et structura ecclesi[a]e bene conservantur. Scholam pro iuventute instituenda non habent.

Herr Johannes Hamer, Pfarrer in Metternich, hat die Kirche nach einer damaligen Collation durch den hochwürdigsten Herrn Hermann von Wied; zusammen mit dem Schultheiss dort und anderen Pfarrangehörigen. Es gibt keine Ungläubigen, vielmehr wird alles katholisch gehalten. Sie haben keine Ketzer. Der Grundherr Johannes Metternich lässt am Osterfest [die Leute] von überall her holen, er selbst nimmt mit seiner Familie die Kommunion, weiss aber nicht, warum.

Bekannte Straftäter haben sie nicht, aber einen Ehebrecher, der ... Schuster ... Steuer...

Die Pfarrangehörigen sind mit dem Pfarrer zufrieden, wegen seines Alters hört er nicht gut, predigt aber gut, er hat wenig Unterstützung, nur 30 Tagessätze Ackerland und dazu geringe Erträge, so dass er kaum leben kann. Die Güter des

---

[17] Nach: (Franzen, 1960, S. 226). Siehe auch: (Heusgen, 1926, S. 228).
[18] Eigentlich: dotes.

Blanckhardt et Schaipman decimas habent.

Hauses und der Bau der Kirche werden gut gepflegt. Eine Schule für die Erziehung der Jugend haben sie nicht. Blankart und Scharpmann haben den Zehnten.

1687 NN »KURZE ANZEIGE WELCHER GESTALTEN DIE ARCHIDIACONAL STIFTSKIRCH SANCTORUM CASSII ET FLORENTII ZU BONN [1583 FF] DURCH EIN UND ANDEREN ZUFALL IN GROSSEN SCHADEN UND MERKLICHEN ABGANG GERATHEN«[19]

Als nach schändlichem abfall des apostatischen erzbischofen und churfursten Gebharden Truchsesen von Wal[d]burg dessen befelchhaber und bruder Carolus im jahr 1583 aus hiesigem sancti Cassii Stiftskirchen hohen altar die mit wertesten orientalischen steinen und unvergleichlicher kunst ausgearbeitete vier uberaus kostbare tumbas [=Sarkophage] der heiligen Cassii, Florentii, Mallusii und Helenae herausgeriessen und dieselbe sampt allem anderem zum dienst gottes verordnetem gold- und silbergeschier zu behuef seines zusammen gerafften gesindels zergiessen und vermünzen lassen, und vier jähr hernach Martin Schenck, der Truchsesischer freibeuter, redelsführer, den 22ten decembris 1587, dieser statt Bonn sich *per stratagema* bemächtiget, hat derselb sampt seinen raubvögelen obbesagte stiftskirch aller ihrer Ornamenten {so fast in unglaublicher werth und vielheit bestanden}, gestalt zum hohen altar allein dreisig von gold, silber und allerhand seiden gewand vorrathig gewesene ganze also genante Capellen, über dreisig silber

---

[19] Fundstelle: (Pick, 1884) nach einem Manuskript im Besitz des Eberhard von Claer (1856-1945).

übergoldete kelchen, und zu 28 dahezumalen in der kirchen gestandenen nebenaltaren aller behoerender paramenten also gar beraubet, dass darab nit nagelsbreit uberblieben; und darbei es nit gelassen, sonderen alle altaria, gemalde, bilderen, fensteren, holz und eisenwerk zumalen zersplettert, den inbäu schändlich deformiret und veröedet, die kirch abscheulichst verunreiniget und enthailiget, also dass in 9 monaten nit allein kein gottesdienst darin verrichtet, sondern nacht und tag offenstehendes gotteshaus dieser ketzerischer bubenrotten zu allem greuel und abomination so eine lange zeit hat mancipiret bleiben müssen, durch welche zweifachige hochstbeweinliche kirchenräuberei, so dan deren an- und zugehoerigen gebäuen beschehene Verwüstung mehr dan über 110,000 daler {wie alles punctatim specificirt sich befindet} diese stiftskirch in der that damnificiret worden,

und wie selten ein ungluck allein, *aut vix malum sine comite*[20], so hat diese arme desolate kirch scharpfest herhalten und den dritten lethal streich *in vigilia sancti Jacobi* 1590[21] ausstehen müssen, indeme durchs ungewitter die spitze des grosseren thurns mit dem donnerschlag berühret und zugleich angezündet worden, also dass in wenig stunden alles bleienes tachwerk der kirchenthürn sampt allen neben und anklebenden gebäuen eingeäschert, alle glocken {deren gewicht mehr dan in 230 centner oder 24 880 [pfünd]er bestanden} verschmolzen, auch die nach ausgestandener obgedachter plünderung zu wiedereingeführten gottesdiensts säurlich erbettelte, jedoch viele paramenta neben mehrerem theil des *archivi* verbrent worden.

1621 JURISTISCHE TEXT DER STADT KÖLN

»Concordate, Verträge und Verbündnisbriefe«

Cöllnische reformation | Das ist: | DEß HEILIGEN RÖMISCHEN Reichs Edler und Freyer Stadt Cölln hiebvevorn auffgerichte und durch die Käys[erliche] Mäyest[ät] auch respective den Ertzbischofen und Churfürsten zu Cölln bestettigte Reformation Statuten und Ordnungen. | Deßgleichen die CONCORDATEN, VERTRÄGE UND VERBÜNDNUßBRIEFFE, so zwischen dem Ertzstifft unnd

---

[20] d.h. »kaum ein Böses ohne Begleiter«.
[21] d.i. am Vorabend des 25. Juli.

ThumbCapitul, so dann der Stadt Cölln, wie auch mit den Fürstlichen Häusern Braband und Gülich, vor diesem unterschiedlich auffgerichtet und vereynigt worden. | Mit einem volkommenen Register vermehrt und auffs new an tag gegeben. |

Justitia [est] Mater constitutionum & legum.
Consulis & Magistratus officium est, Jura, & Leges Civitatis defendere.
Justitia & pietas, validae sunt Principis arces,
Nulla Tyrannorum vis diuturna manet,
Nam Deus est justus, justaque facta probat. |

Nürnberg, | In Simon Halbmayern Buchladen zu finden. | MDCXXI.[22]

REGISTER UEBER DIESE COELLNISCHE REFORMATION, STATUTEN, ORDNUNGEN, CONCORDATTEN UND VERTRAEGE, ETC.

Sowoln deroselben unterschiedliche Titul und Artickel.

Zuerst die Verfassung der freien und Reichsstadt Köln; daneben aber auch ein Katalog von Grundrechten, eine Strafprozessordnung, ein Ehrenkodex der Ratsmitglieder und bürgerliches Gesetzbuch.

Blat

Statuta unnd Concordata der Stadt Cölln inn vollem Raht, vermittels Eyds auffgericht Anno 1427   1

Eyd der newen Rahtsherren   3

---

[22] Fundstelle: SUB Göttingen; https://gdz.sub.uni-goettingen.de/id/PPN620079231 .

Eyd der Herren Gråf und Scheffen 4

Wie ein E[hrbarer] Raht diese Statuten zu handhaben 4

Eyd der Stadt Prothonotarien unnd Secretarien 4

Eyd, so ein Raht und Burgerschafft zu Cólln eim newen Römischen König låystet 5

HuldungsBrief deß Römischen Königs 6

Huldungbrief deß Ertzbischoffs gegen der Stadt Cólln 9

An jetzo folgen die

Statuten und Concordaten.

Art. Blat

1 Wie unnd wohin man bey verlustigter Urtheil von dem Hofe oder hohen Gericht appelliren solle 10

Wie der Appellant die Appellation zu prosequiren Versicherung thun solle 11

Wie die Appellation vor dem Ertzbischoff etc. zu prosequiren 12

Wie vom Ertzbischoff ans Kåyserliche Cammergericht zu appelliren 13

2 Von Testamenten unnd erblichen Vermåchtnussen, wie die auffzurichten 13

Wie die Testament binnen Jahr unnd Tag zu schreinen[23] 14

---

[23] Schreinsbücher waren im mittelalterlichen Köln die Vorläufer der heutigen Grundbücher.

3   Von Erbsbesetzungen ausser der alten Mauren unnd aussen Arßburger und Nidriger Gericht gelegen   15

4   Von besetz und Einschreibung der unmündigen Kinder Legaten   15

5   Daß die Testament über fahrende Güter zu schreinen unnötig   16

6   Von ErbRenten so von LeibsErben zu LeibsErben zu ersterben, besetz werden   16

< >

7   Wie man Erbe, so kein Schreingut ist, verbriefen soll   17

8   An welchen Gerichten die strittig Erbgüter zu besprechen seyn   18

9   Wie es mit vermächtnussen zwischen Mann unnd Weib, so keine Kinder haben, und deren eins stirbet, zu halten   19

10   Wie es zu halten, wann Mann oder Weib, so keine Kinder haben, ohne Testament stirbt   20

11   Von Eheleuten gssammender Hand, da deren eins ohne Testament ableibig wird   21

12   Daß der Letzte und überlebende Ehegenoß von seinen Kindern zur theilung nicht zu tringen   22

Wie die Kinder mit den letztlebendigen Eltern theilen mögen   23

Welcher gestalt die Kinder ihrer abgestorbenen Eltern Schulden zu zahlen schuldig   24

13   Daß man die Kinder, als das Beth zweyer Eheleut gebrochen, ohne deß letzt lebendigen willen nicht schreinen soll   24

14   Von Schuld der abgestorbenen Eltern so zu einer Hand gesessen   25

15   Was die Scheffen von vermåchtnussen unnd Testamen-   26
     ten etc. zu siegeln haben

16   Der Scheffen unnd Amptleue Sigelgelt von Schulden   27
     unnd Leibzucht etc.

17   Was man von einer vermechtnuß etc. inn oder auß dem   27
     Schrein zu schreiben geben soll

18   Daß alle Erben vom hohen Gericht inn die Schrein ihrer   28
     Kirspel zu bringen

19   Was von Aufftracht Erbs, Erblicher Rent und Zinß an ein   28
     Schrein zu verkunden

20   Was davon auß einem Schreine ans Gericht zu verkun-   29
     den

21   Der Scheffen verkundlohn, von Gerichtlichen sache an   29
     ein Schrein oder Gerichte

22   Daß man der Scheffen Schrein am hohen Gericht, alle   30
     wochen eins öffnen soll

23   Scheffen deß hohen Gerichts sollen an keinem andern,   30
     dann an ihrem Schrein Schreinmeister seyn

24   Wie die Scheffen irer eigen Schuld halben am hohen Ge-   30
     richt mit Recht zu besprechen

25   Keinem außwendigen das ScheffenbruderAmpt zu ver-   31
     kauffen

26   Daß man einem Scheffenbruder sein Ampt abpfenden   32
     mag

27   Wie man ein Scheffenbruder mit dem Richter Botten ge-   32
     bieten mag

28   Peen, wie die Scheffen deß hohen Gerichts, über tagzeit   33
     in der Wochen dingen sollen

28   Wie lang ein Scheff über ein Urtheil, so er empfengt, Be-   33
rahtzeit nemen soll

29   Vom Angriff eines Burgers   35

31   Wie die Scheffen einen mißthaetigen Menschen zum   35
Todt verurtheilen sollen

< >

32   Die Scheffen, Schreiber und Fürsprecher sollen den Leu-   36
ten nicht rathen

33   Die Scheffen, Amptleut, Schreiber, Procuratores und Ge-   36
schworen, sollen keiner Partheyen Tag leisten, in Verfassung der Urtheil

34   Benandte Personen sollen keine Gaben von jemand neh-   37
men

35   Eyd deß hohen Gerichtschreibers etc.   37

36   Der hohe Gerichtschreiber soll kein Fürsprech noch je-   38
mands Mombar seyn

37   Was die Fürsprecher am hohen Gericht schweren, und zu   38
lohn haben sollen

38   Was Gräff unnd Scheffen von verwundten und Todten zu   39
besichtigen haben sollen

39   Was vom Bescheyde und Beleyde zu geben   40

40   Wie der unmündigen Kinder Erb zu verkauffen, und das   40
Gelt wider anzulegen seye

41   Was von Erb und Pfänden, die von Gericht außgeruffen   41
werden, zu geben

42   Niemands, so zu einer Hand sitzt, soll sein Erb mit arglist   42
fällig werden lassen

43   Daß kein Burger, so inn schaden oder noth geräht, ohn   42
vorwissen deß Rahts, auß Cölln weichen soll

44   Welche jhr Gut mit Auffsatz entfrembden kein Gleidt zu   44
geben, mit angehengter straff

Von Kummer[24] auff fahrende Haab und Gûtter   45

45   Wie man auff Kummer dingen und fortfahren soll   47

46   Straff unnd Peen, so jemandts Kummer verbricht   47

47   Brûche, wer frembde gekûmmerte Gûter, auß dem Kum-   48
mer ohne erlaubnus deß Klâgers folgen lesset

48   Von Kummer der Person fûr Gelt und einzusagen, Ehr   49
und glimpff, oder Criminalsachen

49   Von Gerichtlicher ansprach oder zusag, auff einverwil-   50
ligte summa Gelts

50   Burger, welche zu Côlln fûr 100 Goltgulden geerbt, sind   50
kummerfrey

51   Von demselben Punct deß Kummers   51

52   Vom Kummer der Geistlichen Personen   52

53   Vom Kummer auff Burger unnd Burgerischen, so unter   52
andern Herrschafften wohnen

54   Keine Burger noch Eingesessene zu bekûmmern   53

55   Vom Kummer der jenigen, so zu Côlln nicht geerbt noch   54
begûtert, und reumig weren

56   Was gestalt dic Richterboten inn keines Burgers Hauß   54
gehen sollen, jemands zu kûmmern

57   Brûche, wer die Gerichtboten oder Partheyen, inn ihrem   55
Ampt, mit Worten oder wercken, beleydiget oder schlâgt

< >

---

[24] in spätmittelhochdeutscher und frühneuhochdeutscher Rechtssprache 'Beschlagnahme, Arrest, Verhaftung' (DWDS).

Straff der Gerichtsboten übertretung   56

58   Wie die Gebot, Pfandung Ansprach und Gerichtliche Verfolgung geschehen sollen   56

59   Straff und Brüche von Gerichtlicher Pfåndung   57

60   Ordnung und Straff, wider Geistliche Inhibition und Außlåndisch Gericht   58

61   Von Inhibition, die von Geistlichen Personen geworben werden   61

62   Von Inhibition der außwendigen Leuten   61

63   Von verwillkührten Poenen inn Compromiss unnd anderen Sachen   62

64   Erb und Güter, so Geistlichen Leuten versetzt, inner Jahr unnd Tag zu verkauffen   62

65   Straff der öffentlichen Strassenschender, Rauber, Brenner oder Gewaltthåter   64

66   Wie man es mit geraubten unnd gestolenen Gütern halten solle   64

67   Straffung von empfangener Rantzion [Lösegeld] unnd Brandschatzung inn Cölln   65

68   Straff der außwendigen, so zu Cölln Brandtschatzung empfiengen   65

69   Straff wer verdåchtige Leut heimlich auffhelt   65

70   Straff von auffhaltung der Rauber und Strassenschender   66

71   Straff wer der Stadt Cölln Feind herbergt   66

72   Straff vom aufflauff unnd verbündnussen   67

Beståtigung deß Verbundbriefes[25] etc.   67

Straff von Gespråch unnd verbůndnuß wider den Raht zu Cȯlln   68

73   Senatus consultum Macedonianum[26] etc.   69

74   Straff der Unterkauffer unnd Finantztreiber   71

75   Verbot heimlicher Tavernen und Cammeretten   71

76   Brůche, welche Wierdt jhre Gåste etc. deß nachts nach eylff Uhren auffhalten   71

77   Straff, daß kein Bůrger von außwendigen Herrn Vehde oder Drawbriefe werben solle   72

78   Von Erblichen Gifften und Aufftrachten, so zu Nachtheil der Creditorn geschehen   74

79   Reformation der alten Recht- und Morgensprache in Cȯlln, von newem beståtigt   76

80   Buß unnd Brůche, wer sich ungebůhrlich vor dem Gerichte halten wůrde   76

81   Pȯen unnd Straff, wer Richter, Scheffen unnd Amptleut im Gericht låstert   78

82   Brůche der außwendigen Leuthe, die vor Gericht unhȯrsch weren   79

< >

83   Leibstraff der geboten Friede mit Messer oder Gewehr verbrůche etc.   79

84   Leibstraff, der den andern in seinem Hauß schlågt   80

---

[25] Der Verbundbrief von 1396 war die erste Verfassung der Stadt, die Grundlage für die erste gewählte städtische Vertretung der Bürgerschaft, den Kölner Rat.
[26] Siehe https://de.wikipedia.org/wiki/Senatus_consultum_Macedonianum.

85	Straff, daß niemands dem andem inn sein Hauß oder Hoff steigen noch [ein]brechen soll	80
86	Straff, wer jemandt auff dem Rahthauß oder in dem Gericht etc. schlägt	81
87	Straff, von Weglagen unnd Gewaltsachen	81
88	Straff, welcher deß andern Hauß mit gewalt auffschlůge	82
89	Straff der Burger etc. so außlåndisch Gericht suchen	82
90	Bruch deren, so der Stadt Cólln Burger an frembde Gericht citiren theten	83
91	Ein E. Raht zu Cólln wil solche citirte vertretten	85
92	Bruch von Arrest und Außlåndischem kummer an Leib unnd Gut	86
93	Straff, daß kein Burger noch inngesessener dem andern ausser Cólln citirn oder laden soll	86
94	Straff, Ob ein Burger dem andem vor Geistlich Gericht laden thete	87
95	Kein Geweyhte Person soll Burger Freyheit brauchen	87
96	Straff der Kuppelerschen und Huren Auffhalter	88
97	Straff deren, so Cólln verschworen haben	88
98	Straff deren, so zum andermal auß Cólln verwiesen sind	89
0	Noch ein Punct von verwiesenen Leuten	89
99	Straff deren, so verwisene Leut herbergen	90
100	Straff deren, so der Stadt Feind auffhalten	90
101	Straff und Eyd der Stadt: unnd Gerichtsboten die verwiesene Leut in der Stadt anzugreiffen	91
102	Straff von Schweren, Fluchen und Bilderschenden	92
103	Straff von Ehebruch unnd Ehescheydung	92

104 Straff ob jemands dem andem sein Weib entführede 93

105 Straff zwyfältiger Ehegelübd 94

106 Enterbung der Kinder, so sich ohne Wille jrer Eltern 94
verheyraten

107 Straff Gewalthetiger entführung der Kinder 95

108 Straff der Müssiggänger unnd Mulenstosser [?] 95

Ordinantie auff die Gerichte binnen der Stadt Cölln.

109 Vom alter deß Richters, Scheffen und Gerichts Perso- 96
nen, auch daß kein Richter Gelt auss sein Ampt beleh-
nen soll

110 Was von urkund und bekandnussen etc. zu geben 97

111 Wie die Gerichtspfandungen zu geschehen undd was 97
davon zu geben

< >

112 Botten der Gebürhauß nicht zu pechten 98

113 Von belohnung der Fürsprecher in den Gebürhäusern 98

114 Daß man von dem Geding nicht auffstahn soll, die 98
KirspelsMeß sey auß

115 Von Appellation unnd beschuldigung der Urtheil inn 99
den Gebürhäusern

116 Das kein Schreiber, Fürsprecher an demselben Ge- 99
richt seyn solle

117 Der Gerichtschreiber und sonst niemand soll das Ge- 100
richtsbuch inn Verwahrung haben

Abschaffung der newen Auffstande im Gericht 100

118 Eydspuncten aller neuer Gerichts Personen 100

119   Von der Amptleute verträge auff Meisterschafften   101

120   Was von Urkunthen zu geben   101

121   Was von Urkunten an den Schreinen unnd außwen-   102
      digen Gerichten zu geben

Folget der SchreinOrdnung.

122   Was von Urkunth und innschreibung der Schrein zu   102
      geben

123   Von verurkunthung der Testament   103

124   Urkunth von einem Schrein inn das ander   103

125   Von einem Urkunth zu nehmen   104

126   Wie die Urkunth registrirt   104

127   Von Urkunth der kummer unnd Anweldigung   104

128   Wie die Geistliche Güter zu schreinen   105

129   Wie der Schreinschlüssel zu bewaren   105

Folgen etliche Unkost unnd Belohnung der Schreinherren etc.

130   Innschreibung von Hauß unnd Hof   107

131   Von Erbzinß innschreibung   107

132   Von Leibzucht und Erblicher innschreibung   108

133   Urkunth von Erblicher Übergabe   108

134   Urkunth von Erbversetzung   109

135   Was von eröffnung der Schrein zu geben 109

136   Wie auff die widersprechung am Schrein zu procedi-   109
      ren

138   Die alten Namen der Hǎuser und Erben in den Schrei-   110
      nen sollen nie verwandelt werden

Finis Statutorum

Concordaten zwischen dem Ertzstifft und der Stadt Cǒllen A° 1506 auffgericht

1   Vom unterschied deß Welt: unnd Geistlichen Gerichts   112
     zu Cǒlln

     Der Official soll in Weltlichen sachen kein Richter seyn   113

2   Wie die Doctores die Geist- unnd Weltliche Sachen ent-   114
     scheiden sollen

3   Warǔber der Official nicht richten soll   115

4   Von Citirten Cǒllnischen untersassen, fǔr dem Official   116
     etc.

5   Von Kummer und Arresten deß hohen Gerichtß zu   117
     Cǒlln, auff außlǎndische Personen

6   Wie es mit gekǔmmerten Leuten zu halten   118

7   Man soll keinen Todten Leichnam, sondern allein des-   120
     selben Gǔter kǔmmern

8   Was gestallt das gestolene: und gefundene Gut zu resti-   121
     tuiren

9   Wie die Gewaltrichter dem Grǎfen in execution und   122
     pfandungs Sachen, beystand leisten sollen

10   Wie sie sich inn Leibspfǎndung zu verhalten   123

11   Von rechthǎngigen sachen am Hohengericht   124

12   Die Gråff und Scheffen sollen kein Consultation Gelt   126
      von den Partheyen nemen

13   Von Stapell, Ventgůter, und Wågengerechtigkeit zu   126
      Cölln

14   Burgermeister und Raht zu Cölln mögen Geleyd geben   128

15   Gelobte Puncten, zwischen dem Ertzbischoff und der   128
      Stadt Cölln

16   Verzug deß Ertzbischoffs auff deß Bapsts: und der Stadt   130
      Cölln auff deß Kåysers Processen

Reformation der Stadt Cölln von anordnung deß Rahts, Gerichts Personen, und etc. durch D[octor] Cunrad Betzdorpium[27], der Stadt Syndicum ordinirt.

Reformation deß Cöll[nischen] Gerichtsprozeß   136

Von dem Richter Ampt   136

Form der Richter Eydt   138

Vom Gerichtschreiber Ampt   138

Der Gerichtschreiber Eydt   142

Von Procuratorn und Fürsprechen   143

Deroselben Eydt   146

Von armen Partheyen Rechtssachen   147

Eyd der Armen   147

Ordnung deß Gerichtlichen Proceß   148

Von Citation und Ladung   150

---

[27] Konrad von Betzdorf (1518–1586), Stadtsyndicus, Vizekanzler und 1567 Rektor der Universität Köln, Verfasser der Kölner Prozessordnung.

Von ungehorsamb deß beklagten 151

Von Gerichtlichen Klagen 154

Von dilation und Auffschub der Zeit 157

Von Exception und Außzug 158

Von Reconvention oder Gegenklag 161

Von Responsion und Antwortung 162

Von dem Eyd vor Gefährt 163

Von Beweiß 164

Von Bekandtnussen 164

Von Beweiß durch Zeugen 165

Von Fragstücken 166

Von verhörung der Zeugen 167

Von eröffnung der Zeugen sage 168

Von Instrumenten Sigel und Brieffen 168

Von beschliessung der sachen 169

Von eröffnung der Urtheil 169

Von Appelliren 170

Von Apostolen zugeben 172

Wie der Appellant nach gethaner Appellation prociren solle 174

Wie auff de sertion der Appellation gehandelt werden solle 176

Von Execution unnd Vollstreckung der Sententien 178

Taxa salarii Notariorum Judiciorum Senatus Coloniensis 182

Von allerhand Gerichts gebür, unkosten, und dero Boten belohnung etc. 183

< >

Union oder verbunds Brief der Stadt Cőlln A° 1396 auffgerichtet.

Rahts Authoritet und Gewalt in Stadtsachen — 4

Von deß Rahts Eyd — 5

Von der Rahts Chur oder Wahl — 5

Wie die Rahts Personen qualificirt unnd geschickt seyn sollen — 8

Unpartheyische RahtsChur zu halten — 8

Der Raht zum halben Jahr abzugeben — 9

Straff der sich des RahtsChur weigerte — 9

Was für Leut nicht in Raht zu memen — 10

Straff deren, so einem Raht widerstreben — 10

Burger sollen in Auffruhr der StadtFahnen folgen — 11

Straff der Auffrűhrer in Cőlln — 12

Ein E. Raht alle Zwist zu richten — 12

Heimliche verbűndnussen verboten — 12

Alle Ampt unnd Gaffeln sollen ungescheiden bleiben — 13

Alle Burger und Imwohner solln auff diesen Verbundsbrief schweren — 14

Zu solchem Brief die außwendigen Burger unverbunden — 14

Von besiglung solchen Verbundsbriefs — 15

Ob solcher Brief verwahrlost wűrde — 15

Bestātigung deß Verbundsbriefs etc. — 16

Bevestigung solchen Briefs — 16

Transfix[28] auf den Verbundsbrief

An[no] 1513 durch den Raht und ganze Gemeinde zu Cölln auffgerichtet

1.	Kein heimlichen Raht oder vergaderung zu halten	21
2.	Brief von Fürsten oder Städten, wie die zu eröffnen	22
3.	Wie des Rahts befelch außzurichten	22
4.	Wer ein Raht zu kiesen	22
5.	Von Geschicklichkeit der 44 Gaffelherren	22
6.	Von eröffnung auswendiger Briefe	23
7.	Praesens unnd Essen in der Rentkammer abgeschafft	23
8.	Von deß Rahts Secretarien, Prothonotarien unnd Syndico	23
9.	Von Werbung der Stadt Privilegien	24
10.	Inn was sachen eins Rahts Secrets zu offenbaren	24
	Straff, wer muthwillig über ein Raht klagte < >	25
11.	Von eröffnung der Stadt Freyheiten	25
12.	Wie der Stadt Statuten zu drucken	25
13.	Wie der Rittmeister Chur in Cölln auß allen Gaffeln zu ge-schehen	26
14.	Wullen Ampt erst 2 Rittmeister zu kiesen	26
15.	Wie starck der Rittmeister dem Ritt thun sollte	27
16.	Wie die Accinß und Bruche alle vierthel Jahrs zu rechnen	27
17.	Die Accinß ohn der Gemein willen nit außzuthun oder zu erhöhen	28
18.	Von Beckern und der Olichsmaß etc.	28
19.	Welche Stadtdienst ein Raht etc. zu vergeben	28

---

[28] Transfixbrief von 1513.

20. Niemand soll 2. Stadtdienst bedienen — 29

21. Von der Stadt vereydeten Werckleuten — 29

22. Von eröffnung der Rentkammer — 30

23. Von ablegung der Stadtrechnung etc. — 30

24. Kein Burger unverhörter sachen gefänglich einzuziehen etc. — 31

25. Wie die gfangene Burg[er] zu verhören — 32

26. Straff, so ein Rahtsman sein Mitburger mit unwarh[eit] am Raht betrüge — 32

27. Gesetz Herren über Brautlaufften unnd Schatzung abgestellt — 33

28. Von Verwahrung der Stadt groß Sigel — 33

29. Keinem Fürsten, Herrn oder Stadt kein Gelt mehr zu leyhen — 34

30. Von vernew und ablosung der Renth und Leibzucht Brieff etc. — 34

31. Ein E. Raht soll niemand von seinen Rechten abschrecken noch verhindern — 35

32. Straff, so ein Bürger, den Raht oder Mitburger an fremden Gerichten fürnimbt — 36

33. Die Burger zu Cølln bey jhren Stadtrechten und Privilegien zu schützn — 37

34. Von bezahlung auß der Rentkammer — 38

35. Von bestell- und verwahrung der Rent-Cammer — 38

36. Wie die Rechnung von der Müllen und Kornkist zu geschehen — 38

37. Von Rechnung und Verwahrung der Erbrechten etc. — 39

38. Vom Ampt des Provisors — 39

39. Eyd der Provisorn in den Hospitalen — 40

Von Rechnung deß Provisors zu den Melaten < > — 42

40. Von Freyheit der Kauffleut, so Proviand gen Cölln bringen — 41

41. Welche kein Freyheit zu Cölln haben sollen — 41

42. Vom Eyd der Wihrt, Unterkåuffel[?] und Wiger[?] in Cölln   41

43. Von deß Rahts Procession auff Fastabend und Drey Königen   42

44. Im Stadtgraben kein Wild zu halten   42

45. Daß ein Raht ihre Burger vor gewallt schützen und schirmen soll   43

46. Beståtigung dieses Transfix etc.   44

47. Diesen Transfix mit dem Verbundsbrief alle halbe Jar auff den Gaffeln zu verlesen   44

48. Bekrefftigung und Siglung deß Transfix   45

Ende des Transfix Briefs

Der Stadt Cölln alte Recht und Burger Freyheiten.

49. Cölln ist ein Freye Reichsstadt, und ihre Burger sind Freye Kön. Burger   46

50. Kein Burger unverhört zu fangen noch zu thurnen[29]   46

51. Wie die Burger in Excessen mit Recht zu besprechen   47

52. Unterscheid deß Geist[lichen] und Welt[lichen] Gerichts zu Cölln   47

53. Welcher gestalt ein Burger mit Geist. Gericht zu besprechen   48

54. Straff, wer der St[ådtischen] Gericht veracht   48

55. Kein Burger wider Eyd und Stadtrecht zu beschweren   49

56. Appellation und Protestation den Burgern zugelassen   49

57. Kein Burger mit ungebührlichem Eydt zu beschweren   49

58. Kein Burger an Leib und Gut wider Recht zu beladen   50

59. Menniglich mag den Burgern zu jrem rechten dienen   50

60. Burger so das Leben verwirckt, bleibt den Kindern das Gut   50

---

[29] = in den Turm zu sperren.

61. Burger so ihr Ehr verlohren, behalten jre Gůter   51

62. Kein Burger wider Stadtrecht zu beschweren   51

63. Daß durch außwendige Urtheil kein Burgergůter zu exequiren   51

64. Kein Burger mit frembden richtern zu beschweren   52

65. Umb was sachen ein Burger der Stadt zu verweisen   52

66. Von deß Rahts Gewalt und Author[ität]   53

67. In was sachen der Burger Håuser mit gewalt zu erøffnen   53

68. Wie ein Burger den andern in Leib und Erbsachen mit Recht zu besprechen   53

69. Grosse Freyheit enes jeden Burgers in seinem Hauß   54

70. Von angrif Geist. Personen in Cølln   54

71. Daß kein Frembder den andern zu Cølln fangen oder antasten soll   55

72. Straff deren, welche zu Cølln Brandschatzung empfiengen   55

73. Von Freyheit der eigen Leute zu Cølln   55

74. Straff, wer die Statmauren ůbersteig   56

75. Von Freyheit der KindbethFrawenHåuser in Cølln   56

76. Wie die Bůrger ein mißthåtigen Mann verhalten møgen   56

77. Kein Burger mit außlåndischen Gericht zu beschweren   57

78. Wie die Erbliche einschreibung an den Schreinen zu geschehen   57

79. Wie die Scheffen deß hohen Gerichts außwendige Urtheil zu wissen   57

80. Kein Burger etc. Schuld halben zu arrestiren   58

81. Keinem Burger urkunt an den Gerichten zu wåygern   58

82. Wie die Appellation an den Churf[ůrsten] und Kays[er] zu geschehen   58

83. Wie die Testament und Legaten zu schreinen   59

84. Keinem Burger sein Gut ohne Recht abzuschetzen   59

85. Von Schuld, die Mann und Weib zusammen, oder besonder machen   60

86. Straff so ein Burger den andern mit Geist. Gericht vornehmen   62

87. Von Theilung und Erbung der Eltern mit den Kindern   62

88. Der sein Burgerschafft zu Cölln auffsagt, mag mit 500 Mark wider Burger werden   63

89. Von Erbung und versteidung[?] der Bastart Kinder   63

90. Ein [...][30] macht keine Bastart   63

91. Von aufflösung deß Kåysers Aacht   64

Sterbfall zwischen Eltern und Kind < >   64

92. Alte An.1385 auffgerichte Gesetz zu verhüten, daß die Weltlichen Erbe nit in der Geistlichen Hånde kommen noch verbleiben sollen, als:

   1) Straff deren, so den Geistlichen einige Erbgüter verkauffen   65

   2) Von LeibZucht der Geistlichen Personen   65

   3) Daß auff die Geist. Personen keine Erbgüter zu Schreinen   66

   4) Wie die Geist. Personen ihre Erbliche Legata in Jar und Tag zu verkauffen   66

   5) Von unverzigen Geistlicher Personen anerstorbenGüter   67

   6) Wie die Geist. jhre anerstorben Güter besetzen mögen   67

   7) Von FahrZinß der Geist. Personen und bawfålligkeit der Erben   67

   8) Wie der Geist. FahrZinß zu freyen   68

   9) Gebot an die Schrein über Geistliche Güter   68

   10) Straff der Übertråtter obgemelter Geist. Ordnung   68

---

[30] Ein Wort unlesbar.

46   Morgensprach von wucherlichen Contracten und unter-   69
     kauff

47   Von vereydten Unterkäuffern   72

48   RahtsHerrn sollen kein unterkauff noch wucherliche   73
     Contracten hanthieren

Folget die Cöllnische Schreinordnung Anno 1473 auffgericht.

So man etwas schreiben mag in den Schreinen ohn gericht   80

Von alten Gelt in den Schreinen zu Cöln   82

Bericht was der Goltgulden und andre Geltsorten von vilen   83
Jahren hero gegolten

Der Payments Herrn Rolle über Golt und Silbern Müntz zu   87
Cölln

Straff der Geltbeschneider und Verfälscher   89

Straff, welche gute Müntz zu leichtem Gelt theten vermüntzen   90

Artickel, auff welche ein jeder newer Rahtsherr zu Cölln seinen
Eyd thun und leisten soll.

Rahtsherrn sollen getrew, verschwiegen und gehorsamb   91
seyn

Wie und wan man zu Raht folgen solle   91

Von Extraordinari Rahtstag etc.   93

Von der Stadt Rentmeister und Beysitzer Ampt auff der   93
RenthCammer

Entschuldigung, die durch absterben ihrer Freund 10 tag auß-   93
bleiben

Wan man auß dem Raht auffstehen mag   94

Brüche, daß niemand im Raht in deß andern wort sprechen solle 94

Brüche, daß niemand deß andern wort im Raht straffen solle 94

Rahtspersonen sollen der Stadt Empter etc. nicht besitzen 95

Wie ein Raht solche Empter zu bestellen etc. 95

Alle viertel Jahr die erfallen Bussen zu sprechen 96

Vom Eyd der Burggrafen und ihrer Knechte 96

Was man für Leut zu der Stadt Emptern kiesen soll 96

Daß niemand in Raht zu erwehlen, der andern Herren verpflichtet ist 97

Wann ein Rahtsherr Partheyligkeit wegen auffstehen solle 97

Wann Schöffen unnd Amptleut im Raht auffstehen sollen 97

Welcher mit dem Raht oder der Stadt zu schaffen 98

Kein Rahtsherr soll Gaben oder Geschenck nemen, bey Straff, etc. 98

Straff deren, so deß Rahts Secreta offenbaren 99

Straff deren, so jemands im Raht unverweißlich injurirt 99

Ob jemands ungehorsambs wegen vor dem Raht beklagt würde 100

Wie die Schlüssel zu der Stadt Privilegien zu verwaren 100

Wie der Stadt Brüchen alle viertel Jar zu berechnen 101

Wie es mit verschuldten beschädigten räumigen Burgern zu halten 101

Kein Rahtsherr soll anbringen, frembden Herrn Gelt zu leyhen 103

Ohn wissen und willen deß gantzen Rahts, kein Gelt auß zu thun 103

Kein Stadt Arckeley[31] oder Geschütz außzuleyhen — 104

< >

Kein Rahtsherr soll zur Rahts Chur oder Stadtampten Gifften oder Gaben geben — 104

Rahtsherrn Eyde auff den Chur deß Verbundsbriefs — 105

Kein Wucherer etc. zu Raht zu erkiesen — 105

Von Straff der Wucherer und Finantzer — 106

Wie die Wucherer und Finantzer deß Rahs zu entsetzen — 106

Wie die Beysitzer auff der RenthCammer zu erkiesen — 107

Wie deß Rahts vertrag zu halten — 107

Daß ein Raht sich keiner Erbsachen anzunemen — 108

Wie ein jeder Rahtsherr sein Rahtsstünde abzuwarten — 108

Folgt deß Burgermeisters Eydt und Ampts Artickelen.

Jeder Burgermeist[er] 2 Pferd zu halten — 109

Wie und wann die Burgermeister jre Stäb tragen sollen — 109

Burgermeisters Besoldung — 109

Burgermeisters Gericht über Victualien und kleine Schulden — 110

Bekändtnus vor dem Burgermeister — 110

Brüch voll klein Maß, unnd zu groß gepiegelten Fläschen — 111

Straff deren, welche Wein enttrügen ohne bezahlung — 111

Burgermeister soll alle drey Monat Rechnung thun — 111

- Soll von niemand Gifften noch Gaben nehmen — 112

- Soll alle Wochen das Brodt zweymal wägen — 112

---

[31] Sovielwie Artillerie mitsamt Personal.

Wie die Burgermeister der Stadt Sigel vewahren sollen   112

Wieviel Pferd Er im umbreiten gebrauchen soll   113

New erwehlter Burgermeister soll 50 fl.[32] zu seim Burgermeister Essen haben   113

Alle Wochen die Kornmarckt Rechnung zu thun   113

Beckers Ordnung unnd Brüche von leicht Gewicht   113

Gewicht eines Malder Brods   114

Brüche von deyg Brodt   114

Von den Pistoreyen[33] in Clöstern   115

Wie die Burger jhr Brot mögen backen lassen   115

Wie die Burgermeister der Becker Ordnung beschweren sollen   115

Von der Fischmarckts Rolle   115

Burgermeister soll ohn deß Rahts erlaubnus keinen Juden Gleidt geben   116

Von Urkundsgelt vor deß Burgermeisters Gericht   116

Folget der Stadt Renthmeister Eyd unnd Ampt.

Wie sie der Stadt Gut bewahren und alle halbe Jahr darüber Rechnung thun sollen   117

Von bewahrung der Schlüssel   117

Renthmeister sollen kein Geschenck noch Gaben nemen   117

- Sollen der Stadt Gewähr unnd Båw gereitschafft verwahren   118

---

[32] = 50 Gulden.
[33] = Bäckereien.

- Sollen 2 Pferd halten	118
Renthmeister besoldeng	118
Jeder Stadt Rentmeister soll zu Hochzeiten 4 Gulden haben	119
Renthmeisters tägliche Präsens	119
Wie sie der Stadt Bäw versehen sollen	119
Wie sie der Pforten Klauster alle Monat zu verendern	119
Wie die Rentmeister an den Pforten umb zu reiten	120
Wie sie der Stadt Gereitschafft auff den Thürnen zu bewahren	120
Alle Uberbäw abzuschaffen	120
Renthmeister unnd Werckleute sollen kein Leymen Wände erlauben	120

Artickel, auff welche die Rahts-Richter alle halbe Jahr schweren sollen.

Rahtsrichter alle Wochen drey Gerichtstäg zu halten	121
Von gebotter und bekandter Schuld	121
Wie vor bekandte Schuld zu pfenden?	122
Kein Rahtsperson oder Scheffen soll jemands vor Gericht tagleisten	122
Von gerichtlicher Buß und Thurnstraff	122
Von verpfändung über bekantnussen und kummer deß hohen Gerichts	123
< >	
Wie und wann er am Leibe zu pfenden	123
Wie vor die Gerichtsbusse zu pfenden	124

Wie die RahtsRichter in Pfendungen jhr Essen und Presentz   124
haben sollen

Artickel auff welche die Newe Amptleut schweren sollen.

Wie und wann die Amptleut Gericht besitzen sollen   125

Von der Amptleut Nachfolgen und Kleydung, in absterben   125
jhrer Freunden

Wie die Amptleut jhr außbleiben zu bůssen   126

Busse von auffstehen auß dem Gericht   126

Brůche wer zur Audientz Stundt nicht erscheinet   126

Was den Amptleuten von urkundt zu tragen gebůrt   127

Wann in Hǎusern Gericht zu halten   127

Folgt der H. Grǎfen und Scheffen Eyd am hohen Gericht.

Innhalt deß Grafen Eyd, so er dem Ertzbischoff ohnt[34]   128

Wie die Anwǎltigung deß Grǎfen von dem Ertzbischoff zu   128
geschehen

Eyd deß Grǎfen dem Churfůrsten und Gericht zu leisten   129

Der Scheffen Eyd am hohen Gericht   129

Scheffen Eyd gegen dem Ertzbischoff   130

Der Urtheilmeister Roll   130

Wie die Appellationes an ein E. Raht zu geschehen etc.   132

Wie die Appellationes vom Raht an den Kǎyser zu gesche-   133
hen etc.

---

[34] Nicht eindeutig lesbar.

Wie die armen Partheyen ihre Appellation mittel Eyds zu bestettigen   134

Welcher gestalt die Appellation zu achterfolgen   134

Was für Ordnung in ȯffnung der Urtheil vor dem Raht zu halten   135

Wie die Appellation durch ungehorsamb zu beschuldigen   136

Wie deß Rahts Urtheil inn Schrifften zu verfassen   136

Wie die Urtheilmeister die gebot zu bestellen   137

Wie das Urtheilbuch unnd Roll zu verwahren   137

Scheffen Eyd an S[ankt] Severins Hofgericht zu Cȯlln   138

Eydt deß Hofgedings Schultheiß zu Cȯlln   138

Kåyserlich Privilegium auff die Mȯntz zu Cȯlln Anno 1473 gegeben   139

Kåyserlich Privilegium, daß Gråff- und Scheffen des hohen Gerichts inn Cȯlln, zu Niderich, Arspurg, S. Gereon unnd Egelstein Justitium administriren sollen etc. Anno 1465 gegeben   142

Kåyserlich Privilegium Caroli Quinti Anno 1551 gegeben de non appellando unter dreyhundert Goltgulden Hauptsumma   147

Kåyserlich Privilegium de non appellando a Decretis etc. Anno 1576 gegeben   152

Ernewerung etlicher alter Statuten zu Cȯlln auff das Privilegium de non evocando Anno 1405 auffgerichtet

Daß der Official keinem Burger Recht zu verweigern   156

Die Notarii und procuratores sollen dem Privilegio de non evocando nichts zuwider handeln   157

Straff der Notarien unnd Gezeugen so außwendige Proceß   159
zu Côlln insinuiren

Edict deß Rahts zu Côlln wider der Stadt Privilegia nicht zu   160
handeln

Verbundbriefs zwischen dem Grafen von Gûlich und der   161
Stadt Côlln An. 1330 auffgerichtet

Vernewerung der Artickel zwischen dem Hertzogen von   166
Gûlich unnd er Stadt Côlln

< >

Vereinigung so zwischen dem Hauß von Brabant und der   169
Stadt Côlln Anno 1251, auffgerichtet hernach aber An. 1469
und 1501 bestâttiget worden

Kôniglich Privilegium von ZollFreyheiten der Burger zu   174
Côlln, zu Bupart, Werden unnd Duisberg, Anno 1275 gegeben

Ende deß Registers.

DAS LANGE 19. JAHRHUNDERT

1803 A.G. Camus: »Voyage fait dans les Départements nouvellement réunis«, Auszug (frz.)

Voyage fait dans les Départements nouvellement réunis, | Et dans les départements du Bas-Rhin, du Nord, du Pas-de-Calais et de la Somme, a la fin de l'an X, | par A[rmand]-G[aston] Camus, membre de l'Institut national etc.| Tome I, |Paris, Baudouin, Imprimeur de l'Institut national, rue de Grenelle-Saint-Germain, no. 1131. | Ventôse an XI {1803}[35]

<67>

Bonn n'est pas plus heureuse que Coblentz, sous le rapport du commerce; il n'y a pas plus d'activité dans l'une de ces villes que dans l'autre. La mort de leurs électeurs, <68> les a privées de la moitié de leur vie; cependant Bonn a un premier avantage sur Coblentz, résultant de l'établissement de l'école centrale, qui a remplacé l'université de cette ville. J'ai dit[36] qu'elle étoit célèbre. De-là des professeurs d'un mérite connu: Crewelt, pour l'histoire naturelle; Wegeler, pour les accouchemens; Fischenich, pour la législation; d'autres anciens professeurs ont passé à Cologne. De-là aussi des établissemens publics; entr'autres un jardin botanique le plus agréablement planté que j'aie vu. Il a été disposé et il est surveillé par Crewelt; il est cultivé par le jardinier Lenée qui a étudié à Paris, et pris les leçons de Thouin. La distribution et la tenue du jardin annoncent beaucoup d'intelligence et beaucoup de soin; il est riche <69> en plantes exotiques. Dans la disposition des plantes, on a suivi le système de Linnée, mais en séparant, pour la culture, les arbres, les arbustes et les plantes. On a introduit la même disposition dans plusieurs

---

[35] Fundstelle: gallica.bnf.fr.
[36] »Ci-devant, pag.29.«

nouveaux jardins botaniques; on sauve ainsi le rapprochement d'objets trop disparates à la première vue, celui, par exemple, d'une ortie et d'un mûrier. La culture prospère mieux, lorsque des plantes basses ne sont pas privées de la respiration et de la lumière par les branches d'un arbre touffu. On a rangé sur deux lignes parallèles les arbres du pays et les arbres étrangers d'espèce semblable, afin qu'il fût plus facile de les comparer. Le nom des plantes est écrit à l'ordinaire sur de petites tablettes; mais pour faire distinguer au premier coup-d'œil les plantes officinales, leur nom est en lettres rouges. Le <70> jardin possède une source d'eau vive; on a orné son berceau d'une grotte; et pour faire pendant, on a rassemblé des rochers au sein desquels croissent les plantes alpines. Une partie des plantes du jardin botanique vient du jardin de l'électeur, dont il subsiste encore de beaux restes cultivés par le jardinier Lenée. J'y ai remarqué le vice où l'on tombe, lorsqu'on essaie de forcer la nature au-delà d'un certain terme. Dans un moment de fantaisie, on a voulu avoir des orangers en espalier. Impossible de supprimer leur caisse pour les appliquer contre le mur; impossible d'étendre leurs branches pour les faire couler sur une superficie de quelque étendue. On a tronqué l'arbre sur la face de devant et sur celle de derrière, et l'on a dit: Voilà des orangers en espalier. Point du tout, ce sont douze beaux orangers perdus, pour <71> faire douze arbres de maussade figure.

Bonn a d'ailleurs sur Coblentz et sur toutes les villes de ces contrées deux autres avantages d'un grand prix, celui d'un territoire extrêmement fertile, et celui d'une situation unique pour l'ensemble et pour les détails de la perspective. Les propriétés y sont fort divisées; les terres d'un excellent rapport, la culture animée. Le site est tel que l'imagination aime à se peindre les lieux enchantés. Le beau canal du Rhin arrose des champs d'une fertilité inépuisable. Le palais du Prince, sa maison de plaisance de Poppeldorf, l'église de Kreutzberg, élevée sur la cime d'une montagne au-delà de Poppeldorf; un antique château sur la montagne appelée Godesberg; dans la vallée, des bois mystérieux, des fontaines, donnent de l'ame à tous ces environs. De l'autre coté <72> du Rhin, s'élèvent majestueusement les sept montagnes, sur chacune desquelles autant de seigneurs avoient élevé des tours pour assurer leur empire. Si le mot *Romantique* a été heureusement inventé, c'est pour désigner un site aussi délicieux.

Comme il est intéressant d'entendre les récits que la promenade amène naturellement! D'un bastion du jardin de l'électeur, on aperçoit tout l'ensemble de la contrée; en parcourant ses jardins, on remarque comment jadis la gloire d'un grand seigneur étoit de se battre à outrance contre ses pairs, de fouler ses vassaux, de piller les passagers; comment ensuite des génies supérieurs conçurent qu'on ne s'élevoit au-dessus de ses semblables qu'en contribuant à leur bonheur; comment, après cela, des esprits plus foibles, ennuyés de leurs richesses, ennuyés <73> de leur existence, se sont distraits par des jeux d'enfans, en bâtissant des châteaux, en construisant des salons de coquilles; comment enfin des hommes d'un esprit commun, mais guidés par de bons conseils, ont administré avec sagesse, et fait jouir leurs sujets d'un bonheur paisible. On apprend sur la montagne de Kreutzberg les anecdotes de la superstition, qui mettoit au nombre des œuvres méritoires de monter à genoux un escalier de marbre; au nombre des fautes, d'avoir souillé cet escalier en y posant les pieds. Une rampe étoit établie de chaque côté de l'escalier, pour descendre en marchant. L'œuvre méritoire étoit de monter, et non pas de descendre l'escalier à genoux; ainsi l'avoient établi les pères. De belles allées qui conduisent à une jolie guinguette très-fréquentée, amènent des contes, non ces contes gais de la <74> Provence ou de l'Italie: Prométhée n'a pas secoué son flambeau sur les bords du Rhin; mais le récit de grands exploits pour extraire la fumée de quintaux de tabac, et pour mettre à sec des quartes de bières. Dans les allées détournées, auprès de fontaines, on raconte les rendez-vous des jeunes filles qui viennent puiser l'eau et s'entretenir avec leurs compagnes; leur démarche mesurée, lorsqu'elles aperçoivent le pasteur du village qui se promène sur le soir d'un beau jour; le respect avec lequel elles lui demandent la permission d'approcher sa main bénie de leurs lèvres innocentes. On rentre l'esprit tout plein d'idées diverses; le plaisir de la nuit est de méditer sur les observations que la variété des lieux et la variété des narrations ont accumulées.

Dans ce beau pays, le 12 <75> fructidor, aux approches de l'automne, avant que la campagne fût encore dépouillée de toutes ses richesses, par le temps le plus serein, on célébroit au village de Kessenig, une kermesse. C'est le nom de fêtes très-connues en Allemagne, dans la Belgique et même dans quelques parties de nos anciens départemens qui les environnent. Réunion d'hommes; occasion d'étudier les hommes et leurs habitudes.

Les kermesses ne sont pas toujours des fêtes religieuses. Indépendamment de la kermesse proprement dite, il y a des fêtes patronales. Quelquefois la kermesse est confondue avec la fête du patron. C'est une fête pour un bourg, pour un village, pour le quartier d'une ville. Elles se succèdent de lieux en licux, depuis le mois de messidor jusqu'à la fin de brumaire. Aux mois de thermidor et de fructidor, elles sont <76> le plus fréquentes. Dans les villes, souvent dans les bourgs, on s'aperçoit dès les premières approches qu'il y a kermesse. Des guirlandes suspendues sur la voie publique, des emblèmes, des chiffres, des pantins même et des poupées attachées aux guirlandes, annoncent que l'on est en fête. Si c'est dans un bourg ou dans un village, tous les habitans, lorsque le temps la permet, sont hors de leurs maisons: les personnes âgées à leur porte avec leurs voisins, de la bière et du tabac; les jeunes gens dans l'intérieur d'un cabaret où ils dansent: le beau monde qui a quitté la maison de ville pour amener ses amis à la petite maison de campagne, passe la journée à la fenêtre, attend le soir pour se promener dans les rues du village, et se mêle quelquefois aux danses. Lorsque la kermesse jouit pleinement de son antique <77> considération, cet état d'oisiveté ne doit pas durer moins de huit jours; et pour fournir aux divertissemens de la kermesse, c'est-à-dire pour boire et pour fumer, un paysan vend, s'il le faut, son meilleur habit et sa plus belle chemise. Dans les villes où les occupations commandent, dans les parties qui avoisinent l'ancien territoire français ou qui en dépendent, le désœuvrement est moins complet. On ne va à la kermesse que deux ou trois jours de suite et le dimanche; mais, quelque part que ce soit, le lieu ou il y a kermesse devient un rendez-vous pour toutes les personnes des environs.

Je ne mettrai pas en question s'il y a du plaisir à ces kermesses: on ne s'y rendroit pas, si la réunion ne paroissoit agréable, ou par elle-même, ou au moins par l'effet de l'habitude; mais quel est le plaisir <78> que l'on y goûte, et dont on se contente? C'est ce qu'il est permis de rechercher.

Être oisif, vider un grand nombre de pots de bière, brûler beaucoup de tabac; voilà, dans une kermesse, quel est le plaisir de tout ce qui ne danse pas: plaisir fort analogue au passe-temps habituel des soirées. Presque tous les hommes, même beaucoup de ceux d'une classe au-dessus du commun, quittent, vers le milieu de l'après-midi, cabinet, bureau, commerce, compagnie et famille, pour passer trois heures à *l'estaminet* y au milieu de la fumée du tabac, des vapeurs de la bière, et rentrer chez eux, non pas toujours dans un état d'ivresse, mais dans un état de stupeur et d'engourdissement, qui résulte, et de l'abondance de la boisson, et des vapeurs épaisses qu'on a respirées. Cet usage est général en Allemagne et dans la Belgique. <79> Quant aux jeunes gens et aux danses, il y a, soit dans les villes, soit dans les bourgs voisins des villes, de vastes salles où l'on s'assemble fréquemment pendant le cours de l'année; elles servent mieux encore lors des kermesses. Ces salles sont vastes, parce que, outre l'emplacement pour les danses, il en faut toujours pour les tables où l'on boit la bière. Dans les bourgs éloignés, et dans les villages, on n'a pas de ces grandes salles; la réunion se fait dans des chambres fort étroites, pleines de spectateurs. L'orchestre peut à peine avoir le mouvement des bras libre; à peine reste-t-il de l'espace pour les pas des danseurs. Le grand plaisir des danses est l'agitation; on court, on tourne jusqu'à extinction de forces. Se lasser est l'unique but dont on paroisse occupé; et telle danse qui fait <80> baisser les yeux à l'homme austère clans nos salons, lui présente en Allemagne un problème à résoudre d'un tout autre genre: Comment une danse excessivement voluptueuse laisse-t-elle les acteurs froids et inanimés?

Je ne conteste pas à ces peuples leur bonheur, je suis plus loin encore de le leur envier. Dès qu'ils se tiennent heureux, je les félicite; mais il est libre de ne pas aimer ce genre de bonheur. Si, pour un homme, c'est vivre de se lever et se coucher chaque jour; de gagner plus ou moins paisiblement des repas plus ou moins nombreux, plus ou moins abondans, et un grand nombre de pots de bière pour arroser sa soirée; si c'est un plaisir de rester les jambes croisées ou de s'excéder de courses et de sauts pour chasser l'ennui: les peuples de la rive gauche du Rhin et de la <81> Belgique ont complètement vécu, lorsqu'après un certain nombre d'années on les porte au sépulcre gonflés de bière et enfumés de tabac. Mais si l'existence de l'homme, si sa vie, la vie de cet être que quelqu'un vient de définir *une intelligence qui a des organes,* est toute dans les mouvemens de son esprit et dans les sentiniens de son aine; si son corps n'est pas le terme de ses projets, de ses volontés, de ses réflexions, mais un composé d'organes qui n'ont de mérite qu'autant qu'ils sont les instrumens dociles de ses volontés; en un mot, s'il n'y a d'autres momens d'existence que ceux où l'ame désire, veut, espère ou se souvient; si même dans le trouble que les passions excitent, { j'excepte le cas où elles sont portées à la frénésie, ce qui est une maladie grave,} il y a un bonheur très-réel, très-sensible à les étudier, <82> a suivre leur marche, à les guerroyer; si enfin, jusque dans les afflictions et les chagrins, il existe un bonheur à envisager son tourment, à saisir cet ennemi corps à corps, et à le terrasses: oh combien les hommes tranquilles et froids dont j'ai parlé, auroient-ils peu vécu, quand même ils compteroient leur centième année!

Secouons l'ennui, quittons les fêtes allemandes, et continuons à voir les peuples de la rive du Rhin dans les études auxquelles ils se livrent. Leur gravité figure mieux dans un cabinet, que dans un estaminet ou dans une kermesse.

1803 A.G. Camus: »Reise in den neu vereinigten Departements«, Auszug (dt.) [37]

Reise in den neu vereinigten Departements, | Und in den Departements Bas-Rhin, Nord, Pas-de-Calais und Somme am Ende des Jahres X | von A[rmand]-G[aston] Camus, Mitglied des Nationalen Instituts, etc.| Band I, |Paris, Baudouin, Drucker des Nationalen Instituts, Rue de Grenelle-Saint-Germain, Nr. 1131. | Ventôse Jahr XI {1803}[38]

<67>

Bonn ist in Bezug auf den Handel nicht glücklicher als Koblentz; in keiner dieser Städte herrscht mehr Aktivität als in der anderen. Der Tod ihrer Wähler, <68 > hat sie um die Hälfte ihres Lebens gebracht; Bonn hat aber einen ersten Vorzug vor Koblentz, der sich aus der Errichtung der Zentralschule ergibt, die an die Stelle der dortigen Universität getreten ist. Ich habe gesagt[39], dass sie berühmt war. Daher Professoren von bekanntem Verdienst: Crewelt, für Naturgeschichte; Wegeler, für Hebammen; Fischenich, für die Gesetzgebung; weitere ehemalige Professoren sind nach Köln gegangen. Daher auch die öffentlichen Einrichtungen; unter anderem ein botanischer Garten, der angenehmste, den ich je gesehen habe. Er ist arrangiert und wird von Crewelt bewacht; er wird von dem Gärtner Lenné kultiviert, der in Paris studiert und bei Thouin Unterricht genommen hat. Die Verteilung und Pflege des Gartens zeugt von viel Intelligenz und Sorgfalt; er ist reich <69 > an exotische Pflanzen. In der Anordnung der Pflanzen wurde das System von Linné befolgt, jedoch mit einer Trennung von Bäumen, Sträuchern und Pflanzen für den Anbau. Dieselbe Anordnung ist in mehreren neuen botanischen Gärten eingeführt worden; auf diese Weise wird der Vergleich von Gegenständen, die auf den ersten Blick zu verschieden sind, gespart, z. B. von einem Brennnessel- und einem Maulbeerbaum. Der Anbau gedeiht am besten, wenn niedrige Pflanzen nicht durch die Äste eines buschigen Baumes der Atmung und des Lichts beraubt werden. Die Bäume des Landes und die

---

[37] Maschinell übersetzt von Microsoft, mit nachträglichen Korrekturen des Herausgebers.
[38] Fundstelle: gallica.bnf.fr.
[39] »Oben, Seite 29.«

fremden Bäume ähnlicher Arten sind in zwei parallelen Linien angeordnet, so dass es leichter ist, sie zu vergleichen. Die Namen der Pflanzen werden in der Regel auf kleinen Tafeln geschrieben; doch um die Heilpflanzen auf den ersten Blick zu unterscheiden, steht ihr Name in roten Buchstaben. <70 > Im Garten gibt es eine Quelle mit lebendigem Wasser; seine Wiege ist mit einer Grotte geschmückt; und als Gegenstück wurden Steine gesammelt, in deren Mitte alpine Pflanzen wachsen. Einige der Pflanzen im Botanischen Garten stammen aus dem kurfürstlichen Garten, von dem es noch schöne Überreste gibt, die von dem Gärtner Lenné kultiviert wurden. Ich habe den Fehler bemerkt, in den man gerät, wenn man versucht, die Natur über einen bestimmten Begriff hinaus zu zwingen. In einem Moment der Fantasie wollten wir Spalier-Orangenbäume haben. Es ist unmöglich, ihre Kiste zu entfernen, um sie an der Wand anzubringen; es ist unmöglich, ihre Äste so auszubreiten, dass sie über ein Gebiet von beliebiger Ausdehnung fließen. Der Baum wurde auf der Vorder- und Rückseite abgeschnitten, und es hieß: »Hier sind spalierierte Orangenbäume.«Keineswegs, es sind zwölf schöne Orangenbäume verloren gegangen, <71> um zwölf Bäume von mürrischer Gestalt zu setzen.

Bonn hat überdies vor Koblentz und allen Städten dieser Länder noch zwei andere Vorzüge von großem Wert, den eines außerordentlich fruchtbaren Gebietes und den einer einzigartigen Lage für das Ganze und für die Einzelheiten der Perspektive. Die Grundstücke sind sehr aufgeteilt; das Land mit einem ausgezeichneten Ertrag, der Anbau belebt. Die Seite ist so, dass die Fantasie gerne verwunschene Orte malt. Der schöne Rheinfluß bewässert Felder von unerschöpflicher Fruchtbarkeit. Das fürstliche Palais, sein Lusthaus in Poppelsdorf, die Kirche des Kreuzbergs, die sich auf dem Gipfel eines Berges hinter Poppelsdorf erhebt; eine alte Burg auf dem Berg Godesberg; im Tal gibt es geheimnisvolle Wälder und Brunnen, die all dieser Umgebung eine Seele verleihen. Auf der anderen Seite <72> vom Rhein erheben sich majestätisch die sieben Berge, auf denen ebenso viele Herren Türme errichtet hatten, um ihr Reich zu sichern. Wenn das Wort *Romantik* glücklicherweise erfunden wurde, dann um eine so entzückende Seite zu bezeichnen.

Wie interessant ist es, die Geschichten zu hören, die der Spaziergang auf natürliche Weise mit sich bringt! Von einer Bastion im kurfürstlichen Garten [der Alte Zoll] aus kann man das ganze Land überblicken; wenn man durch seine Gärten geht, bemerkt man, wie früher der Ruhm eines großen Herrschers darin bestand, bis zum Äußersten gegen seinesgleichen zu kämpfen, seine Vasallen mit Füßen zu treten, die Passagiere auszuplündern; wie später höhere Genies begriffen, man könne sich nur dadurch über seine Mitmenschen erheben, daß man zu ihrem Glück beitrage; wie danach noch schwächere Geister, gelangweilt von ihrem Reichtum, gelangweilt <73 > ihres Daseins durch Kinderspiele, durch den Bau von Burgen, durch den Bau von Muschelsalons zerstreut worden sind, wie endlich Männer von gemeiner Gesinnung, aber von guten Ratschlägen geleitet, mit Weisheit verwaltet und ihre Untertanen ein friedliches Glück genießen ließen. Auf dem Berge des Kreutzberges lernen wir die Merkmale des Aberglaubens kennen, die zu den verdienstvollen Werken zählten, eine Marmortreppe auf den Knien zu erklimmen, zu den Fehlern, diese Treppe verunreinigt zu haben, indem man die Füße darauf stellte. Auf jeder Seite der Treppe war ein Geländer aufgestellt, über das man zu Fuß hinuntersteigen konnte. Das verdienstvolle Werk bestand darin, die Treppe hinaufzusteigen und nicht auf den Knien hinabzusteigen; so hatten es die Väter eingerichtet. Schöne Gassen, die zu einer hübschen und sehr frequentierten Taverne führen, bringen Geschichten, nicht jene lustigen Märchen von der <74 > Provence oder Italien: Prometheus schüttelte seine Fackel nicht an den Ufern des Rheins; sondern die Geschichte von großen Heldentaten beim Ausatmen des Rauchs aus Unmengen Tabak und beim Leeren von Bierkrügen. In den Seitenstraßen, in der Nähe von Brunnen, erzählt man von den Zusammenkünften junger Mädchen, die kommen, um Wasser zu schöpfen und mit ihren Gefährtinnen zu plaudern; ihren gemessenen Gang, wenn sie den Dorfpfarrer am Abend eines schönen Tages spazieren gehen sehen; die Achtung, mit der sie ihn um Erlaubnis bitten, seine gesegnete Hand an ihre unschuldigen Lippen zu führen. Man kehrt mit einem Geist voller verschiedener Ideen zurück; das Vergnügen des Abends besteht darin, über die Beobachtungen nachzudenken, die sich durch die Vielfalt der Orte und die Vielfalt der Erzählungen angesammelt haben.

In diesem schönen Land, am 12. <75 > Fructidor [= 30. August], als der Herbst herannahte, noch ehe das Land noch aller seiner Reichtümer beraubt war, bei heiterstem Wetter, wurde in dem Dorfe Kessenich eine Kirmes gefeiert. Es ist der Name von Festen, die in Deutschland, in Belgien und sogar in einigen Teilen unserer alten Departements, die sie umgeben, sehr bekannt sind. Die Männer treffen sich; eine Gelegenheit, die Menschen und ihre Gewohnheiten zu studieren.

Kirmesse sind nicht immer religiöse Feste. Neben dem Jahrmarkt selbst gibt es auch Patronatsfeste. Manchmal wird der Jahrmarkt mit dem Festmahl des Patrons verwechselt. Es ist ein Fest für eine Stadt, für ein Dorf, für den Bezirk einer Stadt. Sie folgen einander von Ort zu Ort, vom Monat Messidor bis zum

Ende von Brumaire. In den Monaten Thermidor und Fructidor sind sie <76 > am häufigsten. In den Städten, oft in den Städten, merkt man schon bei den ersten Anfahrten, dass es einen Jahrmarkt gibt. Girlanden, die an der öffentlichen Straße aufgehängt sind, Embleme, Figuren, sogar Puppen und Puppen, die an Girlanden befestigt sind, kündigen an, dass wir feiern. Wenn es in einer Stadt oder einem Dorf ist, sind alle Einwohner, wenn das Wetter es zulässt, aus ihren Häusern: die alten Leute vor ihren Türen mit ihren Nachbarn, Bier und Tabak; die jungen Leute im Innern eines Saals, in dem sie tanzen, die vornehmen Leute, die das Stadthaus verlassen haben, um ihre Freunde in das kleine Landhaus zu führen, den Tag am Fenster verbringen, bis zum Abend warten, um durch die Gassen des Dorfes zu schlendern, und manchmal bei den Tänzen mitmachen. Wenn der Jahrmarkt seine Tradition in vollen Zügen genießt, <77 > wird dieser Zustand des Müßiggangs nicht weniger als acht Tage dauern; und um für die Vergnügungen des Jahrmarktes, d. h. für das Trinken und Rauchen, zu sorgen, verkauft der Bauer, wenn nötig, seinen besten Rock und sein bestes Hemd. In den Städten, wo die Besetzung angesagt ist, in den Gebieten, die an das ehemalige französische Gebiet grenzen oder von ihm abhängen, ist der Müßiggang weniger vollständig. Wir gehen nur an zwei oder drei Tagen hintereinander und sonntags auf den Jahrmarkt; aber wo immer er auch sein mag, der Ort, wo ein Jahrmarkt stattfindet, wird zu einem Treffpunkt für alle Menschen der Umgebung.

Ich will nicht in Frage stellen, ob es an diesen Jahrmärkten Vergnügen gibt: man kehrt nicht zu ihnen zurück, wenn die Zusammenkunft nicht angenehm erscheint, sei es durch sich selbst, oder wenigstens durch die Wirkung der Gewohnheit; Aber was ist das Vergnügen, <78> dass wir es schmecken und mit dem wir zufrieden sind? Das ist es, wonach wir suchen dürfen.

Untätig zu sein, eine große Anzahl von Krügen Bier zu leeren, eine große Menge Tabak zu rauchen, das ist das Vergnügen an allem auf einem Jahrmarkt, das nicht tanzt: ein Vergnügen, das dem gewöhnlichen Zeitvertreib der Abende sehr ähnlich ist. Fast alle Männer, selbst viele von denen einer höheren Klasse, verlassen ihr Amt, ihr Büro, ihr Geschäft, ihre Gesellschaft und ihre Familie um die Mitte des Nachmittags, um drei Stunden in *der Taverne* inmitten des Rauches des Tabaks und der Dämpfe des Bieres zu verbringen und nach Hause zurückzukehren, nicht immer in einem Zustand der Trunkenheit, sondern in einem Zustand der Betäubung, was sowohl aus dem Überfluß des Trinkens als auch aus den dicken Dämpfen, die eingeatmet worden sind, herrührt. Dieser Brauch ist in Deutschland und Belgien allgemein. <79> Was die jungen Männer und die Tänze anbelangt, so gibt es entweder in den Städten oder in den Dörfern in der Nähe der Städte große Säle, in denen sich die Menschen im Laufe des Jahres häufig versammeln; auf Messen kommen sie noch besser zum Einsatz. Diese Räume sind riesig, denn neben dem Platz für die Tänze ist immer auch Platz für die Tische, an denen das Bier getrunken wird. In den entfernten Dörfern und in den Dörfern gibt es keine so großen Hallen; das Treffen findet in sehr engen Räumen statt, die mit Zuschauern gefüllt sind. Das Orchester kann die Bewegung der Arme kaum frei haben; Für die Schritte der Tänzerinnen und Tänzer ist kaum noch Platz. Das große Vergnügen der Tänze ist die Aufregung; wir rennen, wir drehen uns, bis die Kräfte erloschen sind. Sich zu ermüden, ist der einzige Gegenstand, mit dem man sich zu beschäftigen scheint; und so ein Tanz, der <80 > den Blick auf den strengen Mann in unseren Salons zu senken, stellt ihn in Deutschland vor ein ganz anderes Problem, das es zu lösen gilt: Wie kann ein übermäßig üppiger Tanz die Schauspieler kalt und leblos machen?

Ich leugne das Glück dieser Völker nicht, ich bin noch mehr davon entfernt, sie zu beneiden. Sobald sie sich selbst glücklich machen, gratuliere ich ihnen; aber es steht ihm frei, diese Art von Glück nicht zu mögen. Wenn es für einen Mann ein Lebensunterhalt ist, jeden Tag aufzustehen und zu Bett zu gehen; mehr oder weniger friedlich mehr oder weniger zahlreiche, mehr oder weniger reichliche Mahlzeiten und eine große Anzahl von Töpfen Bier zu verdienen, um seinen Abend herunterzuspülen; wenn es ein Vergnügen ist, im Schneidersitz zu stehen oder sich mit Rennen und Sprüngen zu übertreiben, um die Langeweile zu vertreiben: die Völker des linken Rheinufers und der <81> die Belgier haben vollständig gelebt, wenn sie nach einer gewissen Anzahl von Jahren vom Bier aufgequollen und vom Tabak rauchig zum Grab getragen werden. Wenn aber das Dasein des Menschen, wenn sein Leben, das Leben jenes Wesens, das jemand soeben *als eine Intelligenz definiert hat*, die Organe hat, alles in den Bewegungen seines Geistes und in den Gefühlen seiner Leistengegend ist, wenn sein Körper nicht das Ziel seiner Pläne, seines Willens, seiner Reflexionen ist, sondern eine Zusammensetzung von Organen, die keinen Wert haben, außer insofern, als sie die fügsamen Werkzeuge seines Willens sind, mit einem Wort, wenn es keine anderen Augenblicke des Daseins gibt als die, in denen die Seele begehrt, will, hofft oder sich erinnert; wenn selbst in der Unruhe, die die Leidenschaften erregen, außer in dem Falle, wo sie zur Raserei getrieben werden, was eine ernste Krankheit ist, ein sehr wirkliches und fühlbares Glück darin besteht, sie zu studieren, <82> ihrem Marsch zu folgen, Krieg gegen sie zu führen; kurz, selbst in Bedrängnissen und Leiden ist es ein Glück, seine Qualen zu betrachten, diesen Feind Hand in Hand zu ergreifen und ihn zu stürzen: oh, wie wenig würden die stillen und kalten Männer, von denen ich gesprochen habe, am Leben geblieben sein, selbst wenn sie ihr hundertstes Jahr zählten!

Schütteln wir die Langeweile ab, verlassen wir die deutschen Feste und sehen wir die Völker des Rheinufers weiterhin in den Bemühungen, denen sie sich widmen. Ihr Ernst wird in einem Kabinett besser dargestellt als in einem Estaminet oder auf einem Jahrmarkt.

»NACHGRABUNGEN BEI BONN. JAHR 1818 UND 1819«[40]

von Karl Ruckstuhl[41]

Zwischen dem Alten,
Zwischen dem Neuen
Hier uns zu freuen
Schenkt uns das Glück.

Mit diesem Anfang eines Neujahr-Liedes wollen auch wir grüßen, einzuleiten dasjenige, was wir eben von der Stadt Bonn zu melden haben. Derselben ist auch ein gut Neujahr gekommen, eine bedeutende Epoche, die eine neue Periode in ihrer Chronik anheben wird. Und das Neujahrsgeschenk ist die Rheinische Universität, die unter günstigen Auspicien ihr sich verbindet, und als ein wahrer Kern gedeiht und anwächst im Umfang dieser Mauern,

---

[40] Fundstelle: Zuerst in Jahrbuch der Preußischen Rhein-Universität, I, 1819; 1820 als Sonderdruck erschienen, in: SLUB Dresden, Signatur Ant.Rom.1313; urn:nbn:de:bsz:14-db-id3072136768. - Wilhelm Dorow (*22. März 1790 † 16. Dezember 1845) war ein deutscher Diplomat, Archäologe, Historiker, Verfasser biografischer Schriften und Begründer des Museums Rheinisch-Westfälischer Altertümer in Bonn; in (Dorow, Die Denkmale germanischer und römischer Zeit in den Rheinisch-Westfälischen Provinzen (Text), 1823) beschreibt der Verfasser genau die einzelnen Funde und die Fundorte und gibt auf mehreren Tafeln die Objekte wider, weicht dabei gelegentlich von Ruckstuhl ab.

[41] Artikel »Ruckstuhl, Karl« von Daniel Jacoby in: Allgemeine Deutsche Biographie, herausgegeben von der Historischen Kommission bei der Bayerischen Akademie der Wissenschaften, Band 53 {1907}, S. 576–580, Digitale Volltext-Ausgabe in Wikisource, URL: https://de.wikisource.org/w/index.php?title=ADB:Ruckstuhl,_Karl&oldid=- {Version vom 18. Dezember 2024, 17:10 Uhr UTC}.

die in ihrer unmittelbar vorhergegangenen Verödung bald einer hohlen Nuß ähnlich gesehen hätten. Denn der frühere Kern mit dem ächten Lebenssaft, der wohlthätig segnende Churfürst, war ausgezogen, die Franzosen kamen, und unter derselben Herrschaft wurde unsere verlassene Stadt sehr vernachlässigt und niedergedrückt. Jetzt mag sie, frischen Lebens froh, zum alten Glück und Wohlstand wieder sich erschwingen.

Aber unter den Segnungen des günstigen Gestirns, das die Gegenwart hat aufgehen lassen, mag man gern zugleich der Vergangenheit der Stadt Bonn sich erinnern. Man mag sich freuen, daß sie nicht, wie ein unbekanntes Erdenkind, ein Emporkömmling des Tages ist, sondern daß die *Bonna regenerata* an der *Bonna antiqua* ihre historische Grundlage hat.

Die Verherrlichung durch Alterthum und Geschichte begegnet dem neu entstehenden Flor, und die in früherer Zeit an diesen Boden gehefteten wichtigen Ereignisse, das bedeutsame Leben, das hier ehmals sich ansetzte, wie Crystallen nur an einem sichern festen Körper anschießen, gewähren ein gutes Omen für die Folgezeit.

> Und das Vergangne
> Heißt, mit Vertrauen,
> Vorwärts zu schauen,
> Schauen zurück.

Die hier wohnen und wirken, die hier Etwas zu suchen haben, oder sonst Gunst und Aufmerksamkeit dieser Gegend zuwenden, diese werden gegen ihr Alterthum nicht gleichgültig seyn. Denn der Ort, wo der Mensch steht und lebt, wächst ihm als liebe Heimath in die Seele hinein, und wird der erste und sicherste Standpunkt für seinen Geist, für die Bildung desselben und die Ausbreitung der Kenntnisse. Wie von einem in den stillen Wasserspiegel geworfenen Stein die Wellen ihre Schwingungen immer um den nämlichen Mittelpunkt herum fortsetzen und erweitern, so legt sich dem Menschen im Fortschritt <3> seiner Bildung der neue Erwerb an Ideen um den Ort herum an, wo er eigentlich lebt und zu Hause ist. Wenn wir zunehmen an Kenntnissen, so steigen wir gleichsam aus dem stillen engen Thal der Kindheit und der Heimat den Berg hinan; je höher wir kommen, desto weitern Umfang gewinnt unser Horizont; er erweitert sich aber in concentrischen Kreisen, und die ursprüngliche Mitte bleibt. Und nicht nur für den römischen Augur, sondern für jeden sinnvoll Betrachtenden ist der nach dem besondern Standpunkt ihm eigene Gesichtskreis ein heiliges *Templum*, inner dessen Grenzen der Vogel-Flug und die Luft-Erscheinung, überhaupt jede Configuration, jedes Ereigniß weissagende Zeichen enthält, und tiefe Geheimnisse, wie der Vergangenheit, so der Zukunft verkündet.

Darum trat der Grieche mit Stolz auf den heimathlichen Boden. Was im Herzen von Hellas lag, galt ihm als das Centrum des Alls und des Ganzen, und Delphi wurde für den Nabel der Erde gehalten. Wer den Blick zum Himmel hebet, dem wölbet sich die blaue Kuppel des Firmaments über seinem Haupte zu, als wäre sie eigens für ihn gemacht, oder als stände er in der alles concentrirenden Mitte. Er sieht, nur über seinem Scheitel ist Zenith, nur unter seiner Sohle ist Nadir.

Und obgleich den Gedanken ihr Flug nicht eingeschränkt ist in die ungemessenen Fernen des Raums und der Zeit, so verlangt doch das Gemüth für die innige Theilnahme an den Dingen jener Fernen einen körperlichen Gegenstand, irgend ein Ueberbleibsel oder Denkmal. Auch die Flamme, so hoch und so kräftig sie in ihrem feurigen Dehnen und Sehnen steigt und sich schwingt, erlischt, wenn sie am <4> Boden des Holzes entbehrt, woran sie haften kann. Die halbverwitterten Ueberreste des Alterthums sind die Steine, worauf wir treten, um in die Vorzeit zurückzusteigen. Der einzelne erhaltene Gegenstand eines verschwundenen Zeitalters gilt uns als Stellvertreter desselben, bringt es in unsre Nähe, und erweckt es in unserm Innern zum Leben.

In solcher Gesinnung ist in hiesiger Gegend nach römischen Alterthümern gegraben, und jeder zu Tage geförderte Rest der alten Zeit sorgfältig aufbewahrt worden, und soll jetzt auch von dem Fund Bericht erstattet werden.

Der den Nachgrabungen, um welche es uns nun zu thun ist, den Anfang gab, und an den Ergebnissen die größte Theilnahme bezeigte, derselbe ist der Herr Graf von Solms-Laubach, Ober-Präsident der Herzogthümer Jülich, Cleve und Berg und Curator der Rheinischen Universität. Als er auf seiner Rund-Reise im August 1818 nach Bonn kam, richtete er seine Aufmerksamkeit auf den Wichelshof, und ging selbst nach diesem einen Büchsenschuß weit von den Stadt-Mauern abgelegenen Ort, um nach eigenem Augenschein zu beurtheilen, ob es da der Mühe des Nachgrabens nach römischen Alterthümern sich verlohnen möge. Zur Untersuchung der Gegend war er aufgemuntert worden durch den Bericht: daß durch bloßen Zufall eine große Menge von römischen Münzen und Anticaglien da sey gefunden worden, daher sey eine starke Ausbeute wahrscheinlich, sobald man mit der Absicht zu finden im Boden wühle und suche; ferner, daß durch einzelne Erhabenheiten der Erde, Unfruchtbarkeit des Feldes, und die Spuren der bisher gefundenen Gegenstände die Stellen ziemlich genau <5> bezeichnet seyen, wo man in sicherer Erwartung graben könne, so daß man nicht in's Ungewisse weite Strecken Feldes durchzuwühlen nöthig hätte.

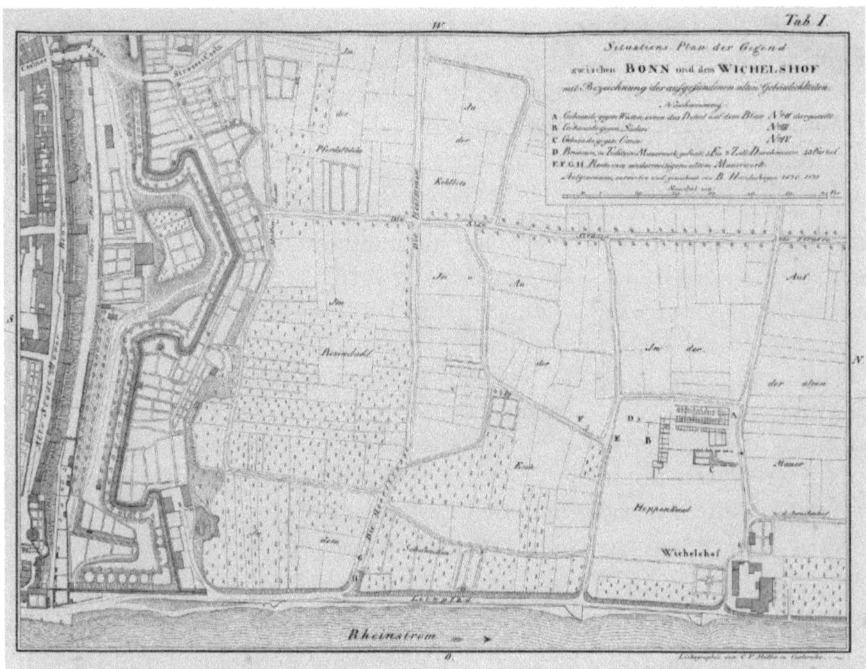

Abb. 1: Wichelshof, nach DOROW

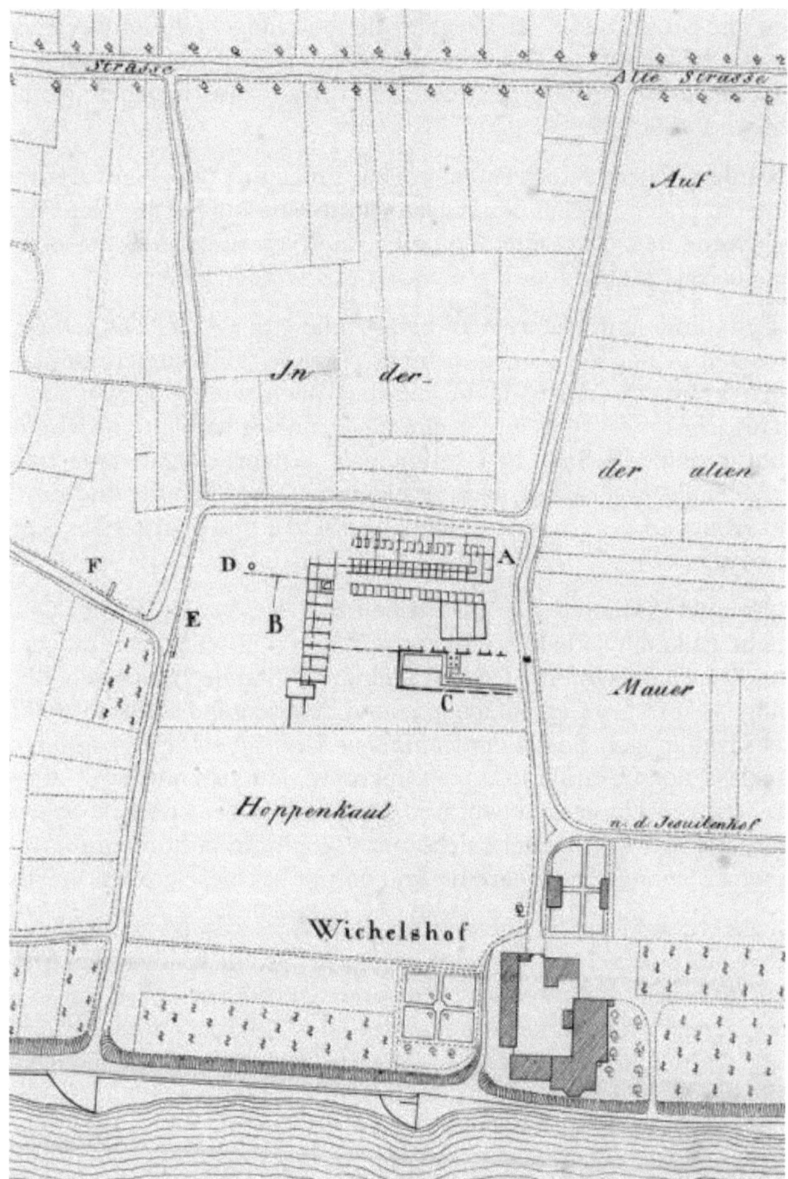

Abb. 2: Ausschnitt aus Abb. 1; oben die »Alte Strasse«, heute Römerstrasse

Der Herr Graf ging auf dem Felde über dem Hause des Wichelshofes herum, dann besuchte er auch den abgerissenen Abhang des hoch emporragenden Rhein-Ufers. Er verwunderte sich über die vielen römischen Scherben von

Gefäßen und Bruchstücke von Ziegeln, die theils angehäuft am Wege lagen, theils da und dort aus der Erde hervorragten, und rief zu den Männern, die ihn begleiteten: »Hier ist ja kein Sand-Körnchen, was nicht ein Römer in Händen gehabt hätte.«

Dann wurden Ackersleute gerufen, um zur Probe den Boden aufzuschürfen. Gleich bei'm ersten Streich der Hacke sprang eine Münze des Nero hervor. Freudig wurde das gute Omen ergriffen, und verordnet, daß am nächsten Montag die Nachgrabungen in's Werk gesetzt werden sollen.

Anfang gut, Ende gut, dachte man beim Anfang der Arbeit. Es schien, daß der entgegenspringende alte Nero uns Grabende willkommen heißen und mit dem Bergmanns-Wort »Glückauf!«begrüßen wollte. Es war auch ein bergmännisches Werk, was wir begannen. Denn wir wühlten im Schooß der Erde, um in dunkelm Schacht Jahrhunderte, ja Jahrtausende lang ruhende Schätze zu entdecken, und sie zu ihrer eigenen Verherrlichung und zum Nutzen und Frommen der Menschen dem Tages-Licht und dem Lebens-Verkehr wieder zu geben.

Doch glänzend und reich war die Ausbeute in der ersten Zeit des Grabens eben nicht. Es kam uns bald schwierig vor, durch unser geflissentliches Suchen eine gleich ansehnliche <6> Sammlung zu Stande zu bringen, dergleichen lange Zeit in der Gegend lebende und beobachtende Kenner und Liebhaber besitzen mögen. So hat der Canonicus Pick mit einer nie ermüdenden, nie nachlassenden Aufmerksamkeit mehrere Jahrzehende lang alles Alterthümliche in Acht genommen, was der Zufall in der hiesigen Gegend zu Tage förderte, es, wo möglich, sich zum Eigenthum erworben, und in das Ganze seiner Sammlung eingereiht; und darum hat diese großen Werth.

Wenn, was wir aufdeckten, nur wenig schien, war es doch wichtig durch das Ganze, worauf solche Gegenstände als einzelne Theile hindeuteten und sich bezogen. Jenes aber daraus zu erkennen und darzustellen, ist freilich so leicht nicht. Es ist dafür sowohl genaue Kenntniß des Zeitalters nöthig und dieses Fachs alterthümlicher Gegenstände, als auch eigenes Geschick und lebhafter Schwung der Einbildungskraft. Es ist zu hoffen, daß ein damit ausgerüsteter Mann herkommen werde. – Die Gegenstände, worauf wir bei'm Graben stiessen, waren altes Gemäuer, Ziegel und Gefäße, römische Geräthschaften und Münzen.

Bald wurde bemerkt, daß bei'm Nachgraben zweierlei Zwecke verfolgt werden können, und nach diesen das Verfahren verschieden seyn müsse. Man konnte darauf ausgehen, entweder so viel als möglich einzelne kleinere

Gegenstände des römischen Alterthums, Anticaglien und Münzen zu gewinnen, oder die alte Topographie dieser Gegend zu erforschen, und zu entdecken, was für Anlagen und Gebäude die Römer hier hatten, welches der Umfang, die Lage, die Beschaffenheit ihrer Ansiedelung war.

Für den ersten Zweck sollte man sich der Oberfläche <7> nahe halten: denn jene kleinern Gegenstände werden etwa bis in eine Tiefe von vier Fuß und tiefer nicht mehr gefunden. Vielleicht wäre es gut, mit besonders großen Pflügen, die mehr als die gewöhnlichen in die Tieft greifen, den Boden umzuwenden, das Gepflügte zu eggen, und hierbei auf die zum Vorschein kommenden kleinen Gegenstände Acht zu haben. Auch sollte man nach den Erndten in der Herbstzeit die Aecker der Nachbarn durchsuchen, und bei niedrigem Wasser-Stand am Rheine nachsehen lassen, weil auf den nach dem Sinken der Fluthen trocken gewordenen Strecken des Fluß-Bettes zwischen den Kieselsteinchen öfters kleine Ueberreste des Alterthums gefunden werden. Ferner möchte bald eine Sammlung von alten Münzen zu Stande kommen, wenn den Findern und Ueberbringern derselben Preise und gute Bezahlung durch öffentliche Bekanntmachung verheissen würden.

Auch die Stellen des Nachgrabens müßten nach den verschiedenen Strecken anders gewählt werden. Das hoch emporstehende, überhängende, abgerissene Bord am Rhein, wo untenher der Leinen-Pfad angelegt ist für die Schiff-ziehenden Pferde, zeigt keine Spur festen Gemäuers, aber verspricht reiche Ausbeute an kleinern einzelnen Stücken aller Art, Münzen, Töpfer-Waaren und Bildern von Bronze. Ja es ist an Scherben und Bruchstücken so reich, daß es scheint, die ganze Erhöhung sey durch das Zusammenschütten solcher Sachen entstanden, und also gänzlich dem *Mons Testaceus* in Rom zu vergleichen.

Hingegen für die Erforschung der alten Topographie und der ehemals hier vorhandenen Gebäude zeigte es sich ersprießlich, oben an das Feld sich zu halten, etwa bis <8> sechs Fuß tief zu graben, und, wo Gemäuer zu Tage gehe, dabei zu bleiben, und nach desselben Richtung die Grabungen fortzuführen.

Die Verfolgung dieses andern Zweckes ist unsre besondere Aufgabe geworden, welche uns denn doch zu einem Resultat leiten sollte, das jene Sammler der nach und nach durch Zeit und Zufall zu Tage geförderten Einzelheiten nicht erreichen können. Freilich sehen wir auch auf die Münzen und Anticaglien. Allein das ist einstweilen nur Neben-Aufgabe. Vielleicht richten wir mit der Zeit ein stärkeres Augenmerk darauf, wenn die Mauern und das Topographische mehr erforscht sind.

Aus der Erde hervorragendes, römisches Gemäuer, war am Wichelshof eben nicht sichtbar, bevor wir es durch unsre Arbeit aufdeckten. Doch durch alte Ueberlieferungen und vielfältige Spuren war es schon vorher verrathen. Die über das Beet[!] des Rheines ziemlich hoch erhobene, weitverbreitete Fläche von Äckern, die theils dem Wichelshof, theils benachbarten Höfen angehören, wird das Feld auf der alten Mauer geheißen, weil die Ackersleute so oft auf Gemäuer stoßen. Wohl behauene, entfernten Steinbrüchen angehörige Mauersteine, theils größere, theils kleinere, einige sehr groß, sind seit langer Zeit her in Menge aus dem Schooß dieser Äcker hervorgeholt und zu neuen Bauten verwendet worden.

Der vormalige Pachter des Wichelshofes versicherte, das unterirdische Mauerwerk, dessen Richtungen und Gestalt, so wohl zu kennen, daß er einen Plan davon entwerfen könnte. Er sagte den Nachbarn oft: »Kommt, ich will euch zeigen, wo die Gebäude standen, und wie sie <9> beschaffen waren.«Aber man war nicht neugierig, und jetzt ist der alte Mann gestorben, und hat das Geheimniß mit sich zu Grabe genommen.

Auch erzählen die Leute, die Oberfläche dieser Felder verberge unterirdische Keller, zu welchen jener alte Pachter sich einst durch Nachgraben den Zutritt gebahnt habe. Darin, meldet die Sage weiter, sey ein silberner Harnisch gefunden worden, auch ein uraltes Weinfaß, worin der Wein fast zu Oel geworden; dessen Dauben seyen zwar ganz abgefault, aber inner derselben habe ein neues Faß von Weinstein sich gebildet. Doch die Geschichte mit dem Weinfasse ist ein in den Weingegenden am Rhein und Mayn weit verbreitetes Mährchen, das gar vielen zerfallenen Ritter-Burgen sich anheftete.

Unterirdische Gewölbe, Keller, Verließe, geheime Gefängnisse mögen wohl eher im Mittelalter, als in der Römer-Zeit gebaut worden seyn. Aber an nichts Anderes als an solche Bauwerke, denken die Leute, sobald sie Mauren und Treppen unter der Oberfläche der Erde wahrnehmen. Sie meinen, weil dieselben im Schooß der Erde stecken, müssen sie auch dahin gebaut worden seyn, und nehmen nicht in Acht die in langen Zeitläufen erfolgende, und durch viele Beispiele bewiesene Erhöhung des Erdreichs. Solche war in dieser Gegend leicht möglich wegen den vielen darüber ergangenen Verwüstungen und Zerstörungen und den Anlagen von Wällen und Festungswerken.

Der Boden ist rund um an dem hiesigen Münster, auch an der Castor-Kirche in Coblenz um mehrere Fuß gewachsen. Bei der Memnonisten-Kirche in Neuwied fand man in einer Tiefe von 10 Fuß ein festes Steinpflaster, <10> das zu einer römischen *via strata* gehört hatte. Ja diese Römer-Straße, die jetzt unter den Grundlagen einiger Häuser fortgeht, ist um mehrere Fuß tiefer, als der Wasser-Spiegel des Rheins, daß folglich selbst der Strom bedeutend sich erhöht hat. In Rom war der Boden der *Maria Rotunda* einst dreizehn Stuffen über den Platz erhaben; jetzt steigt man in dieselbe hinab. Am Wichelshof hat der Erfolg unsers Nachgrabens gelehrt, daß daselbst die Oberfläche in der Römer-Zeit 5 bis 6 Fuß tiefer lag, und daß, was bis in diese Tiefe von Mauerwerk gefunden wird, ehmals frei über der Erde stand.

Die Äcker über dem Wichelshofe und die nach der Stadt hin sich erstreckende Umgegend, wo Felder und Weingarten, sind durchzogen von unterirdischen Mauern, welche Beziehung auf einander haben, und wahrscheinlich ehmals großentheils in zusammenhängender Folge da standen. Diese Mauern sind keines andern als römischen Ursprungs. Es ist unwidersprechlich bewiesen, sowohl durch die Bauart und das Material, als auch durch die einzelnen kleinern Reste, die an und in dem Gemäuer sich fanden. Zu den letztern zählen wir die vielen Münzen, die fast sämmtlich römische Kaiser-Münzen sind, die Ziegel mit den Legionen-Zeichen, die große Menge von antiken irdenen und metallenen Gefäßen, Geräthschaften und Bruchstücken.

Das Material besteht in Sandsteinen, manchmal, wo sehr feste Grundlagen nöthig waren, in ganz großen Basalten, größtentheils aber in Tuft-Steinen. Aus den Kaulen des Drachenfelses wurden viele Steine hieher verwendet. Doch bei weitem die meisten Steine sind geholt aus den Steinbrüchen von Burg-Broil und Tönnisstein <11> bei Andernach. Diese Tuftstein-Gruben waren den Römern so wohl bekannt und so stark von ihnen ausgebeutet, daß sie dieselben der Obhut einer eigenen Schutz-Gottheit empfahlen. Es ist der *Hercules Saxanus*, dessen Name in hiesiger Gegend auf so vielen ihm geweihten, nur von jenen Tuft-Steinen verfertigten, kleinen Altären eingegraben ist. Dergleichen haben hier einige auch im Garten des Doctor Crevelt[42] gestanden.

---

[42] Johann Heinrich Crevelt (getauft am 28. Juni 1751 in Bonn; † 25. August 1818 ebenda) war ein deutscher Arzt und Naturwissenschaftler.

Ferner gilt als Beweis für das römische Alterthum dieses Gemäuers, daß nahe am Wichelshof an verschiedenen Stellen mehrere große Trümmer von Gußmauern aus der Erde hervorragen, welche ein durchaus den Römern eigenes Werk sind. Das eine Stück steht zwischen dem Wichelshof und unsrer Stadt an einem Wege nahe am Rhein und gehörte vielleicht zu einem Thurme. Zwey andere noch merkwürdigere Stücke stehen vom Wichelshof an landeinwärts, etwas mehr entlegen von diesem, als das zuerst angeführte Stück. Sie stehen nicht weit von einander ab, und scheinen nach ihren Richtungen und ihrem gegenseitigen Verhältniß einst nur Einem Gebäude angehört zu haben, welches dann aber durch Größe und Festigkeit sich ausgezeichnet hätte. Nahe dabei und parallel mit der Richtung dieser Mauern geht eine alte Römische Straße vorbei, der Heer- oder Brücken-Weg genannt. Sie bestehen aus Mörtel und enthalten dazwischen kleinere Kieselsteinchen, mitunter auch größere Feldsteine, wie sie eben zufällig sich vorfinden und der Hand der Mauerleute darbieten mochten. Die beiden Trümmer ragen in cubischer Form über den Boden hervor. Mit ihrer granitmäßigen Festigkeit bieten sie der Verwitterung und den <12> Verwüstungen Trotz, indem der nagende Zahn der Zeit nicht einmal die scharfen Ecken ihrer Würfel-Gestalt abzuschleifen vermochte.

Außer diesen Stücken Gußmauer sind in dieser Gegend noch einige andere merkwürdige Trümmer wahrgenommen worden. Der oben erwähnte Weg zwischen dem Wichelshof und der Stadt, an welchem das eine Stück Gußmauer steht, und welcher vom Ufer weg landeinwärts nach dem Kölner Thor und auf den Wichelshof zu geht, dieser Weg ist in der Nähe des Stückes Gußmauer, aber dem Rhein noch näher, quer durchschnitten von einer sehr starken, ja über sechs Fuß dicken Mauer. Sie ist an der Oberfläche der Straße sichtbar, geht nach der Seite von Bonn zu in ein Feld hinein, bildet aber bald einen Winkel und nimmt eine Wendung nach der Seite des Kölner Thors hin. Es wurde da einstweilen nur geschürft, noch nicht gegraben; also ist das Nähere bisher unerforscht.

An einer andern Stelle oben auf der Höhe des Feldes, auf einem derjenigen Äcker, die nach der Seite der Stadt Bonn zu an den Wichelshof stoßen, kommt dicht hinter der die Grenze bildenden Hecke eine römische Mauer zum Vorschein, die aus Backsteinen und Basalten gebildet ist.

Doch auch dieser Acker ist nicht zu unsern Nachgrabungen bestimmt worden, sondern das an dem Hause des Wichelshofes selbst, auf der über den Rhein sich erhebenden Anhöhe liegende und zu diesem Gut gehörige Feld. Es sind dafür sechs Arbeiter gedungen worden, welche unter einem

Aufseher im Herbst des vorigen und im Sommer des laufenden Jahres gegraben haben und noch graben. Etwa an acht verschiedenen Stellen wurde das <13> Erdreich ausgeworfen und Gruben aufgethan. Wo diese keine Mauern oder andere bedeutende Stücke zum Vorschein kommen ließen, wurde die Arbeit nicht lange fortgesetzt. In den andern Gruben aber war man bemüht, die Mauern aufzudecken; da diese größtentheils zusammenhängend gefunden wurden, so mußte unser Verfahren die Gruben auch nach und nach in Verbindung bringen.

Ein bis zwey Fuß tief stießen die Grabenden auf Gemäuer, etwa sechs Fuß tief fanden sie die Grundlage; die Fortsetzung der Mauern war abgebrochen. Diese waren nach dem Senkbley gut bearbeitet, die Steine schön behauen, das ganze Bauwerk sehr regelmäßig und genau aufgeführt. Die Mauren liefen oft durch einander und bildeten Kreuzmauren; einige gerade nach dem Rhein, so daß sie mit dessen Richtung rechte Winkel bildeten, andere mit demselben parallel. Die meisten Mauern waren sehr schmal, nämlich nicht dicker als etwa anderthalb Fuß, ein Beweis, daß sie nicht sehr hoch aufgeführt waren, daß diese Gebäude nicht mehrere Stockwerke hatten.

Es zeigte sich fast durchgehends Zusammenhang, symmetrische Folge und planmäßiges Ganzes. Doch fanden wir endlich, daß wir zwei verschiedene, nicht auf die gleiche Weise eingerichtete, wahrscheinlich auch nicht der nämlichen Bestimmung dienende Gebäude vor uns haben, beide auf der Höhe des Feldes, aber das Eine näher, das Andere entfernter von der Stadt.

Die Vergleichung der zwischen dem Gemäuer häufig vorfindlichen Münzen deutete auf ein verschiedenes Zeitalter der beiden Gebäude. In demjenigen, das der Stadt näher liegt, waren gröstentheils Münzen aus den spätern Zeiten <14> Constantins und anderer christlichen Imperatoren, auch meistens versehen mit christlichen Zeichen. Hingegen in dem entferntern Gebäude steckten fast blos Münzen der ersten Jahrhunderte von Caesar und Augustus an.

Da fanden sich mehrere von Nero, eine beträchtliche Menge von den Flaviern und den Antoninen, die meisten von Trajan. Nun ist es aber gemäß der Erfahrung der Antiquare ein ausgemachter Satz, daß die alten römischen Ruinen demjenigen Zeitalter angehören, in welchem die da vorfindlichen Münzen geprägt wurden.

Die Seltsamkeit der Erscheinung von Gebäuden, die nach einer Nacht von mehr als anderthalb Jahrtausenden und nach so langem ruhigem Schlaf endlich aus dem dunkeln Schooß der Erde wieder an das Tageslicht auferstanden, lockte in starken Schaaren die Einwohner von Bonn aus ihren Thoren. Die Gruben waren umzogen von einem ihren Rand überhängenden, oft dichtgedrängten Kranz von Besuchenden und Zuschauenden. Und die dahin gingen, ließen bei Hause zurück, daß sie nach Pompeji und Herculanum wandern.

Daß das alte Bonn ungeheure Verwüstungen und Zerstörungen erlitten hat, und daß die Wohnungen oft niedergerissen oder niedergebrannt wurden, wie es durch die Geschichte sonst schon bekannt ist, hat auch bei unsern Nachgrabungen in starken Beweisen Bestätigung gefunden.

Zuerst wurde das hiesige römische Lager unter Civilis zerstört; dann im Jahr 355 von Franken, die damals über den Rhein gingen, als Sylvan zum Imperator sich aufwarf; ferner wurde Bonn 388 stark mißhandelt durch einen Streifzug unter Genebald und Marcomir; später, <15> 451, kam der Hunnische Schwarm des Attila verheerend herangezogen; und 881 und 892 überfielen und verbrannten Normänner unsre Stadt. Und unter ähnlichen Ereignissen zogen an derselben auch die folgenden Jahrhunderte des Mittelalters und der neuern Zeit vorbei. Noch steht, auf der Seite des Wichelshofes, aber noch weiter von der Stadt entlegen, eine von Holländern zu feindlichem Angriff einst aufgeführte Schanze, der Bonner-Berg geheissen, von so ungeheurer Größe, daß man glauben sollte, nicht menschliche, sondern Giganten- und Titanen-Hände haben sie gebaut.

Unsere Nachgrabungen föderten große Anhäufungen von zerbrochenen und zerschlagenen Bruchstücken zu Tage. Ueberall einzelne Scherben von irdenen Gefäßen, halbe Näpfe, Boden, Deckel, Handhaben. Sehr starke Steinmassen durch große Gewalt zerschmettert. Geschmolzenes Glas, das Metall von Münzen und Geräthschaften, Erz und Eisen, vom Feuer auf das stärkste beschädigt, so daß man daraus auf sehr heftig wüthende Feuersbrünste schließen muß.

Besonders aber zeigen sich Kohlen sehr häufig. Theils liegen sie vereinzelt und zerstreut; theils kommen mehrere in verschiedener Tiefe über einander her liegende Schichten von Kohlen vor, und zwar so, daß die Kohlen der nämlichen Schichte in gleicher Ebene liegen. Solche Kohlen-Schichten fanden wir nicht nur in unsern Gruben, sondern auch an dem abgerissenen Abhang am Rheines-Ufer gehen dergleichen zu Tage, wie weiter oben, so auch tiefer bis ziemlich in die Nähe des Wasser-Spiegels. Wahrscheinlich sind die Feuersbrünste davon nicht die einzige Ursache; einige von den tiefer liegenden Kohlen-Schichten mögen wohl eher <16> zu Grundlagen gedient haben. Dafür pflegten sie die Römer zu brauchen, und noch eine Lehm-Masse dazu zu legen, um die darüber aufzuführenden Mauern vor Nässe zu verwahren.

Auch mehrere menschliche Skelette sind ausgegraben worden. Die Knochen waren in horizontaler Lage in demselben Verhältniß beisammen, wie sie am menschlichen Körper zum Ganzen des Gerippes verbunden sind. Doch giebt dieser Umstand nicht der Vermuthung Platz, daß jene Mauern zu Leichengrüften möchten bestimmt gewesen seyn. Denn wenn jene Leichen darin wären beigesetzt worden, so hätten die Gebeine viel tiefer liegen müssen, als wir sie fanden. Indessen hielten die den Platz Besuchenden die Leichen für alte Römer; und als ein solcher Schädel auf der Schaufel eines Arbeiters aus der Tiefe hervorrollte, stellte sich ein Mann, der über die ehmalige Bestimmung der da aufgedeckten Alterthümer nachsann, vor den Todten-Kopf hin, und rief aus: »Könntest du reden; du wüßtest die Sache am besten; du würdest uns alles erzählen.«

Dasjenige der beiden Gebäude, das nach der Seite der Stadt zu liegt und die spätern Münzen enthielt, hat im Ganzen größere, geräumigere Zimmer, als das andere. Wer sich die beiden Gebäude als ein Ganzes zusammendenkt, und darunter ein Lager sich vorstellt, glaubt hier Offiziers-Wohnungen zu sehen, dort in den engern Räumen aber Kammern gemeiner Soldaten.

Die Mauern sind an diesem Gebäude der größern Zimmer großentheils etwas dicker, solider als dort, einige aussenher mit Stütz-Pfeilern versehen. – Zwischen den Zimmern fanden sich zwei auch gemauerte, sehr kleine Vierecke, <17> das eine länglich, das anstossende ein regelmäßiges Viereck, dieses nicht viel mehr als einen Quadrat-Fuß Umfang haltend. Waren es Behälter für Wasser oder andere Gegenstände? Oder sind sie für Grundlagen anzusehen, worüber vielleicht Treppen aufgeführt waren?

Als die Erde aus dem länglichen Viereck ausgeworfen wurde, erfreuten wir uns eines bedeutenden Funds: Zwei Basreliefs, die als Gegenstände zusammengehören, jedes über einen Fuß breit und etwa zwei Fuß hoch. Sie standen nicht etwa eingemauert da, sondern lagen ganz los im Schutte. Sie sind theils oben, theils unten etwas abgebrochen: doch da an dem Einen der Theil vorhanden ist, der am Andern fehlt, so läßt sich das Ganze wohl daraus erkennen.

Das Material ist jener viele kleine Versteinerungen von Schaal-Thieren in sich enthaltende Flötz-Kalkstein, aus welchem mehrere alte Denkmäler verfertigt sind. Er mußte ziemlich aus der Ferne herbeigeschafft werden. Denn es ist nicht bekannt, daß er irgendwo näher als in der Gegend von Mainz zu finden wäre. Die Arbeit ist ziemlich flüchtig, nicht durchgehends gleich gut, doch in vortrefflichem Styl und von einer kunstfertigen Hand, die Umrisse gar schön. Ein Kenner-Auge urtheilte, diese Basreliefs seyen aus der besten Zeit der hiesigen Römer-Werke, wie sie etwa unter Trajan verfertigt wurden, ja sie seyen das Schönste von aller Bildhauer-Arbeit, die nur immer vorkommen möge auf den in hiesiger Gegend vorhandenen, oder hier herum gefundenen alten römischen Altären, Grabmälern und andern Steinen. Der Maler Scheben hat die Umrisse davon gezeichnet, und diese Zeichnung schickte der Herr Ober-Präsident <18> Graf von Solms-Laubach an den Fürsten Staats-Kanzler nach Berlin. Später verfertigte davon der Maler Meier eine schattirte Zeichnung, die besonders getreu, ja in ihrer Art vollkommen ist. Denn sie gewährt die Anschauung des alten Werkes ganz ächt und durchaus so, wie es in der Wirklichkeit zu sehen ist.

Auf jedem der beiden Basreliefs steht ein Pferd, jedes eine andere Seite zeigend, so daß, wenn die beiden Stücke neben einander aufgestellt sind, die Pferde einander die Köpfe zuwenden. An jedem Pferd steht vorn eine männliche Figur, die eine Hand nach dem Kopf des Pferdes führend und den Zaum haltend, mit der andern noch mehr emporgehobenen Hand einen aufrechtstehenden Speer fassend. Die beiden männlichen Figuren sind nackt, nur haben sie hinten über die Schultern einen Mantel hangen, der als Draperie zur Verzierung des Bildwerks dient. Es sind zwei schöne Jünglinge; ihr Anstand, ihre Haltung ist edel, frei und leicht.

Ohne Zweifel sind Castor und Pollux vorgestellt. Die Abbildung derselben auf antiken Cameen ist ganz auf die gleiche Weise ausgeführt. Diese Lanzenschwingenden, Rossetummelnden Zwillings-Gottheiten, die so viele Aehnlichkeit haben mit jenen Zwillingen, die als Stifter Roms verehrt werden, mochten in einem römischen Lager sich sehr wohl an ihrem Platze finden. Aber was läßt sich daraus schliessen auf die Stelle, wo sie gefunden wurden? Muß da nicht irgend ein Heiligthum, ein Tempel oder ein anderes bedeutendes Gebäude gestanden haben?

In dem Gebäude, wo auch das längliche Viereck mit den Basreliefs zum Vorschein kam, hat ein Gemach <19> vorzüglich die Aufmerksamkeit auf sich gezogen. An dessen Wänden inwendig läuft niedriges Gemäuer her, wie wenn es zu Sitzen oder als Tisch oder Altar gedient hätte. Der Fußboden war mit Ziegel-Platten belegt; die Wände mit gutem und schönem Tünchwerk {*Tectorium*}, an dessen gemalter Oberfläche die Farben noch nicht ganz erloschen waren, beworfen und sehr glatt bestrichen. Auch war im Innern eine Treppe von drei Stufen, und bei derselben eine Oeffnung in der Mauer, wie ein Canal, wo Wasser durchfließen sollte.

Die dieses Gemach sahen, meinten die Bestimmung für das Auffassen des Wassers zu erkennen, nur daß es Einige für ein Land, Andere für eine Cisterne erklärten.

Auch fanden sich Spuren von Badezimmern mit doppeltem Boden, wo die Boden durch kleine Säulen von Backsteinen von einander gehalten werden, dergleichen bei Neuwied gefunden wurden. Von den Alten wurden sie *Hypokausta* oder *Vaporaria* geheissen. {Plin[ius] Epist[ulae] II, 17[43]}.

Eine der Mauern, die nach dem Rhein hin geht, mag wahrscheinlich eine weite Strecke unter dem Felde bis nahe an das Ufer gerade fortlaufen. Als wir in der Richtung derselben eine neue Grube machten, stießen wir auf die Fortsetzung. Sie scheint die Verbindung zu bilden mit später ausgegrabenen, dem Rheine näher liegenden Gemächern, deren Fußboden ein wohl erhaltener Ästrich ist.

So viel von dem einen Gebäude; nun wenden wir uns zu dem andern, wo viele große und schöne Kaiser-Münzen aus den zwey ersten Jahrhunderten steckten. Da zeigt sich eine große Folge kleiner Kammern oder Cellen, <20> die beiläufig eine Länge von 6 bis 7 Fuß, und eine nicht viel geringere Breite halten; einige aber, doch nur wenige, sind noch kleiner, kaum 5 Fuß lang. Etwa anderthalb Fuß dicke Mauern; das Bau-Material größtentheils Tuft-Steine; keine Spur von Treppen; an den Wänden einiger Kammern Oeffnungen, die zu kleinen Thüren dienten. An diesem Gebäude wurde viel und lange Zeit gegraben; durch den aufgeworfenen Schutt ist ein künstlicher Berg entstanden, von dessen Höhe das Ganze unsrer Nachgrabungen und des aufgedeckten Gemäuers sich am besten übersehen und in einem Ueberblick zur Vergleichung zusammenfassen läßt. Auch hat schon ein Maler diesen Standpunkt als den zweckmäßigsten zu einer Abbildung benutzt.

---

43 II, 17 (9) »Ein Schlafzimmer grenzt an, das verbunden ist mit einem Zimmer durch einen Gang, der, unterkellert und mit Heizrohren versehen, die gesammelte Heizluft in angenehmer Temperatur hierhin und dorthin leitet und verteilt.«

Endlich kam zum Vorschein ein planmäßiges, symmetrisches Gantzes solcher kleiner Kammern. Es bildet ein längliches Viereck und ist von bedeutend großem Umfang; dessen vier Seiten sind durch fortgesetztes Graben frei gemacht worden, so daß dieses besondere Gebäude mit allen zusammengehörigen Gemächern nun aufgedeckt dasteht. Die Länge des Gebäudes wird mitten durchschnitten von einer Gasse, und diese wieder durchkreuzt von einer andern, die durch die Breite geht. An der einen Seite der langen Gasse ist eine einfache, an der andern eine doppelte Reihe von Zimmerchen. Die Thüren gehen immer nach der Gasse, und die doppelte Reihe hat unter sich keine Communication, indem die diese zwey an einander stoßenden Reihen scheidende Wand nirgends durchbrochen ist.

Die kleinen Kammern gewährten, wie sie zu Tage gingen, einen auffallenden und befremdenden Anblick. Sie interessirten durch die Jedem sich aufdringende Wahrnehmung, <21> daß diese Einrichtungen einem lange abgelaufenen, dem gegenwärtigen Geschlecht fremd gewordenen Zeitalter angehören, daß da ein Volk gehaust haben müsse, dessen Zustand, Sitten, Bedürfnisse uns unbekannt geworden. Denn jetzt wüßte man solche engen Zimmerchen, ein solches Gebäude zu keinem Gebrauch zu benutzen; daß das menschliche Wohnungen sollten gewesen seyn, kam den Leuten unbegreiflich vor.

Indessen brachte die gereizte Neugierde vielerley Vermuthungen und Erklärungen hervor. Viele meinten, es seyen Gräber. Allein in jener Zeit verbrannten die Römer eher ihre Leichen. Und ein zu Todten-Wohnungen bestimmtes Gebäude von solchem Umfang und mit so vielen Zimmern möchte man eher im ägyptischen Memphis suchen, als in einer römischen Niederlassung am Rheine.

Andere sahen da kleine Bad-Kammern und hielten das Ganze für eine Bad-Anstalt. Doch es fehlen die Röhren, die Wasser-leitenden Canäle, und was sonst alles zu einem Bade gehört. Auch ist es durch Local-Umstände sehr unwahrscheinlich.

Die Erinnerung der südlichen Sitte und der Eigenthümlichkeit der Römer in ihrer Lebensweise und Bauart wies auf richtigere Spuren.

Bei dem Anblick des Plans einer römischen *Domus* bemerkt man bald, daß zwar die Hallen, Höfe, Atria, Sääle weit und geräumig waren; dagegen die Schlaf-, die Vorraths-Kammern, die Bäder, die Zimmer für Sklaven und Gesinde sehr eng. – Sehr klein sind auch die Capuciner-Cellen in ihren Klöstern, deren Plan aus dem hohen Alterthum stammt und sich unverändert erhielt, <22> wie es bei den durch Religion geweihten Einrichtungen zu geschehen pflegt.

Der Wanderer, der vom Vesuv zurückkehrte, {Göthe}, erzählt, Pompeji setze »Jedermann wegen seiner Enge und Kleinheit in Verwunderung«[44]; selbst öffentliche Werke, die sich daselbst finden, die Bank am Thor, der Tempel, sodann auch eine Villa in der Nähe seyen mehr Modell und Puppenschrank als Gebäude.

Derselbe schreibt ferner:

> Näher bei Neapel fielen mir die kleinen Häuser wieder auf, die als vollkommene Nachbildung der Pompejanischen dastehen, so daß nach so vielen Jahrhunderten, nach unzähligen Veränderungen diese Gegend ihren Bewohnern ähnliche Lebensart und Sitte, Neigungen aus Liebhabereien einflößt.[45]

Im warmen Süden leben die Menschen den Tag über im Freien, seltener unter Dach; sie behelfen sich, wenn sie nur nachts irgendwo unterkriechen können. Und die Römer mochten die heimathlichen Gebräuche und Einrichtungen wohl auch in die fremden Länder bringen, besonders was die kleinen Wohnungen betrifft, wenn es eher einen flüchtigen Aufenthalt galt, als einen sichern und dauerhaften.

Als des Alterthums kundige Gelehrte auf den Wichelshof kamen, erklärten sie die kleinen Kammern für Casernen; es sey da ein römisches Lager, *Castra stativa*, um den bestimmtesten Ausdruck anzugeben, den einer jener Männer aussprach. Sie sagten, um die Sache zu erkennen, seyen die noch vorhandenen ähnlichen Lager zu vergleichen, namentlich die *Castra Praetoriana* des Dioclctians in Rom und Hadrians Lager auf seiner Villa zu Tivoli. Sie erklärten unsre Entdeckung für einen bedeutenden <23> Fund: denn es sey ein wohlerhaltenes und seltenes Exemplar von einer merkwürdigen und eigenthümlichen Art alterthümlicher Gebäude: nur sehr wenige von solchen alten Lagern seyen noch vorhanden, am Rheine keines mehr.

In den Zimmerchen sollen je zwey und zwey Mann gelegen haben, mit Ausnahme der kleinsten, die zu Vorraths-Kammern dienen mochten; der strengen Kriegs-Zucht wegen seyen nur Ausgänge nach der Gasse zu, und keine Verbindung unter den einzelnen Kammern selbst. Einer war der Meinung,

---

[44] Neapel, am 11.03.1787, in: (Goethe, 1976, S. 259).
[45] Neapel, am 11.03.1787, in: (Goethe, 1976, S. 261).

das Gebäude sey nur ein Stockwerk hoch, und die kleinen Zimmer, gemäß der Analogie mit andern ähnlichen alten Werken, gewölbt, es sey also ein *Opus concameratum* gewesen. Ein Anderer erinnerte sich der Einrichtung der Häuser von Pompeji und Herculan[e]um, und sagte, über dem Erdgeschoß möge wohl noch ein anderes kleines Stockwerk errichtet gewesen seyn, in welches man aber nicht etwa auf steinernen Treppen, sondern auf auswärts angelehnten Leitern oder hölzernen Treppen hinanstieg.

Die hiesigen Einwohner begreifen nicht, wie da Soldaten einquartirt werden konnten. Sie haben die hier in Garnison stehenden preussischen Uhlanen, lange, stämmige Männer, vor Augen. Freilich diese, sollten sie in so engen Kammern zum Schlafen sich ausstrecken, müßten vor allen Dingen ein Jeder um seinen Kopf kürzer gemacht werden. Aber die Römer waren von kurzer, untersetzter Statur.

In der Nähe der beschriebenen zwey Gebäude, mehr nach dem Rheine zu, sind seit kurzem neue Gruben gemacht, und diese gewährten wieder merkwürdige Entdeckungen, <24> Reste von Mauerwerk, das von dem vorher aufgedeckten ganz verschieden ist, dadurch auch eine andere Bestimmung anzeigt und bedeutende Resultate verheißt. An der einen Stelle eine sehr dicke Mauer, so massiv und so schön gearbeitet, wie wir sonst noch keine gefunden: sie ist aus gleich großen, ganz gleichförmig behauenen Steinen zusammengesetzt und vollkommen regelmäßig errichtet. Sie ist von vier ähnlichen Quermauern durchschnitten, welche Zwischen-Räume für Zimmer enthalten. Aber auf der einen Seite läuft eine Reihe von sehr großen Stein-Massen fort, die durch keinen Mörtel verbunden sind. Man wird an jene Cyclopen-Mauern erinnert, die Reste von Italiens Vorzeit.

An einer andern Stelle nahe an dem Gemäuer, was zu einer Cisterne oder einem Bade-Zimmer diente, gruben wir, um die lange Mauer freizumachen, die zu diesem Gemäuer gehört und von da nach dem Rheine zu fortläuft. Da kam ein Gemach, fast ein regelmäßiges Viereck, zum Vorschein, wozu jene Mauer eine Seite bildet. An diesem Gemach ist der Fußboden besonders merkwürdig: es ist nämlich ein ganz wohl erhaltenes *Pavimentum*, ein aus Kalk oder Mörtel gebildeter, dicht und fest geschlagener und glatt bestrichener Ästrich.

Bald soll auch das abschüssige Ufer durchsucht, und in den abgerissenen Abhang hinein am Leinen-Pfad ein Stollen angelegt werden. Wir hoffen auf gute Ausbeute, weil da durch Zufall schon mancher glückliche Fund von Anticaglien gemacht wurde.

Unter dem Schutt zwischen den Mauern liegen häufig Ziegel von mannigfaltiger Form durch einander; und viele <25> derselben sind wegen ihren Inschriften als *Monumenta litterata* des Ortes merkwürdig. Sie sind sämmtlich gut gebrannt, sehen plump aus, sind manchmal 1 ½ bis 2 Zoll dick. Einige sind von einem bald größern, bald kleinern runden Loch durchbohrt, das wahrscheinlich dienen mochte, um Eisen zur Befestigung durchzustecken. Andere Ziegel-Platten bilden ein regelmäßiges Viereck, und jede Seite ist über einen Fuß lang. Ferner giebt es Ziegel, die dicke runde Scheiben von der Gestalt der Schweizer-Käse vorstellen. Andere haben halb-runde Form, so daß zwey zusammengeschoben eine ganze runde Scheibe ausmachen. Dergleichen ist eine große Menge beisammen gefunden worden, in der ersten näher der Stadt zu liegenden Grube an der Stelle, wo viele ein Bad vermutheten. Vielleicht mochten sie in dem zur Heizung bestimmtem Zwischen-Raum des doppelten Bodens stehen und den obern Boden tragen. Auch könnten sie an einer Wand über einander gelegt und, indem sie eine Halb-Säule vorstellten, Postament gewesen seyn, um Bild-Säulen darauf zu stellen.

Aber bei weitem am häufigsten finden sich länglich-viereckige Ziegelplatten, die an den zwey parallelen langen Seiten mit erhabenen Rändern versehen sind. Ihre Länge mag gewöhnlich 1 Fuß 8 Zoll, die Breite 1 Fuß 2 Zoll, der erhabene Rand 1 ½ Zoll betragen. Sie werden allgemein für Dach-Ziegel gehalten, wozu noch hohle Ziegel kamen, die über den erhabenen Rand gelegt wurden. Mitunter mochte damit auch der Fuß-Boden belegt werden. Die Dächer, auf denen sie lagen, müssen nach italienischer Weise platter, als die unsrigen gewesen seyn. Reisende <26> versichern, daß es bis auf den heutigen Tag in Italien Dächer und Ziegel von der Art gebe.

Eine Inschrift, womit sehr viele Ziegel gestempelt sind, ist folgende:

LEG·I·M·P·F

Manchmal steht bloß L statt LEG, oft T statt I, oft fehlt das P·F. Es ist der Stempel der ersten Legion. Statt des Zahl-Zeichens I, wurde gern T gesetzt, was *Tiberiana* gelesen werden soll. Denn die Alten benannten lieber nach Namen, als nach Zahlen. So hielten sie es ja auch mit der Zeitrechnung, indem in Rom die Jahre eher nach den regierenden Consuln als mit der Zahl seit Erbauung der Stadt, in Athen eher nach dem *Archon eponymos*, als mit der Olympiaden-Zahl bezeichnet wurden. M heißt *Minervia*, der gewöhnliche Zuname der ersten Legion. Endlich kommen noch zwey ehrende Prädicate dazu: *Pia Felix*[46].

Von Tiberius hieß sie *Tiberiana*, weil derselbe sie begünstigt und befördert und mit der Zierde neuer Standarten beschenkt hatte. Daher werden ihr zugleich mit der 20sten Legion wegen ihrer Empörung in folgenden Worten Vorwürfe gemacht:

> Primane et vicesima legiones, illa signis a Tiberio acceptis, ut tot proeliorum socia, tot praemiis aucta, egregiam duci vestro gratiam refertis?[47]

Es wird behauptet, daß nur bei Lebzeiten des Tiberius die 1ste Legion nach ihm benannt wurde. Als daher der Herr von Gerolt in der Bonner-Wochenschrift von 1784[48] den Grabstein des Cominius[49] beschrieb, und auch später, 1810, als er von der *Ara Ubiorum* <27> handelte, gründete er auf die Bemerkung, daß Cominius in der Inschrift *Miles Legionis Tiberianae* geheissen werde, die Behauptung, er müsse noch unter der Regierung des Tiberius gestorben seyn. Aus dem nämlichen Satze läßt sich auch auf die Zeit schließen, in welcher unsre Ziegel gebrannt wurden.

Was dagegen den Zunamen *Minervia* betrifft, so ist Herr Haller von Königsfelden[50] der Meinung, daß Domitian denselben der 1sten Legion gegeben habe, weil er dem Dienst der Minerva sehr ergeben war. Da nun die beiden Prädicate auf den Ziegel-Stempeln sich beisammen finden, so vertragen sich die darüber angeführten Behauptungen nicht mit einander, sondern die eine stellt sich als verdrängender und ausschließender Stein des Anstoßes der andern entgegen.

Der bleibende Aufenthaltsort der 1ten Legion war das Land der Ubier am Nieder-Rhein, und zwar die hiesige Gegend. Es läßt sich nicht nur aus den Büchern des Tacitus beweisen, sondern auch aus vielen ihren Namen enthaltenden Inschriften, die hier gefunden wurden, zum Theil noch hier stehen. Dergleichen sind: Zwei Altäre der Pick'schen Sammlung, {der eine

---

[46] Richtig: fidelis.
[47] »Tacit[us] Annal[es] I. 42.«
[48] Richtig: (Eichhoff, 1783, S. 349).
[49] Dazu https://lupa.at/15553 : M(arcus) Cominius / L(uci) f(ilius) Pol(lia) Asta / miles leg(ionis) I / na(tus) an(nos) L mil(itavit) / an(nos) XIIII h(ic) s(itus) e(st) / h(eres) ex t(estamento) f(aciendum) c(uravit); Zeit 35-70 n.Chr.; Fundort: Bonn, Römerplatz.
[50] (von Haller von Königsfelden, 1811, S. 170).

Fortunis salutaribus Aesculapio Hyg[iaiae], der andere *Victoriae Aug[ustae]* geweiht von Kriegern der 1ten Leg.}, der schon erwähnte Grabstein des Cominius, welcher im Garten des Dr. Crevelt gestanden hat, der von mehrern Kriegern derselben Legion errichtete Stein zu Herschel, endlich ein dem Apollo geweihter Altar, der verloren ist.

Ein anderer Stempel, zwar bei weitem nicht so häufig, <28> wie derjenige der 1ten Legion, doch auch auf mehrern Ziegeln vorhanden, hat diese Buchstaben:

LEG·XXI·RAP

Das RA ist aber meistens in verzogener Schrift da, und zu nur Einem Buchstaben verschlungen. Die Buchstaben RAP müssen *Rapax* gelesen werden, welches der eigenthümliche Zuname der 21ten Legion war.

Diese stand zuerst am Nieder-Rhein, bis Claudius sie nach der Helvetischen Vindonissa verlegte, wo in der Folge ihr bleibender Aufenthalt war. Nur scheint es, daß sie wieder in die hiesige Gegend gezogen wurde, doch nur auf kurze Zeit, um den bedrängten Nieder-Rheinischen Legionen beizustehen, als am Anfang der Regierung des Vespasian {im Jahr 69} die Bataver und ihre Verbündeten unter Civilis den furchtbaren Aufstand erhoben.

Es fand sich auch zu Bonn ein Altar, der von einem Krieger der *Legio Rapax* dem Mercur geweiht war. Grüter[51] führt nach Jacob Campins[52] die Inschrift an auf der 51ten Seite seines Thesaurus.

Sonst sind die Spuren der 21ten Legion am Nieder-Rhein selten, wovon der frühzeitige und nur kurze Aufenthalt derselben in unsrer Gegend Ursache ist. So ist die Angabe von Minola irrig, wenn er meldet, daß auf den bei Neuwied gefundenen Ziegeln der Stempel der 21ten Legion vorkomme. {S[iehe] (Minola, Kurze Übersicht dessen, was sich unter den Römern seit Jul. Cäsar bis auf die Eroberung Galliens durch die Franken am Rheinstrom merkwürdiges ereignete, 2. vermehrte Auflage, 1816, S. 176)}.

Ein Stempel, womit auch mehrere andere Ziegel bezeichnet sind, hat die Buchstaben VEX. oder VEXIL. Es soll heissen *Vexillarii*, welches der Name ist von einer <29> besondern Abtheilung der römischen Legionen, seyen es

---

[51] Jan Gruter (eigentlich Jan de Gruytere; * 1560 in Antwerpen; † 1627 auf dem Bierhelderhof bei Heidelberg) war ein Humanist, Epigraphiker, Schriftsteller, Universalgelehrter und Bibliothekar.
[52] Unbekannt.

dann schon 16 Jahre im Dienst stehende Veteranen, oder besondere, aus Galliern bestehende, mit eigenen *Vexillis* ausgerüstete Cohorten.

Die *Vexillarii* kommen ebenfalls vor auf der Inschrift, welche unter dem im Jahr 1791 bei Neuwied ausgegrabenen Genius steht. Und eine im Jahr 1815 daselbst gefundene Inschrift meldet, daß *Vexillarii* dem *Genio Vexillariorum* einen Altar gewidmet haben.

Vermißt wurde bisher auf den von uns ausgegrabenen Ziegeln der Stempel der 20ten Legion. Wir hatten erwartet ihn zu finden, weil die alten Schriftsteller überliefern, daß die 20te Legion mit der 1ten zusammen hier gestanden habe.

[Fundstücke]

Irdenes Geschirr[53] ist häufig gefunden worden, aber, wie bei Neuwied, viele Scherben, wenig Ganzes. Es sind Gefässe aller Art, Töpfe, Näpfe, Becken, Urnen, Krüge, Lampen. Kleine Boden, enge Hälse, große Henkel sind characteristisch bei denselben. Einiges Geschirr sehr plump und nur an der Sonne getrocknet, besonders die großen Urnen, in denen meistens Wein mag aufbewahrt worden seyn. Eine solche hat auf ihrem Henkel, der sehr stark ist, eine Schrift. Dagegen andere Gefässe, schwarze und rothe, sehr leicht, vergleichbar dem englischen Steingut. – Viele Scherben von wohl-glasirten rothen Gefässen, unter dem technischen Namen *terra sigillata* bekannt. Sie sind mit schönem erhobenem Bildwerk versehen: Thiere, wie Hasen, Gänse, Pflanzen, Blumen, arabeskenartige Verzierungen sind darauf zu sehen. Auf dem äussern oder innern Boden manchmal Inschriften von seltsam verzogenen Buchstaben, <30> wahrscheinlich Zeichen des Töpfers oder der Fabrik. – Zwei schön-geformte und verzierte Becken. Zwei ganze Krüge, verschieden von den schon erwähnten großen Urnen. In einem derselben eine verkohlte Masse. Ist es die gesammelte Asche einer auf römische Weise bestatteten und verbrannten Leiche? Die chemische Untersuchung wird uns darüber belehren. Das Resultat derselben soll weiter unten mitgetheilt werden. – Lampen oder Tiegel, kleinere und größere, bald feine, bald rohe Arbeit. Ein niedliches ganzes Lämpchen. Seltene, zum Theil schön verzierte Lampen-Deckel. Aber diese vielen Lämpchen scheinen wohl nicht alle nur für die

---

[53] Siehe Abb. 3 und Abb. 4.

Oeconomie zum Zünden und Leuchten, sondern auch als symbolische Zeichen für religiöse Gebräuche bestimmt gewesen zu seyn.

Von Glas, ein sogenanntes Thränen-Fläschchen, {eher für die Aufbewahrung von Salben bestimmt,} ein Hals mit Henkel von einem schönen Gefäß, ein sehr feines Röhrchen wie von Marien-Glas, gläserner Zierrath in erhobener Arbeit. Man sollte meinen, daß die Römer das Glas wie Erz zu behandeln verstanden, nämlich zu hämmern und zu schmelzen. Die fabelhafte Erzählung des Plinius wird einem wahrscheinlich: daß ein Künstler zum Kaiser Tiberius kam mit einem gläsernen Becher von wunderbarer Arbeit, diesen mit einem Hammer in Stücke zerschlug, hernach durch Schmelzen und Hämmern wieder ganz machte und in die vorige Form brachte.

Kleine Gegenstände, von der Gestalt unsrer Zucker- oder Salpeter-Zeltchen, gebildet aus einer glasartigen Masse, verschieden gefärbt, blau, weiß, schwarz; die Bestimmung derselben wahrscheinlich als Steine zum Bretspiel, <31> oder wie Kugeln zum Ballotiren. – Breite farbige Ringe aus irdenem Stoff. Sie mochten als Zierrath an Schnüren der Soldaten gesteckt haben.

Nun zu den metallenen Geräthschaften, Bildern und Bruchstücken aller Art. Zuerst die zu kriegerischer Rüstung dienlichen Stücke: nur Fragmente; eiserne Pfeile oder Lanzen-Spitzen; das andere von Erz: vielerlei kleine Platten, Scheiben oder Schildchen, Schnallen, Spangen, Kettchen, Ringe von verschiedener Größe, Nadeln, Nagel, Bruchstücke von Werkzeugen von unbestimmbarer Form. Ein solches von sehr feinem Semilor zum Theil wie eine Scheide, zum Theil gebogen. Die Nagel sind sehr tüchtig und gut gearbeitet, einige auf dem Kopf mit Schmelz oder farbigem Glas verziert. Die Spangen sind zum Theil mit Gelenken und Dornen oder Nadeln versehen.

Geräthschaften, zu verschiedenem öconomischem oder technischem Gebrauch bestimmt: ein Gefäß, wie für Dinte oder Farben; eine Schelle; Griffel oder Nadeln, eine mit einem Nadelöhr zum Einfädeln versehen; runde Stäbchen, hinten spitz, vorn ein Löffelchen, entweder Griffel zum Schreiben in Wachs-Tafeln, so daß mit dem spitzen Ende geschrieben, mit dem andern die Schrift ausgelöscht wurde, oder Salben-Löffelchen; solche Griffel oder Löffelchen sind auch in Pompeji und Herculanum häufig gefunden worden. Ein Spiel-Würfel; ein Münz-Stempel {Matrice}, zum Prägen der Münzen bestimmt, bestehend aus sehr hartem Stoff; Finger-Ringe, auf einem zwei verschlungene Hände abgebildet, ein anderer mit Email verziert; ein elastischer Ring, an welchem die Frauen ihre Haare aufwanden; ein Ring-Schlüssel; ein anderer, gewöhnlicher Schlüssel; das <32> Bruchstück eines Schlosses; eine Gieß-Kanne mit einem Henkel. Der Haar-Ring ist fein gearbeitet und aus so gutem Stoff, daß er seine Elasticität noch immer erhalten hat. Dergleichen finden sich mehrere in dem Museum zu Berlin. Sie bilden einen ausnehmend schönen Haarputz, wie man auf den Münzen an den Köpfen der Faustinen, Mutter und Tochter, sehen kann, die ihre Haare immer um einen solchen Ring her geflochten tragen. Das Schloß hat die Form eines länglichen Vierecks und eine von den jetzt gewöhnlichen Schlössern verschiedene Einrichtung. Von der nämlichen Art, wie unser Bruchstück ist, sind zu Neuwied ganze Schlösser gefunden worden. Der Ring-Schlüssel ist ein sehr merkwürdiges Stück, da er einen uns fremden, den Römern eigenthümlichen Gebrauch erklärt und darstellt. Sonst möchte es Einem seltsam vorkommen, wenn man in alten Schriftstellern liest, daß Leute mit einem Ring die Thüre aufschließen. Der Schlüssel ist oben auf dem Ringe angebracht, und kann den Tragenden nicht im Mindesten belästigen. Unser Exemplar ist für den Gebrauch besonders praktisch und anwendbar. Die Gießkanne war ein prächtiges Gefäß der schönsten Form und sehr gutem Kupfer. Der Henkel ist oben und unten, wo er sich an das Gefäß anschließt, mit Bildwerk auf die geschmackvollste Weise verziert: oben springt ein gehörntes Böcklein hervor; unten ist ein Gesicht wie ein Medusen-Haupt. Unsre Naturkundigen haben als eine seltene und merkwürdige Erscheinung wahrgenommen, daß der Rost dieses Gefäßes sich in regelmäßigen octaedrischen Crystallen auf eine solche Weise angesetzt hat, wie das Kupfer Erz in rohem Zustand in den Bergwerken vorzukommen pflegt. <33> Das Beschauen aller dieser Geräthschaften ist unterhaltend und bedeutsam: denn sie gewähren eine Andeutung und sinnbildliche Darstellung des römischen Lebens. Zu Betrachtung derselben geht man gleichsam mit dem Römer in seinem Hause herum und seinen Geschäften nach.

Ehernes Bildwerk, Figuren darstellend ist auch ausgegraben worden, vornehmlich die folgenden Stücke: ein aus zwey Delphinen bestehender Zierrath, der zu einer Handhabe dienen mochte. Delphine zeigen sich überhaupt im Alterthum in vielfachen Abbildungen; in unsrer Gegend sind sie besonders bedeutsam, weil sie den Agrippa bezeichnen, den wegen See-Siegen berühmten Admiral der römischen Flotte. Er hatte die Ubier über den Rhein geführt, und der Boden, den sie pflügten und bewohnten, ihnen angewiesen. Daher mußte er von ihnen wie ein einheimischer Heros verehrt werden. Ferner drei kleine Masken-Köpfe, einer davon besonders schön; er zeigt im Gesicht ganz bestimmte individuelle Züge eines Römers. Ein bärtiger Kopf mit einer seltsamen Haupt-Bedeckung, eher einem Turban oder Barret als einem

Helm ähnlich, drüber her eine lange gebogene Feder. Dieses Stück ist etwa 1 ½ Zoll hoch und nach der länglichen Gestalt einer Eichel gebildet. Es ist nicht römische Arbeit und nicht aus der spätern Zeit: es muß ein alt germanisches Werk seyn. Von der nämlichen Höhe fanden wir auch ein Böcklein, das eine lange Schärpe über den Rücken hangen hat. Es ist dadurch als Opferthier characterisirt, weil überhaupt die römischen Opferthiere mit einer solchen Schärpe behangen wurden, War das ein religiöses Stück *ex voto*? Hat dieses Opfer dem Mercur gegolten? – Es ist nämlich bekannt, daß <34> dem Gallischen Mercur Böcke geopfert wurden, und daß derselben in Gallischen Ländern unter den Römern noch immer verehrt wurde. Zu Bonn hat sich ein laut der Inschrift dem Mercur geweihter Altar gesungen. An der Gieß-Kanne, die wohl zu einem Opfer-Gefäß möchte bestimmt gewesen seyn, bemerkten wir oben auch ein Böcklein.

Noch sind vormals in unserer Gegend, und besonders am Wichelshof mehrere kleine bronzene Bilder gefunden worden, freistehende, runde Figuren, selten über einen halben Fuß hoch; sie stellen Götter oder Heroen vor, und sind meistens nach bekannten großen antiken Bildsäulen gearbeitet. Die Pick'sche und auch die Crevelt'sche Sammlung enthalten einige Bronzen der Art. Es waren Gegenstände der Pietät. Weil sie in ihrer Kleinheit kompendiös und portatil waren, nahmen die römischen Krieger sie mit auf die Heereszüge in die *Castra.* Dagegen kommen große Bildsäulen nur selten vor. Es scheint, die Römer haben ihre Niederlassungen am Rhein nicht für sehr sicher gehalten, aus Furcht vor Überfällen vom andern Ufer des Stromes herüber.

Lange hofften wir vergebens, solche bronzene Bilder auch in unsern Gruben zu Tage gehen zu sehen. Endlich ist an einem der letzten Tage, nämlich am 7ten August, eines zum Vorschein gekommen an dem Mauerwerk, das die größern Gemächer und die Ästrich-Boden enthält. Es ist ein wohl-erhaltenes, ganz unbeschädigtes, freistehendes Bild von ungemeiner Schönheit, etwa fünf Zoll hoch. Von vorzüglicher Arbeit ist das Haupthaar; es hat durchaus jenen bekannten Haar-Schlag, welcher den Jupiters-Köpfen eigen ist. Sowohl aus diesem als auch aus andern <35> Zeichen kann man mit ziemlicher Wahrscheinlichkeit abnehmen, daß die Figur einen Jupiter vorstellen soll. Sie streckt die beiden Arme, wie um Etwas zu fassen, auseinander, und die Haltung der Hände ist so, als hielte sie mit der einen das Szepter, mit der andern die Donner-Keile.

Bei dem Ausgraben dieses Bildes war gerade der Herr Ingenieur-Hauptmann Hoffmann[54] aus Neuwied zugegen. Er zeigte sich sogleich bereitwillig, das Bild zu putzen und ganz rein herzustellen, und auch den Alterthümern des Wichelshofes seine nützliche Tätigkeit zuzuwenden, durch welche er sich um die Nachgrabungen zu Neuwied, die er leitet, ein so schönes Verdienst erworben. Er zeichnet sich aus als Konservator solcher Sachen, durch seine Kenntniß und Geschicklichkeit im Reinigen, Wiederherstellen, Aufbewahren, Ordnen von gefundenen Anticaglien, im Ergänzen und Zusammensetzen von Bruchstücken. Auch hat er in dem 28jährigen Lauf der Nachgrabungen zu Neuwied große Fertigkeit und richtigen Takt in dem dabei zu beobachtenden Verfahren sich erworben. Wünschenswert wäre es, durch die Befreundung mit diesem trefflichen Manne das Werk am Wichelshofe mit dem bei Neuwied in nähere Beziehung zu bringen. Überhaupt sollten, um die Alterthums-Kunde auf eine sehr zweckmäßige Weise zu befördern, die römischen Alterthümer am ganzen Rhein, und die Nachgrabungen oder sonstige zum Auffinden, Sammeln und Erkennen derselben angestellten Unternehmungen so viel als möglich verbunden werden und die Unternehmer einstimmig handeln und freundlich zusammenwirken. –

Und nun sey es vergönnt anzumelden, daß in unsern <36> Gruben sogar das kostbarste und herrlichste der Metalle, daß pures, blankes Gold zu Tag gefördert wurde. Ein solcher Fund ist jedoch erst einmal, am 12ten Juni dieses Jahres, gemacht worden.

Das ausgegrabene Gold ist ganz ächt und unvermischt. Es besteht aus dünnen Blättchen, die keine bestimmte Form mehr zeigen, sondern zusammengedrückt sind. Wahrscheinlich war es Überzug irgend eines Bildwerkes. Ein Goldschmid erklärte, es halte 3/8 Loth an Gewicht und 18 Franken an Werth.

Von Elfenbein oder Knochen fand sich Mehreres den oben beschriebenen ehernen Gerätschaften ähnliche: Knöpfe, Nadeln, Schildchen u. dgl.

[Münzen]

Das reichhaltigste Fach unsrer gesammelten Ausbeute bilden die Münzen, deren jeder Arbeitstag mehrere einbringt. Die äußerst zahlreiche Aussaat

---

[54] Christian Friedrich Hoffmann (* 1762 in Braunschweig; † 30. Oktober 1820 in Neuwied) war ein deutscher Mathematiker, Erzieher der »Wiedischen Prinzen« und Pionier der provinzialrömischen Archäologie.

von Münzen, die auf diese Felder in der Umgegend des Wichelshofes gewor-
fen wurden, sind überhaupt eine auffallende, diesem Ort ganz besonders eigene Erscheinung: denn bei andern römischen Niederlassungen, selbst bei
ihren großen alten Städten, wo Nachgrabungen angestellt wurden, welche
übrigens die Mühe mit vielfältigem, reichem Fund belohnten, war doch die
gefundene Menge Münzen verhältnismäßig bei weitem nicht so groß, wie
am Wichelshof. In früherer Zeit hatte der Canonicus Pick schon einige tausend Kupfer-Münzen und mehrere hundert Silber-Münzen gesammelt. Und
bei unsern Nachgrabungen war gleich am Anfang die Ernte so ergiebig, daß
sie die Verwunderung des Herrn Grafen von Solms-Laubach erregte, als er
einst von Köln hieher kam. Er sagte: »Wenn auf diese <37> Weise unser
Schatz anwächst, so könnten wir bald einer römischen Legion, die etwa hier
durchzöge, den Sold in ihrer eigenen Münze Baar auszahlen.«

Im Ganzen ist jetzt die Zahl unsrer Münzen über 400, wovon die Hälfte im
vorigen Jahre gefunden worden. 14 davon sind silberne, die andern in Kupfer. Etwa 70 sehr schöne und wohl konservierte Stücke aus den früheren
Kaiser-Zeiten bis zu den Antoninen. Etwa 120 durch Rost, Grünspan oder
Brand stark beschmutzt oder angegriffen.

Die vorzüglichen Imperatoren-Münzen sind bekanntlich die großen, und deren haben wir eine ziemliche Anzahl: mehrere von dem Umfang eines Kro-
nenthalers, aber auch noch größere, also solche von der ersten Größe, welche die Franzosen Medaillen heissen. Dann sind viele kleine, und immer kleinere da, bis sie sich endlich im Maaß ihres Umfangs zu einer solchen Kleinheit verjüngen, wie im jetzigen Verkehr keine mehr vorkommen.

Hinsichtlich des Zustandes der ausgegrabenen Münzen, war an wenigen zu
bemerken, daß sie durch den Gebrauch stark waren abgegriffen worden: sie
scheinen gröstentheils fast wie neu in die Erde gekommen zu seyn: da erlitten aber manche vielfältigen Schaden, verschieden nach der Stelle wo sie
lagen; dagegen andere kamen desto besser erhalten zum Vorschein. Viele
sind ausgezeichnet durch jenen geschätzten, die Schärfe des Gepräges nicht
im Mindesten abstumpfenden, Firniss artigen, grünen Ueberzug, die *Amerigo
nobilis*. Und einst fanden wir unter einem Stein an einer trockenen Stelle
mehrere der schönsten Trajans-Münzen beisammen. Das war wohl ein *ex
voto*: denn, wenn einen Römer die Gunst der Gottheit beglückte, wenn er
<38> befördert wurde, oder ihm sonst etwas Gutes widerfuhr, legte er in
solcher Gesinnung mehrere Münzen zusammen zwischen zwei Scherben in
die Erde.

Ein gelehrter Alterthums-Kenner sagte, daß wir an unsrer obgleich noch nicht sehr zahlreichen Sammlung von Münzen doch einen bedeutenden Schatz haben, weil verhältnismäßig nach ihrer Anzahl recht viele vorzügliche, wohl conservirte darunter sich befinden.

Sie steigen aber nicht weit über die Zeit hinauf, in welcher die Römer hieher kamen; denn ausser einigen von Cäsar sind vielleicht keine da aus den Zeiten der Republik. Auch die aus den römischen Colonien fehlen. Aber von Augustus an haben wir eine nur selten unterbrochene Folge von Kaiser-Münzen bis in späte christliche Zeiten. Keine aus den fränkischen und den spätern Zeitaltern; was auch ein merkwürdiger Umstand bei der großen Menge römischer Münzen.

Wie im Allgemeinen die Numismatik für die Kunst-Geschichte darum eigenthümlichen Werth hat, weil man Wachsthum, Blüthe und Verfall der Kunst an den alten Münzen auf eine gar stark auffallende Weise wahrnehmen kann; so ist das auch im Besondern bei unsrer Sammlung der Fall. Die Münzen von Nero und Vespasian sind wahrhaft großartig, auch die Trajan, Hadrian und die Antonins sehr schön; hingegen diejenigen aus dem Zeitalter des Constantin zwar oft recht fein und künstlich, aber von schlechtem Styl.

Aus dem frühern, bessern Zeitalter sind sehr zahlreich die von den Flaviern, Hadrian, und den Antoninen, doch die meisten von Trajan. Und das hat seinen guten <39> historischen Grund. Denn Trajan lebte als Oberanführer der Legionen in Köln, da er zum Kaiser erwählt wurde, und mochte sich auch später oft in hiesiger Gegend aufhalten. Von seinen vielen Zügen nach Germanien hat er viele noch erhaltene Denkmäler zurückgelassen. Eine halbe Stunde von Bonn am Vorgebürge liegt ein Ort Namens Transdorf; es ist fast nicht zu bezweifeln, daß derselbe seinen Namen dem Trajan verdankt und *Trajani villa* oder *castrum* hieß. Wegweisende Bücher melden den Reisenden, daß da auch ein alter römischer Thurm zu finden sey. Doch wäre das Suchen vergebliche Mühe. Denn von einem solchen ist zu Transdorf selbst nichts zu finden. Allein nahe dabei, zu Gilsdorf, steht an der Kirchen-Mauer ein alter Thurm, der römisch scheint. Die Landleute sagen, er sey von den Heiden erbaut. Er ist mit einer Treppe versehen, hatte am Eingang in der Mauer ein Schilder-Häuschen, und war wahrscheinlich zu einem Gefängniß bestimmt.

Die frühern Kaiser sind, um sie nach der Art zu benennen, wie ihre Köpfe auf den Münzen vorkommen, meistens *laureati* oder *radiati*; die spätern tragen das Diadem, wie denn Diocletian der erste war, der es um sein Haupt wand. Antonin und die Kaiser seines Zeitalter haben Bärte, die frühern tragen das Kinn nackt.

Ziemlich viele Münzen weisen weibliche Köpfe, vornehmlich folgender Frauen: Julia, Faustina, Mutter und Tochter, Crispina, Helena. Die letzte trägt eine Perrücke. Die Münzen der beiden Faustinen sind gröstentheils vorzügliche Stücke. Eine derselben zeigt auf der Kehrseite eine durch die Legende als Venus bezeichnete weibliche Figur, welche den Apfel hält. <40> Die Stadt-Münzen von Rom und Constantinopel, jene mit der Wölfin und diese mit der auf einem Schiffe stehenden weiblichen Figur sind häufig. Die Münze mit dem Altar, unter welchem *Roma et Augustus* steht, in mehrern Exemplaren. Ein Nero von ausgezeichneter Schönheit in sehr edlem und großem Styl gearbeitet. Die Rückseite weist die Vorderseite eines Gebäudes, woran zwei Reihen von Säulen über einander sich erheben. Die Legende weist die Buchstaben: MAC·AUG, welches ohne Zweifel gelesen werden soll *Macellum Augusti*: Nero ließ den zum Verkauf von Lebensmitteln bestimmten Markt in Rom mit prächtigen Säulengängen umgeben. Daher wurde das Bild dieses Gebäudes als ein die Regierung des Erbauers andeutendes charakteristisches Zeichen auf die Münzen ausgenommen. Auf ähnliche Weise fanden wir an einem Trajan die nach ihm benannte Säule und an einem Constantin dessen Triumph-Bogen. An einem Exemplar der erwähnten Münze von Nero ist der Kopf gewaltsam zerhackt. Man sollte denken, ein Römer habe daran seinen Grimm über die Brutalität dieses Kaisers auslassen wollen, da er an dem lebenden Kopfe nicht Rache nehmen durfte. Die Vespasian sind durch den sehr erhobenen Kopf ausgezeichnet. Auf der Rückseite eines solchen eine schöne fliegende Victoria, tragend einen Schild, worauf S·R {Senatus Romanus} steht; ein anderer mit einem von der Erde gegen Himmel fliegenden Vogel, anzudeuten die Apotheose des verstorbenen Künstlers. Das Bild eines auffliegenden Vogels weisen uns auch einige Constantine, und um den Vogel her die Legende *Consecratio*. Er hat bald die Gestalt eines Adlers, bald eine andere, die wahrscheinlich <41> einen Phönix vorstellen soll. Ein anderer Vespasian mit einem Nest von Vergoldung, wie denn die Römer ihre Kupfermünzen manchmal vergoldeten. – Auch einige Nerva, wegen der kurzen {nur zweijährigen} Regierung des Kaisers seltene Münzen. – Dann die vielen herrlichen Trajane; auf ihren Rückseiten so bedeutsame und mannigfaltige Vorstellungen: eine als Amazone gekleidete *Roma*, welche auf der Hand eine *Victoria* hält, auf Spolien sitzt und auf einen Helm tritt; die nämliche, wie Trophäen vor ihr errichtet sind; die *Abundantia*, im Arm das Füllhorn, Aehren auf einen Altar streuend; herrliche Quadrigen; mehrerlei Gottheiten, Genien und symbolische Figuren. An den Hadrianen ist das Gepräge viel mehr abgegriffen und verwischt als an den andern; aber innen hat sich die Silhouette seines edeln ausgezeichnet-schönen Profils erhalten. Auf einem Antoninus Pius eine weibliche Figur, das Füllhorn im Arm und mit der Wage in der Hand: eine wahre und sinnreiche Bezeichnung seiner durch Gerechtigkeit und die Segnungen des Friedens ausgezeichneten Regierung.

Die spätern Münzen aus dem Zeitalter des Constantin sind klein, die Köpfe und ihr anderes Bildwerk sehr flach, oft versehen mit Zeichen des Christenthums, wie XP {Christus} und die Buchstaben *Alpha* und *Omega*. Die bessern nur durch Feinheit und Zierlichkeit, nicht durch edeln, großartigen Styl ausgezeichnet. Doch unter diesen allen ist ein Constantin, der auf der Rückseite den Triumph-Bogen hat, bei weitem die schönste Münze, so daß deswegen seine Ächtheit bestritten wurde. Sein Haar und seine Binde sind sehr schön gearbeitet; aber an den weit offenen, nicht <42> länglich, wie es des Profils wegen seyn sollte, sondern ganz rund gehaltenen Augen erkennt man den Verfall der Kunst. Ferner sind einige Kehrseiten bemerkenswerth durch kriegerische Vorstellungen: ein römischer Feldherr, haltend in der einen Hand die *Victoria*, drückt die andere auf das Haupt eines vor ihm knieenden feindlichen Königs: eine einfache und ganz klare Bezeichnung eines Sieges. Ein Cavallerie-Stück: ein siegender Reuter, am linken Arm den Schild, hält den Speer empor im Begriff einen entwaffneten Feind zu durchbohren, welcher den Schild weggeworfen hat, auf dem Rücken liegt, und Gnade flehend die Hände nach jenem ausstreckt.

Nun nach der Betrachtung der Kupfer-Münzen noch einen Blick den silbernen zugewendet! Eine Iulia, ein Nero, zwei Vespasian, zwei Domitian, ein Trajan, ein Hadrian, ein Antoninus Pius, ein Gordian, ein Valerian, ein Gallien, dann zwey Bracteaten. Der eine Vespasian weiset auf der Kehrseite die *Instrumenta pontificalia*, den Krummstab, den Krug, die Lampe u. s. w. Der andere ist durch einen sehr schönen Kopf von besonders scharfem Gepräge, dann durch eine interessante Kehrseite ausgezeichnet. Da ist in einem Kranz das S·C· zu sehen, drunter her ein Hirsch und ein Seepferd, das in einen Fischschweif endet, und unter diesen Thieren eine Kugel. Diese könnte den Erden-Kreis, die Thiere Wasser und Land, das Ganze die Herrschaft darüber bedeuten. Der eine Domitian wieder besonders schön. Der Trajan mit der Säule versehen. Der jugendliche Gordian, der nur von seinem 12ten bis in das 18te Jahr regierte, giebt sich auch auf dem Bild gar wohl als Knabe zu erkennen. <43>

[Neuwied]

Nach der Uebersicht der Ausbeute, welche in unsern Gruben sich ergeben, mag man gerne vergleichen, was in der Nachbarschaft ausgegraben worden. So finden wir uns dann sehr angesprochen durch die gütigen Mittheilungen des Herrn Hoffmann über seine reichen Neuwieder Fundgruben.

Dort sind sehr ausgedehnte Reste einer Stadt und eines Lagers [in Niederbieber] zu Tage gegangen, wo mehrere öffentliche und Privat-Gebäude, das Prätorium, die Bäder ungemeine Pracht und Festigkeit zeigen. Doch seit dem Jahre 1791, in welchem die dortigen Nachgrabungen begonnen wurden, sind noch nicht so viele Münzen gefunden worden, als uns in der kurzen Dauer der Arbeiten schon der Wichelshof lieferte. Es sind nämlich dort über dreyhundert, aber noch lange nicht vierhundert römische Münzen gesammelt worden. Allein die meisten derselben sind silberne, deren wir bis jetzt nur vierzehn fanden. Dergleichen mögen wohl auch am Wichelshofe sehr viele vorhanden gewesen, aber durch frühere Sammler vor uns aufgehoben worden seyn. Davon giebt schon das Pick'sche Cabinet den Beweis, indem es mehrere hundert römische Silber-Münzen enthält, wovon die meisten aus dem Felde am Wichelshof geholt sind.

Dagegen hat unsre Ausbeute vor derjenigen von Neuwied einen Vorzug durch die vielen vorzüglichen Kupfer-Münzen von erster Größe, die unsre Arbeiter fanden. Bei Neuwied sollen dergleichen nicht vorkommen. Unsre Münzen reichen über Constantin fort weit in die Zeiten der christlichen Kaiser hinein; zu Neuwied gehen sie nur bis auf Gallien, der von 259 bis 268 regierte. <44> Dieser Umstand brachte Herrn Hoffmann für die Chronik jener Römer-Stadt auf ein bedeutendes historisches Resultat, wie denn überhaupt die Numismatik für Geschichte, und besonders für Chronologie von höchster Wichtigkeit ist, und immerfort neue Belege liefert für Scaligers[55] Ausspruch: »*Multa in numis et antiquis inscriptionibus latent, quae nos fugiunt.*" Herr Hoffmann äussert sich so:

Unter mehr als dreyhundert in den Ruinen nach und nach gefundenen römischen Münzen fand sich auch nicht eine einzige, die über den Gallienus

---

[55] Julius Caesar Scaliger (italienisch Giulio Cesare Scaligero; * 23. April 1484; † 21. Oktober 1558) war ein italienischer Humanist, Dichter und Naturforscher. - Scaliger, Joseph Justus, französischer klassischer Philologe italienischer Herkunft, * Agen 5. 8. 1540, † Leiden 21. 1. 1609, Sohn von Julius Caesar Scaliger.

hinausreicht. Nun hatte man bei einem frühern Untergange keine von Gallienus tief im Schutte vergraben finden können, und wenn die Zerstörung später geschehen wäre, so mußten auch Münzen von den folgenden Kaisern gefunden werden, besonders von Postumus, der zehn Jahre hindurch, obgleich
von dem Senate in Rom nicht anerkannt, doch ingenti virtute et moderati-
one, wie Eutropius sagt, die Oberherrschaft in Gallien führte, und dessen
Münzen jenseits des Rheins sehr gemein sind.

Der demnach auf dem Wege der Numismatik herausgebrachte Schluß wird
noch durch andere *Monumenta literata* befestiget, nämlich durch zwey Inschriften. Die eine meldet, daß die Dedication eines Altars {des von *Vexilla-
riis* dem *genio Vexillariorum* gewidmeten} unter den Konsuln Kaiser Gordia-
nus und Aviola geschehen sey, also im Jahre 240. Die andere Inschrift ist die
auf dem Piedestal des Genius befindliche, der schon 1791 ausgegraben
wurde. Noch in einer andern Beziehung als in derjenigen, in welcher wir sie
jetzt auffassen, ist diese Inschrift dem Herrn Hoffmann sehr werth, weil er
daraus <45> beweisen zu können glaubt, daß *Victoria* der wahre Name sey
der sonst unbekannten von ihm ausgegrabenen Römer-Stadt. Die Inschrift
wird folgendermaßen gelesen:

> In honorem Deorum Bajoli et Vexillarii collegio Victoriensium
> signiferorum genium de suo fecerunt Nono Kalend· Octobr·
> Praesente et Albino Consulibus

Da wird das Consulat des Präsens und Albinus, also das Jahr 246, als die Zeit
angegeben, in welcher jener Genius errichtet wurde. Aus den beiden Inschriften ergiebt es sich, daß Stadt und Colonie in dem fünften Jahrzehend
des dritten Jahrhunderts noch in voller Blüthe standen.

Zu weitern Folgerungen wurden dann diese chronologischen Data zusam-
mengehalten mit den bekannten damaligen Weltbegebenheiten und mit den
in jenen Ruinen vorkommenden Spuren von Verwüstung und Zerstörung,
und endlich konnte, man mit Sicherheit folgende Auskunft geben über den
Untergang der Römer-Stadt bei Neuwied. Die Regierungen von Valerianus
und seinem Sohne Gallienus gereichten zum Verderben des Reichs. Weil der
letztere ein so schwacher und indolenter Kaiser war, schien dasselbe unter
ihm theils in eine Menge Staaten sich aufzulösen, theils von den Barbaren
verschlungen zu werden. Die Legaten machten sich unabhängig und warfen
sich in den verschiedenen Provinzen zu Kaisern auf: sie wurden die dreißig
Tyrannen geheißen. Zu diesen gehörte Postumus, der in Gallien und am
rechten Rhein-Ufer den Oberbefehl hatte; da wurde er zu Anfang der

sechziger Jahre des dritten Jahrhunderts von dem ihm untergebenen Heere zum Kaiser ausgerufen. <46> Gallienus hatte seinen Sohn Saloninus mit dessen Erzieher in Köln zurückgelassen. Postumus belagerte die Stadt und nöthigte sie zur Auslieferung des Saloninus, der dann von den Soldaten niedergestoßen wurde. Um nun den Tod seines Sohnes zu rächen, eilte Gallienus aus Pannonien nach Gallien. Sein Feldherr Aureolus schlug zwar den Postumus, ließ ihn aber über die Mosel entfliehen.

Inzwischen war das Reich im Osten von den Persern, im Westen von den germanischen Völkern bedrängt. Am Ober-Rhein machten sich die Alemannen, am Nieder-Rhein die Franken den Römern furchtbar; diese hatten schon seit etlichen zwanzig Jahren glückliche Einfälle und Streifzüge in Gallien ausgeführt. Nun da Gallienus und Postumus sich befehdeten, dieser floh, jener ihn mit seinem Heere verfolgte, wurde dieser Zeitpunkt der Verwirrung von den Deutschen dazu benutzt, um den Kessel von Neuwied zu erobern, und auch von dieser Seite bis an den Rhein vorzudringen. Das war ihnen bis dahin nicht gelungen, wurde aber jetzt durchgesetzt. Stadt und Festung wurden erstürmt, geplündert, in Brand gesteckt und die Mauern niedergerissen. Und das war das Ende der römischen Niederlassung im Kessel von Neuwied!

Die Münzen betreffend, die Herr Hoffmann in dem Schutt dieser alten Stadt fand, diese sind sämmtlich Kaiser-Münzen, und nur wenige darunter von den frühern, nämlich aus dem ersten Jahrhundert nach Christus und dem ersten Viertel des zweiten Jahrhunderts bis auf die Antoninen. Seine Sammlung enthält 3 Augustus, 1 Tiberius, 1 Nero, 3 Vespasianus, 2 Titus, 1 Domitianus, <47> 3 Nerva, 4 Trajanus, 9 Hadrianus, 1 Sabina. Mit dieser Zahlenangabe unsre Münzen verglichen, finden wir uns weit reicher: wir fanden in den Gruben am Wichels-Hofe mehrere Münzen von Caesar, Augustus, Tiberius, Claudius, viele von Nero, Domitian und Hadrian, eine bedeutende Menge aber und Stücke von vorzüglicher Schönheit von Vespasian und Trajan.

Dagegen von den folgenden Imperatoren wurden zu Neuwied verhältnißmäßig weit mehr Münzen gefunden, als von den frühern. Wir theilen das Verzeichniß davon mit. Die erste Zahlen-Columne giebt die Silber-Münzen an, die zweite die Münzen in Erz von erster Grüße, die dritte die Münzen in Erz von zweyter Größe. Dabei ist zu bemerken, daß die erste Größe der Neuwieder-Münzen lange nicht der ersten Größe der am Wichelshof gefundenen gleich kommt.

Antoninus Pius	6	11	2
M. Aurelius	12	9	2
Faustina sen.	1	3	2
Faustina jun.	0	7	4
Lucius Verus	0	1	2
Lucilla	1	1	1
Commodus	5	4	0
Crispina	1	0	0
Pertinax	0	1	0
Sept. Severus	32	1	0
Julia Pia	6	1	0
Caracalla	20	0	0
Geta	4	0	0
Macrinus	1	0	0
Elagabalus	31	0	0
Julia Paula	5	0	0
Jul. Soamias	3	0	0
Julia Mäsa	15	0	0
Alex. Severus	68	0	0
Barbia Orbiana	1	0	0
Jul[ia] Ma(m)mäa	13	0	1
Maximinus	1	0	0
Paulina	1	0	0
Balbinus	1	0	0
Gordianus III.	15	0	0
Philippus sen.	11	0	0
Otacilla	1	0	0
Philippus jun.	1	0	0
Trajanus Decius	1	0	0
Herenn[ia] Etruscilla	1	0	0
Q. Her[ennius] Etruscillus	1	0	0
Treb[onianus] Gallus	3	0	0
Volusianus	3	0	0
Valerianus	5	0	0
Gallienus	2	0	0

alphabetisch sortiert

Alex. Severus	68	0	0
Antoninus Pius	6	11	2
Balbinus	1	0	0
Barbia Orbiana	1	0	0
Caracalla	20	0	0
Commodus	5	4	0
Crispina	1	0	0
Elagabalus	31	0	0
Faustina jun.	0	7	4
Faustina sen.	1	3	2
Gallienus	2	0	0
Geta	4	0	0
Gordianus III.	15	0	0
Herenn[ia] Etruscilla	1	0	0
Jul. Soamias	3	0	0
Jul[ia] Ma(m)mäa	13	0	1
Julia Mäsa	15	0	0
Julia Paula	5	0	0
Julia Pia	6	1	0
Lucilla	1	1	1
Lucius Verus	0	1	2
M. Aurelius	12	9	2
Macrinus	1	0	0
Maximinus	1	0	0
Otacilla	1	0	0
Paulina	1	0	0
Pertinax	0	1	0
Philippus jun.	1	0	0
Philippus sen.	11	0	0
Q. Her[ennius] Etruscillus	1	0	0
Sept. Severus	32	1	0
Trajanus Decius	1	0	0
Treb[onianus] Gallus	3	0	0
Valerianus	5	0	0
Volusianus	3	0	0

Auffallend ist die große Menge Silber-Münzen, wie von Sept. Severus, Caracalla, Elagabalus, vorzüglich aber von Alexander Severus.

Dem Kessel von Neuwied gegenüber, auf dem linken Rhein-Ufer sammelte Herr Hoffmann im Sommer und Herbst 1818 römische Münzen in den Ruinen am Guten Manne oberhalb des weißen Thurms. Er fand deren 35 und diese reichen ein Jahrhundert weiter hinaus, als die <49> am rechten Ufer bei Neuwied gefundenen. Gemäß seiner Angabe sind unter jenen 35 die spätesten von Valentinian und Valens. Valentinian I., sein Bruder Valens und Valentinian II. regierten im Orient und Occident in den Jahren 364 bis 392. Sie hatten einen harten Stand im Kampf mit Alemannen, Franken, Sachsen, Gothen. Allein gegen das Ende der Regierung des Valens erfolgte die wichtige Begebenheit, wodurch die große Völker-Wanderung, und durch diese der Untergang des römischen Reich im Osten eigentlich veranlaßt ward, der Uebergang der Hunnen nach Europa. Es ist merkwürdig, daß das Ende der Folge von Münzen, die in den Ruinen am Guten Manne gefunden wurden, mit dieser Epoche zusammentrifft.

[Museum]

Sämmtliche Gegenstände des Alterthums, die am Wichelshof ausgegraben werden, {um nun mit dieser Meldung von Neuwied nach Bonn zurückzukehren} sowohl die Münzen, als auch die Antiken und Anticaglien und die Bruchstücke derselben, sind durch höhere Verordnung dem Museum der Rheinischen Universität gegeben. Die hohen Ober-Behörden in Berlin genehmigten die Nachgrabungen, und Se. Durchlaucht der Staats-Kanzler Fürst von Hardenberg und Se. Excellenz der Cultus-Minister Freiherr von Altenstein haben durch Ihre Huld die Sache ehren und dem begonnenen Werke Unterstützung und Fortsetzung geben wollen.

Wenn aber diese Alterthümer im Universitäts-Museum aufgestellt werden, so entsteht die Frage: wie sie ihm einzuverleiben seyen? Es kann nämlich auf zweierlei Weise geschehen. Entweder das Ganze des Museums wird in Fächer abgetheilt, deren Rubriken aus den Grundsätzen <50> der Kunst und der Archäologie geholt und auf die Abtheilungen derselben gegründet sind, und dann wird die Ausbeute unsrer Nachgrabungen in jenen Fächern zerstreut, dahin und dorthin gelegt, je nachdem die einzelnen Stücke dieser oder jener Classe der allgemeinen systematischen Eintheilung angehören. Oder die Sachen vom Wichelshofe werden beisammen gelassen und an einem besondern Ort aufbewahrt. Auf die erstere Weise würde das allgemeine

Interesse der Archäologie, der Wissenschaft und der Kunst bedacht; auf die andere Art aber gesorgt für die Local-Kenntniß und Topographie, und Veranlassung gegeben, die ausgegrabenen Sachen auch in Zukunft, wann nicht mehr gegraben wird, beständig in Beziehung auf den Ort zu betrachten, wo sie gefunden worden, und zur Erforschung von dessen ehemaligem Zustand und Alterthum zu benutzen. Höhern Orts ist die zweite Art der Aufstellung genehmiget worden.

Obgleich indessen mit gegenwärtigem Bericht unsre Absicht dahin geht, von den ausgegrabenen Gegenständen einen Begriff zu geben, so können wir dabei uns doch nicht täuschen über die Dürftigkeit des Buchstabens, wie weit nämlich eine Beschreibung hinter der darzustellenden Sache zurückbleibt, wie schwach und unzulänglich das Bild ist, das sie zu geben vermag. Und so ist es uns denn etwas sehr Angenehmes und Erfreuliches, die Hoffnung geben zu können, daß Männer der Kunst ihre Theilnahme an den Nachgrabungen bethätigen und durch getreue Abbildungen die merkwürdigsten der ausgegrabenen Gegenstände zu allgemeiner Kenntniß und Anschauung bringen werden. Wir dürfen hoffen, daß Herr Hundeshagen aus Mainz nicht nur <51> seine in den Gebieten der Kunst und des Alterthums ausgebreitete wissenschaftliche Kenntniß, sondern auch seine kunstfertige Hand für diese Sache werde thätig seyn lassen. Und Herr Maler Meier aus Bonn, welcher sich durch das Aufbewahren und Abzeichnen von Gegenständen des Alterthums, deren er sehr wohl kundig ist, schon so viel Verdienst erworben, hat auch von den am Wichelshof zu Tage gegangenen Gegenständen schon einige schätzbare, sehr richtige und genaue Zeichnungen geliefert, namentlich von dem Basrelief des Castor und Pollux und von den kleinen Stücken aus Erz. Vorzüglich hat er aber die Ruine von dem einen Gebäude, welches wir für ein Lager halten, in einer mit Geschmack und Geist componirten und den Gegenstand sehr anschaulich und getreu darstellenden Zeichnung abgebildet. Er hat die schöne umgebende Gegend um die Trümmer hergezogen, und das alte Gestein mit der Zierde der frischen Natur und der Landschaft bekränzt; den Vorgrund hat er noch im Sinn zu staffiren mit dem Basrelief und mit einzelnen aufgefundenen Geräthschaften und Gefäßen, besonders auch mit einer ehernen Kanne von ausnehmend schöner Form. Diese Zeichnung soll unverzüglich lithographiert und, wenn der Steindruck gut geräth, dem Publikum mitgetheilt werden.

Aber ausser dieser perspektivischen Ansicht der Ruine, wie dieselbe wirklich hier zu sehen ist, möchten wir von den Resten des alten Mauerwerks noch andere Zeichnungen wünschen, nämlich eine architektonische, darstellend den Grundriß oder Plan des Gebäudes; sodann eine Darstellung dessen, was das Gebäude nach der größten Wahrscheinlichkeit war, eine Ergänzung der vorhandenen Trümmer.

Es wäre besonders wünschenswerth und wichtig, daß <52> die ausgegrabenen Mauern und Gebäude so gut als möglich abgezeichnet würden. Sie sind das bedeutendste und eigenthümlichste Resultat unsrer Nachgrabungen. Sie lassen sich aber schwerlich lange erhalten, wie die kleinern Gegenstände, die man in das Museum bringen kann: denn sie sind der Verwitterung und muthwilligen Zerstörung ausgesetzt. Doch wenn sie in der Wirklichkeit zerfallen und zu Grunde gehen, kann man sich durch getreue Zeichnungen einigermassen einen festen und fortdauernden Besitz sichern.

Um dann solche Zeichnungen zu allgemeiner Kenntniß zu bringen und gemeinnützig zu machen, dafür ist der Steindruck ein wenig kostspieliges, doch sehr zweckmäßiges Mittel. Der Lithograph bleibt meistens hinter dem Kupferstecher darin zurück, daß jenem seine Darstellungen sich nicht so klar, nicht so genau und scharf ausnehmen. Aber gerade wegen diesem Gebrechen stellt er solche halb-verwitterte Reste des Alterthums noch natürlicher dar, nämlich ähnlicher ihrer wirklichen Beschaffenheit: denn die Formen derselben haben auch, um ihre Schuld an die Zeit abzutragen, die Schärfe und Klarheit neuer Werke einbüssen müssen. Sie sind theils mit Schmutz überzogen, theils angefressen.

Den Ort, wovon es sich handelt, noch näher zu bezeichnen, ist zu melden übrig, daß der Wichelshof das erste Landgut ist unten an Bonn, dicht am Rhein und den Stadtmauern nahe gelegen, so daß der von Bonn nach Köln Wandernde den Wichelshof rechter Hand liegen läßt, sobald er nur zu unserm Thor heraus ist. Das zu diesem Hofe gehörige Feld hält beiläufig vier Morgen, und der Weingarten einen Morgen. Von unsern Arbeiten ist die <53> eine Hälfte durchwuhlt, welche der Kölner Straße näher, und vom Rhein mehr entfernt liegt. Der eine Morgen dieser Hälfte ist im vorigen, der andere in diesem Jahr zum Nachgraben bestimmt worden. Die andere dem Rhein nähere Hälfte des Ackers untersuchten wir durch mehrere, vier Fuß tief gehende, enge Gruben, fanden da aber weniger bedeutende Spuren als wo wir bisher arbeiteten. In dieser Gegend ist wahrscheinlich mehr geplündert und verwüstet, und sind mehr Steine fortgeschleppt worden. – In Vergleichung mit der Umgegend erhöht sich der Boden ziemlich am Wichelshofe, und besonders das Rheines-Ufer, wo das Haus steht, zeigt sich hoch emporgehoben über das Bett des Flusses, so daß die Anhöhe des Feldes vom Wichelshof und seines Ufers sich um ein Bedeutendes erhebt über den Platz der Stadt Bonn. Dadurch war der Ort schon gut geeignet für eine Niederlassung der Römer, weil sie so gern auf Anhöhen sich ansiedelten. Auch in anderer Hinsicht entsprach er dem Zweck ihrer hiesigen Anlagen besser, als die Stelle des gegenwärtigen Bonns: die Aussicht auf das rechte Ufer in das Bergische Land ist da weit und breit aufgethan: hingegen in Bonn wird das nach der andern Seite schauende Auge schon beschränkt durch die bis fast der Stadt gegenüber vordringenden Hügel, welche die Fortsetzung des Siebengebürgs bilden. Und weil die Römer auf diesem militärischen Posten immer auf ihrer Hut seyn mußten vor den Streifzügen und Einfällen der Catten und anderer feindseliger deutscher Völkerschaften, so mußten sie bei ihren Anlagen die freie Uebersicht des jenseitigen Ufers als einen wichtigen Umstand beachten.

[Das römische Bonn?]

Um mit unsrer Meinung nicht länger hinter Berg zu <54> halten, sie geht dahin, die alte Bonna habe auf dem Wichelshof gestanden. Desselben Name mag freilich, etymologischen Grundsätzen gemäß, von *vigiliae* oder *viculus* herzuleiten seyn: doch diese Benennung hat sich wohl später dem Ort angeheftet, als der Name *Bonna* schon auf eine andere Stelle übergegangen war.

In der Geschichte der Rheinischen Städte finden sich mehrere Beispiele von Verlegung derselben auf benachbarte Plätze, wie zu Andernach. Wenn eine Ortschaft zerstört wurde, fanden es die Bewohner manchmal schicklicher, ihre Häuser auf dem angränzenden freien Platz zu erbauen, als über dem alten Schutt.

In der Gegend des heutigen Bonns mögen die Bewohner des alten *Castrums* ihre Todten bestattet haben, seyen dann diese verbrannt oder begraben worden. Alte Särge und besonders mehrere der noch erhaltenen und hier befindlichen Grabsteine sind im Umfang der Stadtmauern ausgegraben worden, namentlich die vier Grabsteine römischer Krieger, die auf der Katze im Schlosse eingemauert waren, und vier ehmals im Crevelt'schen Garten aufgestellte Grabsteine, der des Cominius und der mit der griechischen Inschrift, wo zuerst von Thessalonike die Rede und über der Schrift ein Hund abgebildet ist, {beide in einem dem Schlosse nahe liegenden Hause gefunden} der des Architecten Paternus, {auf dem jetzigen Platz des Stiftes Dietkirchen gefunden,} das Familien-Denkmal der Scaptischen Familie, das Crevelt nahe bei seinem Hause in der Hunds-Gasse entdeckte.

Die oben erwähnten, einander correspondirenden zwey großen Stücke Guß-Mauer, die dem Wichelshof <55> gegenüber links von der Kölner-Straße im Felde stehen, mögen einer Villa oder einem andern größern öffentlichen oder Privat-Gebäude angehört haben. Da die Römer von Anbeginn, wie Krieger und Juristen, ebenso auch Ackersleute waren, so wohnten sie im Sommer gern auf dem Lande und legten Villen an. Auch große öffentliche Gebäude, wie Tempel, baueten sie mitunter lieber im Freien, als im Umfang der Stadt-Mauern, wo die kleinen Privat-Wohnungen standen. Daher findet sich römisches Bauwerk so zerstreut und an so vielen Stellen. Zu Ergänzung dieser Trümmer und zu Ausbesserung des alten Gesteins nahmen die Alterthums-Liebhaber die Phantasie in Anspruch, welche zu vergrößern und die Gestalten zu dehnen liebt und so gern in unbestimmten, im Helldunkel dämmern-den Hintergründen, wie des Raums, so der Zeit ihr Spiel treibt. Sie verbanden jene zerstreuten Trümmer zu einer Stadt, und da sind denn die Menge Städte errichtet worden, die an Größe dem einzig-ewigen Rom sich wohl zur Seite stellen mochten. Hier geht eine Sage, die das ehmalige Bonn den Rhein her-auf und herunter eine Stunde weit sich erstrecken läßt, nämlich auf der einen Seite bis Godesberg, auf der andern bis Herschel, das nahe bei Godesberg stehende Hohe Kreuz soll auf dem Markt-Platz gestanden haben.

Das frei-stehende Gebäude der beiden Stücke Guß-Mauer stand nahe an ei-ner Straße, die aus der Eifel über das Vorgebirg an das Rheines-Ufer gieng, um auf der andern Seite sich fortzusetzen. Den römischen Ursprung verräth ihr Name Heer- oder Brücken-Weg, obschon sie jetzt zu keiner Brücke führt, mit Gras bewachsen ist und <56> nur als Feld-Weg gebraucht wird. Da und dort wird im Grund derselben und nahe dabei römisches Mauerwerk gefun-den. Sie geht in ganz gerader Richtung, nicht nach der jetzigen Stadt Bonn, sondern auf den Wichelshof. Der Verkehr mit der Eifel war für die römischen *Castra* am Rhein sehr wichtig. Dort im Innern des Landes gewahrte der wohlverwahrte Schooß des Gebürge den Römern Sicherheit, da sie hingegen hier am Ufer den Verheerungen der über die Fluthen des Stromes daher stür-menden deutschen Schaaren ausgesetzt waren. Dort hatten sie ihre festern Niederlassungen, und darin, was ihnen als theuerstes und heiligstes Gut galt, die Tempel, die Frauen, die Kinder. Zu Commern war das große Hauptquar-tier. Die Heer-Straße von Trier nach Köln führte durch jene Gegenden. Von dieser wurde jene aus dem Innern der Eifel führende Straße durchkreuzt, auf die es uns hier besonders ankommt; sofort führte dieselbe über Rheinbach und Endenich in das *Castrum* des Wichelshofes. Zu Rheinbach ist noch viel römisches Mauerwerk zu sehen, Reste von bedeutenden, ehmaligen Anla-gen, von Thürmen, von Wasserleitungen.

So lange hielten wir zurück den triftigsten der im Streit über die Lage des alten Bonns uns beistehenden Gründe: jetzt sind wir im Begriff denselben vorrücken zu lassen. Er soll *Colophonem imponere* und den Sieg für uns entscheiden. Er ist geholt aus einer Stelle des Florus im 12ten Capitel des 4ten Buchs [=Epitomae de Tito Livio bellorum omnium]. Es ist da die Rede von dem Feldzug, welchen Drusus unter der Regierung des Augustus noch vor der Hermanns-Schlacht gegen deutsche Völkerschaften unternahm, und mit solchem Erfolg ausführte, daß er durch den <57> Thüringer Wald und den Harz bis an die Weser und die Elbe vordrang. Um vor dem Angriff sich den Rücken zu sichern, machte er mit Vertheidigungs-Anstalten den Anfang, und errichtete bei dieser Gelegenheit auf dem linken Rhein-Ufer, wahrscheinlich in keiner weitern Strecke als zwischen Mainz und der Insel der Bataven, einen Gurt von 50 Castellen. Obschon die Schriftsteller die Namen derselben nicht angeben, so ist doch wohl nicht zu bezweifeln, daß auch zu Bonn Eines der fünfzig gestanden hat. Die Feinde, denen der Krieg des Drusus eigentlich galt, waren die Catten, deren Wohnplätze gerade Bonn gegenüber lagen, dann derselben Nachbarn in den Gegenden unter der Sieg, die Usipier, Tencterer und Sicambrer.

In der Beschreibung dieses Krieges findet sich die von uns in Anspruch genommene Stelle, welche so lautet:

{Drusus} Bonnam et Gesoniam cum pontibus junxit classibusqne firmavit.

Dieses ist die ursprüngliche Leseart, welche alle Manuskripte und die *Editiones principes* weisen. Das *cum* ist aber wahrscheinlich ein Einschiebsel eines unwissenden Abschreibers. Unter *Classibus* sind die aus verschiedenen kleinern und größern Schiffen zusammengesetzten Flotten zu verstehen, welche unter Augustus von den Römern auf dem Rhein angelegt worden.

Dann wird da Meldung gethan von einer Brücke, die zwey Ortschaften verbinde, welche beide also einander gegenüber liegen sollten. Die eine, nämlich Bonn, war freilich wohl bekannt; aber Niemand wußte etwas von einem Bonn gegenüber, auf dem rechten Rhein-Ufer liegenden Orte, Namens Gesonia. Selbst Vogel, der Verfasser einer Chronik von Bonn[56], ein Bürger

---

[56] (Vogel, 1766).

dieser Stadt <58> und churfürstlicher Beamter wurde nichts davon gewahr. Daher schrieb Möller in der *Descriptio Rheni*[57]:

> Oppositam fertur spectare Gesonia Bonnam:
> Oppositum nescit Bonna viclere locum.

Nun emendirten die Critiker und Geographen tapfer drauf los. Jener Satz des Florus war ihnen ein Zauber-Wagen, auf dem sie gar lustig in der Welt herumfuhren, den Rhein herauf und herunter bis an's Meer. Das Gesonia wurde als unbekannt verworfen und stattdessen Moguntiacum in den Text ausgenommen; ein Anderer wollte Novesium {Neuß, welches unter Köln liegt} gelesen wissen; noch ein Anderer Geldubam, welches unter Neuß liegt; Einen gab es, der Gessoriacum {Boulogne am Meere} setzte, da denn auch Bonnam in Bononiam verwandelt wurde. Nur der letzte blieb noch bei der Ansicht, daß die beiden Ortschaften einander gegenüberstehen müssen; die andern zerwarfen sie in Gegenden, die weit von einander entlegen waren. Doch diese Emendationen waren verlorne Mühe und ließen die Sache in ihrem Dunkel stecken.

Da machte Herr Trimborn aus Bonn die Bemerkung, daß auf der andern Seite ein etwa 40 Häuser starkes Dörfchen am Fluße liegt, Namens Geusen, was wegen den benachbarten größern Dörfern Beul und Rheindorf wenig beachtet wird. Die Herleitung von Geusen aus Gesonia ist ganz klar und natürlich und wird durch die Analogie anderer Wort-Veränderungen und die darüber obwaltenden Sprach-Gesetze gerechtfertigt, so daß also die Identität des Namens in beiden Wortformen nicht füglich bezweifelt werden kann. Herr Minola machte diese Entdeckung zuerst bekannt, wie er denn überhaupt durch seine <59> beiden Bücher um das römische Alterthum am Rhein viel Verdienst sich erworben und ein sehr dankenswerthes Werk gestiftet hat. Diese beiden Bücher sind überschrieben, das eine: (Minola, Kurze Übersicht dessen, was sich unter den Römern seit Jul. Cäsar bis auf die Eroberung Galliens durch die Franken am Rheinstrom merkwürdiges ereignete, 2. vermehrte Auflage, 1816), das andere: (Minola, Beitraege zur Uebersicht der roemisch-deutschen Geschichte, 1818).

An beiden Brücken-Köpfen war, dem Gemeldeten gemäß, eine Ortschaft, hier die größere, gegenüber eine kleinere, nämlich Gesonia. So stehen jetzt ebenfalls den größern Städten am Rhein auf dem andern Ufer kleinere Städte oder Dörfer gegenüber. So schauen Köln, Bonn, Coblenz hinüber nach Deutz,

---

[57] Unbekannt.

Beul, Thal Ehrenbreitstein. – In Geusen heißt noch ein Weg der Brücken-Weg, ohne daß die Leute von dessen Brücke etwas wissen. – Der Boden ist da mitunter sehr hart und unfruchtbar, andeutend in seinem Grund verborgenes Gestein. – Hiesige Männer, die als wahrheitsliebend und sehr scharfsichtig anerkannt sind, versichern, daß sie bei niedrigem Wasser-Stand auf der Enten-Jagd am Ufer bei Geusen stark emporragende Massen im Fluß-Bett wahrnahmen, die durchaus Pfeilern einer alten Brücke ähnlichsehen.

Nun liegt aber der gegenwärtigen Stadt Bonn keineswegs Geusen, sondern Beul gegenüber; Geusen liegt gerade gegenüber dem Wichelshof. Die über den Wasser-Spiegel stark emporragende Erhöhung des Ufers da, wo das Haus des Wichelshofes steht, ist gut geeignet zur Anlage einer Brücke. Der Brücken-Weg in Geusen und der von Endenich nach dem Wichelshof führende liefen vermittelst der Drücke in einander. – <60>

Das Alter des Namens Bonn betreffend, entsteht die Frage, ob Florus denselben aus einem mit dem erwähnten Ereigniß gleichzeitig lebenden Schriftsteller geschöpft oder ob er für eine alte Begebenheit eine damals neue und viel jüngere Benennung des Orts gebraucht habe. Das letztere ist das wahrscheinlichere. Der älteste Schriftsteller, bei dem der Name Bonn vorkommt, ist Tacitus, der ihn aber erst in seinen Historien anführt bei den nach Nero's Tode erfolgten Begebenheiten. Unsre Stadt ist historisch verklärt, indem dieser große Geschichtschreiber sie gleichsam mit seinem Geist und Gemüth anhauchte und in seine zu Ideen erhobenen Darstellungen aufnahm. Außerdem wird Bonn in griechischer und lateinischer Schrift angeführt und verhandelt von mehrern andern Schriftstellern des Alterthums, im Itinerarium des Antoninus, von Ptolemäus in der Geographie, von Ammianus Marcellinus, auch auf der Tabula Theodosiana.

Unsre Gegend ist ausgezeichnet als Schau- und Tummelplatz denkwürdiger großer Thaten und Ereignisse. Hieher führte Agrippa die Ubier über den Rhein. Hier erhoben sich die beiden großen Empörungen, die eine von den Legionen, als Germanicus den Oberbefehl hatte, die andere von den von Civilis angeführten Batavern. In so großen Heeres-Massen, dergleichen hier zum Widerstand gegen die Deutschen versammelt wurden, konnte leicht Gährung entstehen. Und die Entfernung vom Mittelpunkt des Reichs und der Macht erleichterte den Aufstand. – Auch ist von unsern jetzigen Wohnplätzen zu rühmen, daß sie Sitz und Wirkungskreis großer gefeierter Heroen der alten Geschichte waren und von ihnen unvergeßliche Denkmale ihres <61> Hierseyns empfingen, wie von Agrippa, Drusus und Germanicus.

[Die Ara Ubiorum?]

Mit Hinsicht auf unsre Stadt ist oft die Rede vom Altar der Ubier {oder der Ara Ubiorum}, ja es hat sich darüber zwischen den inländischen Alterthums-Kennern ein Streit ergeben, der schon sehr lange dauert und noch immer mit Eifer fortgesetzt wird, wie denn die noch kein Jahr alten letzten Schriften von Wallraf und Minola mehreres dahin gehörige enthalten.

Die Ubier, welche Cäsar am linken Rhein-Ufer und weiter oben angetroffen hatte, führte Agrippa {gemäß der Versicherung des Strabo, Geographika IV, 3,4} über den Strom, und die Landes-Strecken zwischen der Nette und Erft sind ihre neuen Wohnplätze geworden. Es erhob sich dann nicht nur eine Ubier-Stadt {oppidum Ubiorum}, sondern auch ein Ubier-Altar. Da muß ein hoch verehrtes Heiligthum verbunden mit religiösem Cultus und Priester-Dienst vorhanden gewesen seyn, indem ein deutscher Fürst Namen Segestes seinen Sohn Sigemund dabei als Priester anstellte. Die Deutschen hielten freilich ihre religiösen Übungen nicht an Altären und in Tempeln, wie die Römer: aber da sie lange in Verkehr und in freundlichem Verhältniß mit den Galliern und den Römern waren, und bei der Wanderung über den Rhein römischer Obhut sich anvertrauten, so ist es denkbar, daß sie einen den Römern eigenen religiösen Dienst möchten angenommen haben. Oder auch könnte es ein deutsches Heiligthum gewesen seyn, kein eigentlicher Altar, aber von den Römern so geheissen, weil sie in Ermanglung der ächten Benennung die Sache mit dem Namen eines ihnen als ähnlich erscheinenden Gegenstandes bezeichnen wollten. <62> Immerhin ist ein Heiligthum eines ganzen Volkes eine Weihe und Erhebung der Gegend, wo es steht. Es ist ein Denkmal der da waltenden Gottheit und Heiligkeit, und im Alterthum auch der Versammlungspunkt, das Herz verbündeter Völkerschaften. In der National-Gottheit und durch sie dachten sie Eins zu seyn; unter ihrem Schirm traten sie zusammen und verhandelten die Bundes-Angelegenheiten. So umfing der Tempel auf dem Vorgebürge Mycale alle Ionier; der Tempel der Juno auf dem Lacinischen Vorgeblich die in Unter-Italien angesiedelten und durch die Pythagoräischen Satzungen vereinigten Griechen. Auch die Etruskische Eidgenossenschaft hielt ihre Bundes-Versammlungen im Tempel der Voltumna am Ciminischen Berge. – Nach dem Uebergang über den Jordan und der Besitznahme von Canaan errichteten die Israeliten einen Altar, wie die Ubier nach dem Rhein-Uebergang.

Da der Ubier-Altar als ein hochwichtiges Heiligthum der Vorzeit betrachtet wurde, so gab es mehrere Städte, die ihn sich aneignen wollten, ähnlich jenen sieben Städten, die um den Homer stritten. Auch die Griechen waren so geartet, daß jede Völkerschaft, jede Gemeinde die großen Ereignisse der Vorzeit und die gefeierten Mythen in ihre Stadt zu ziehen trachtete. Es waltete in ihrem Gemüth das Verlangen, den heimathlichen Boden zum Schauplatz bedeutender Begebenheiten des Alterthums zu erheben und ihr Volk durch die Glorie dämonischer und heroischer Vorfahren zu verklären.

Die Kölner von Justus Lipsius an bis auf den jetzt lebenden und wirkenden Wallraf gaben sich alle Mühe, die Ara Ubiorum in ihre Stadt zu ziehen. Und bei dieser <63> Gelegenheit ist jener *summus vir*, so gut wie sonst andere mehr oder, weniger alterthumskundige Kölner, in seiner Ansicht und seinem Urtheil bestimmt und geleitet worden durch die Vorliebe zu der Stadt, die ihm zur andern Heimath geworden war, in welcher er seine Jugend verlebte und die erste Bekanntschaft mit dem classischen Alterthum stiftete, und später dahin zurückkehrend die Bücher des Tacitus bearbeitete und mit Anmerkungen ausrüstete. Dagegen hat auch Bonn seine Alterthums-liebenden, patriotisch-gesinnten Bürger, welche den Ruhm des Ubier-Altars ihrer Stadt zuzuwenden verlangen. Denselben zum Nutzen und Frommen sind folgende interessante Beobachtungen erhoben worden: die Entfernung von Vetera nach der Ara Ubiorum beträgt nach der Angabe des Tacitus {Annal. 1,45} 60 römische Meilen, und grade so weit ist jetzt der Weg von Xanten nach Bonn, vorausgesetzt daß 4 römische Meilen auf eine deutsche gehen. Das Stand-Quartier der 1ten Legion wird in den Annalen des Tacitus benennt *apud Aram Ubiorum*, in desselben Historien *Bonna*, {zu vergleichen Annal. 1, 39 mit Histor. 4, 19.} und in den Annalen kommt oft vor die Benennung *apud Aram Ubiorum*, niemals *Bonna*, umgekehrt in den Historien wohl der Name *Bonna*, nirgends *apud Aram Ubiorum*; also bezeichnen die beiden Namen einen und denselben Ort. Die anderer Meinung sind, meinen dem Beweis eine Schwierigkeit in den Weg zu legen durch die Bemerkung, daß von der einen Angabe des Tacitus über das Stand-Quartier der 1ten Legion bis zur andern ein großer Zeitraum dazwischen liege, nämlich vom Anfang der Regierung des Tiberius bis auf Vespasian. Daß aber die 1te Legion in Bonn sich <64> aufhielt, davon hatten wir oben schon Gelegenheit Belege anzugeben. –

Aber dem ganzen Gewölbe von Beweisen und Schlußfolgen, das den Ubier-Altar zu schirmen, und den alten Hort vor räuberischen Händen, die ihn anderswohin zu entführen trachten, zu verwahren und der Stadt Bonn zu erhalten errichtet wurde, diesem Gewölbe setzte der Herr von Gerolt, der die Parthei von Bonn genommen, den Schlußstein auf, nämlich den Stein des Cominius im Crevelt'schen Garten. Er sagt, es erhelle aus dem Zunamen

Tiberiana, den die 1te Legion auf desselben Grabschrift führe, daß sie unter Tiberius in Bonn stand, und gerade in dieser Zeit habe nach Tacitus der Ort, wo sie stand, *apud Aram Ubiorum* geheissen.

Wenn die Menschen von gewissen Vorstellungen lebhaft bewegt sind und mit sicherm Vertrauen daran glauben, dann verlangt ihr Gemüth mit mächtigem Drang, eine solche in ihrem Innern zum Leben erwachte Idee äusserlich im Bild, im Körper dargestellt zu sehen und den Sinnen zur Anschauung zu bringen. Herodot erzählt von den Pelasgern {II. 52}, in der Kindheit ihrer Geschichte haben sie zu den Göttern gebetet und Opfer dargebracht, ohne sie zu benennen zu wissen. Da verlangten sie sehnsüchtig, daß ihnen Namen gegeben werden, mit welchen sie die Gottheit anrufen können. Denn auch die Namen sind gewissermaßen Bilder und Verkörperungen der Ideen. Begierig nahmen sie die fremden Götter-Namen an, die sie von Aegypten herhörten und befragten das Orakel zu Dodona, ob sie diese Namen für ihre Gottheit brauchen dürfen. – Wo in Klein-Asien ein Meteorstein vom Himmel fiel, wähnte das dortige Volk, das sey die Gottheit, die sie im Geiste <65> schauen und die sie gläubig verehren, und sie setzten den unförmlichen Stein in einen Tempel und beteten ihn an.

Auch hier giebt es so ein διιπετησ [diipetes], auch in Bonn ist ein Stein aus den Wolken gefallen, und weil man meinte, die *Ara Ubiorum* müsse hier seyn, sah man jenen Stein dafür an. Eine *Ara*, die allerdings an Größe und an schöner Arbeit der Fürst unter den hiesigen römischen Steinen ist, welche zuerst der Kölnische Antiquar Broelmann, dann der Graf von Blankenheim besaß, und welche von dem Jesuiten Aldenbrück in dem Buche *de Religione Ubiorum*[58] und von Broelmann in dem *Epideigma*[59] etc. beschrieben, in dem Werke des letztern auch abgebildet ist, dieselbe *Ara* wurde auf Unkosten des Canonikus Pick nach Bonn gebracht und durch dessen Güte der Stadt geschenkt. Die Gemeinde lief zusammen, ein Fest wurde gefeiert um den Stein zu bewillkommen, der lange versunkene Ubier-Altar richtete sich von neuem empor, er hielt seinen Einzug unter Pauken- und Trompeten-Schall, und faßte festen Stand auf einem anmuthigen Platz; jetzt stellt er sich da der Verehrung des Volks dieser Gegend dar, wie weiland vor anderthalb tausend Jahren.

---

[58] (Aldenbrück, 1746).
[59] (Broelmann, 1608).

Abb. 3: Gefässe

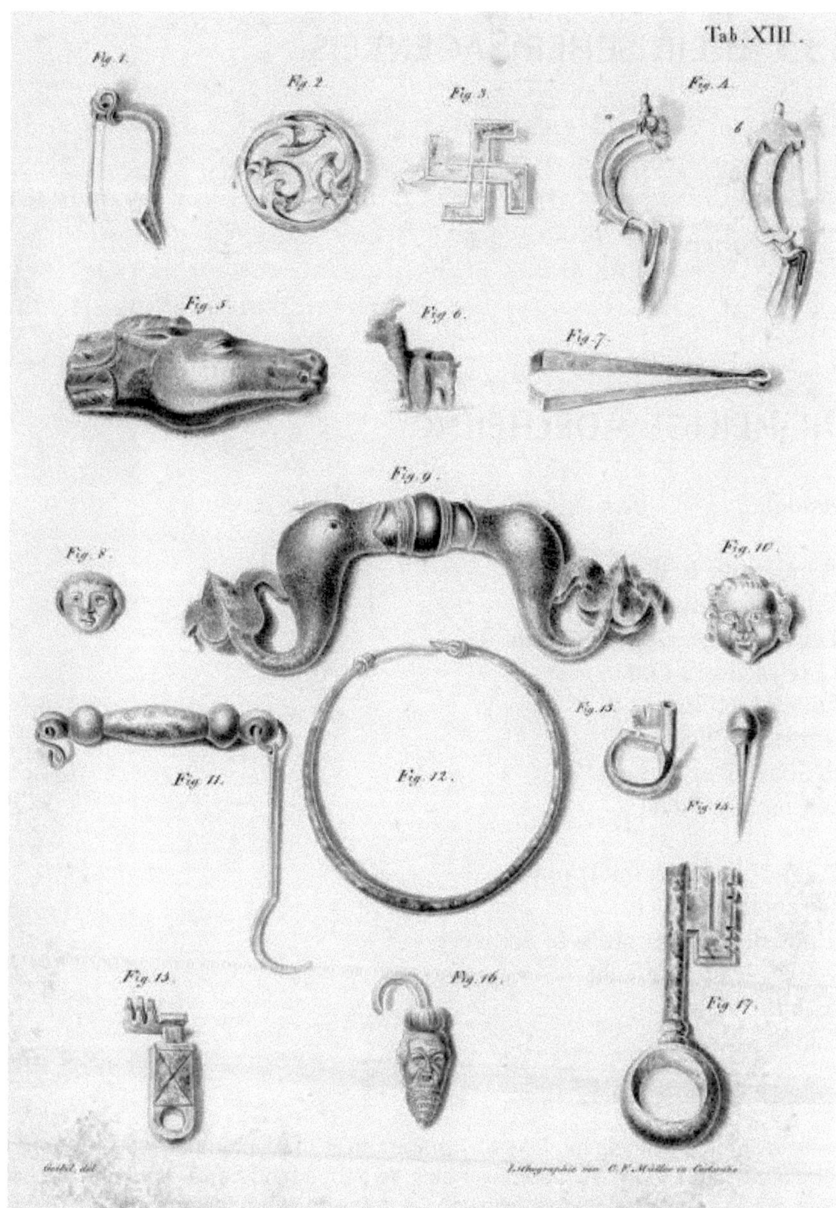

Abb. 4: Kleine Fundstücke

1835 RHEINISCHER SAGENKEIS

Rheinischer Sagen-Kreis. Ein Ciclus von Romanzen, Balladen und Legenden des Rheins. Nach historischen Quellen bearbeitet von Adelheid von Stolterfoth[60], Stiftsdame. Mit ein und zwanzig Umrissen, nach Zeichnungen von A[lfred] Rethel[61] in Düsseldorf, lithographiert von Dielmann. Frankfurt s/M. verlegt bei Karl Jügel, Buch- und Kunsthändler. 1835.[62]

»DIE HEILIGE ADELHEID«

(Legende)

Einst kniet' die heil'ge Adelheid
Zu Villich in dem Chor.
Und eine Nonne sang ihr falsch
Das alte Lied in's Ohr.
Sie blickt nach ihr
Mit ernstem Blick,
Doch Schwester Agnes
Schaut nicht zurück.

Ihr Auge ruhet halb im Traum
Auf einem Edelknecht. –
Er stützt sich finster auf sein Schwert,
Als wollt' er in's Gefecht.
Sechs Jahre schon
Hat sie beweint

---

[60] Adelheid Karoline Wilhelmine Julie von Stolterfoth (* 11. September 1800 in Eisenach; † 17. Dezember 1875 in Wiesbaden) war eine deutsche Dichterin. – Bald danach hatte Karl Simrock in dem Gedicht »Adelheid von Geldern« den Vorfall bearbeitet, in: (Lersch, Erinnerung an Bonn in Liedern und Bildern, 1837, S. 26 f) und (Simrock, 1837, S. 148 ff).
[61] Alfred Rethel (* 15. Mai 1816 bei Aachen; † 1. Dezember 1859 in Düsseldorf) war ein deutscher Historienmaler der Spätromantik.
[62] Fundstelle: ULB Düsseldorf; urn:nbn:de:hbz:061:2-1638-p0005-8.

Den Todtgeglaubten,
Der nun erscheint.

Er sieht, umstrahlt vom Abendlicht,
Ganz ihrem Robert gleich.
Doch trüber ist dieß Angesicht.
Die Wangen sind zu bleich.
Er blickt so wild
Zu ihr empor,
Dass sie die Stimme
Bald ganz verlor.

Darob ergrimmt in heil'gen Zorn,
Hebt Adelheid die Hand,
Und giebt ihr einen Nackenstreich,
Dass Hör'n und Seh'n ihr schwand.
Sie senkt den Blick
Und sagt kein Wort,
Sie hebt ihn wieder
Und – er ist fort.

Und, O des Wunders! plötzlich süss
Und rein wie Engelslied,
Ein sanfter, klagender Gesang
Der jungen Brust entflieht.
Wie Himmelslust
Und ew'ger Schmerz
Tönt es ergreifend
Von Herz zu Herz.

Die Heil'ge braucht die Wunderkraft
An allen Nonnen bald,
Kein falscher Ton ward mehr gehört
Von Jungen oder Alt.
Doch keine mehr
Wie Agnes sang,
Schad', dass ihr Lied
So bald verklang.

Abb. 5: Adelheid, by Rethel

»ROLAND, DER TREUE PALADIN«[63]

Von der Veste schaut der Ritter
Starr hinab zum Gotteshaus,
Wo in ihrer stillen Klause
Leis' umrauscht von Wald und Flut
Die Geliebte sterbend ruht.

---

[63] Fundstelle: ULB Düsseldorf; urn:nbn:de:hbz:061:2-1638-p0101-1.

»Ritter Roland, wilder Reiter!
Willst du nicht zu Rosse steigen?
Möcht' dir meinen Falken zeigen,
Denn er ist, wie keiner, kühn. –
Siehst du dort die Reiher zieh'n?«

»Reit allein hinab, mein Jäger,
Nimmer werd' ich mit dir gehen,
Nimmer deinen Falken sehen –
Bring' ein Eichenreis vom Wald,
Flinker Jäger, bring' es bald.«

»Ritter Roland, guter Zecher!
Willst du nicht die Flasche leeren,
Einer schönen Maid zu Ehren?
Nimm den schäumenden Pokal,
Trink' ihn aus mit einemmal.«

»Trink' allein, mein treuer Mundschenk.
Hab kein holdes Lieb hinieden,
Was ich liebte, schläft in Frieden.
Nimm den Becher, er sey dein,
Nimmer trink' ich edlen Wein.«

»Ritter Roland, kühner Streiter!
Willst du nicht die Rüstung schauen?
Kampfespreis von süssen Frauen,
Und die Kette schön und blank.
Deines Kaisers letzter Dank?«

»Keine Rüstung, junger Knappe,
Keine Kette will ich haben,
Und ihr sollt mich nur begraben
Mit dem alten, starken Schwert,

Abb. 6: Roland, by Rethel

Mit dem Schilde, gut und werth.«

»Ritter Roland, Liedeskenner!
Soll ich nicht die Harfe schlagen?
Hab' ein Lied aus alten Tagen
Von der wilden Maurenschlacht
Stolz zu deinem Ruhm gemacht.«

»Horch, o horch, getreuer Sänger!
Eine Glocke hör' ich schallen
Und den Grabgesang verhallen – –
Sänger! sing das Schlachtenlied,
Deines Helden Seele flieht. – «

Und so schläft der treue Roland

Ruhig ein im Abendglanze.
Aber mit dem Eichenkranze,
Hundertjähr'gem Baum geraubt,
Schmückt der Sänger still sein Haupt.

1835 G. HÜLLE: »DER DRACHENFELS«

DER DRACHENFELS | mit seinen nächsten Umgebungen geschicht-
lich dargestellt, nebst einigen romantischen Sagen aus der heidnischen Vorzeit und aus der Blüthe der Ritterzeit; nach den besten Quellen, mit einer Stammtafel aller Burggrafen von Drachen-
fels, vom Jahr 1455 bis 1817, | gesammelt und bearbeitet von
GEORG HÜLLE, Lehrer zu Königswinter. | Als Anhang eine Preisliste
der Schiffer und Führer. | Mit zwei Kupfern. | Bonn, 1835. | In
Kommission bei T. Habicht.[64]

Vorwort.

Um den vielseitigen Anforderungen derer zu genügen, welche das Siebengebirge besuchen, und in geschichtlicher Hinsicht etwas Zusam-
mengefaßtes in gedrängter Kürze darüber zu lesen wünschen, habe
ich seit geraumer Zeit den wissenswürdigsten Stoff, welcher zerstreut
in manchem schätzbaren Werke sich vorfindet, gesammelt, und die
von sehr achtbaren Männern mitgeteilten, theils urkundlichen, Noti-
zen benutzt; wodurch ich in den Stand gesetzt wurde, nach vielfachem
Vergleichen und Erwägen, das Wahre oder doch das Wahrschein-
lichste vom Falschen und Gehaltlosen zu sondern, und dem geneigten
Leser in nachstehender Schrift zu widmen. Zugleich glaube ich manchem Leser Vergnügen zu machen, indem ich die vorzüglichsten und
interessantesten Sagen, welche in andern Werken hier und da nur

---

[64] Fundstelle: (Hülle, 1835), ULB Düsseldorf, Signatur D.Sp.G. 1218;
urn:nbn:de:hbz:061:1-38683. – französische Ausgabe (Hullé, 1835), ULB Bonn;
urn:nbn:de:hbz:5:1-73822, siehe Anhang.

angedeutet sind, ausführlicher und zum Theil in veränderter Form als Unterhaltung beifüge.

Die Schriften, welche ich hierzu am meisten benutzt habe, sind die von Minola, van Alpen, von Mehring, Klein, Schreiber, Beck und besonders die Provinzial-Blätter von Hr. Prof. Dr. Nöggerath etc. etc.

Erwägend und anerkennend das viele Vortreffliche, was schon darüber geschrieben ist, mochte ich fast die Hoffnung < > aufgeben, daß meine geringe Arbeit günstige Aufnahme finden werde. Doch die Ueberzeugung, daß die kleine Schrift, auch bei nicht erlangter Vollkommenheit, von einigem Nutzen sein und Vergnügen gewähren kann, ermuthigt mich mit der Hoffnung, daß solche nicht ganz ohne wünschenswerten Erfolg seyn werde, weshalb ich es auch wage dieselbe einer billigen Kritik zu unterwerfen, mit welcher sich gern bescheiden lassen wird

der Verfasser.

Königswinter im Mai 1835.

Der Drachenfels mit seinen nächsten Umgebungen geschichtlich dargestellt.

Die letzte Prachterscheinung der von so vielen Fremden aus weiter Ferne besuchten Rheingegend, liefert die dunkle Felsenmasse des himmelanstrebenden Siebengebirges, worunter der Drachenfels, dieser gigantische Stromwächter, fast senkrecht aus den Fluthen des Rheines emporsteigend, den Eingang des freundlichen Honnefer Thales beschirmend, vor allen andern Bergen die Aufmerksamkeit aller Naturfreunde am meisten erregt.

Der Anblick jedes alterthümlichen, verfallenen Thürmchens leitet schon die Gedanken des in poetischen Einbildungen versunkenen Beobachters unwillkührlich in jenes Zeitalter zurück, das so reich an ritterlichen Abenteuern war, wo Edle stolz, im vollen Maße ihrer lehnsherrlichen Würde und Macht über ihre Anhänger und Lehnsdiener, beinahe immer in offener Fehde gegeneinander standen. Wie viel mehr müssen uns die noch vorhandenen Ruinen, die Muster der menschlichen Beharrlichkeit an jene wahrhaft männlichen, kraftvollen Geschlechter erinnern, die so kühne, ja verwegene Thaten, möchte man sagen, mit unerschütterlichem Muthe vollbracht haben, wovon wir Thalbewohner noch jetzt, nach so vielen Jahrhunderten, die sprechendsten Beweise an den theils verfallenen, <2> theils zerstörten Schlössern, den Gipfelwohnungen jener Bergbewohner haben.

Der Chroniken Sage gemäß ward die Burg des Drachenfelses, so wie die der Wolkenburg, Löwenburg und Rolandseck auf den Trümmern eines römischen Wachtturms aus Julians oder Valentinians Zeiten herrührend erbaut; worin es heißt: Im Jahre 1117 ließ Friedrich I., Erzbischof von Cöln, die Burgvesten Drachenfels, Wolkenburg, und im Jahre 1120 die Veste Rolandseck wieder aufbauen, um den kaiserlichen Truppen Heinrichs V., mit welchen er damals in eine schwere Fehde verwickelt war, bessern Widerstand leisten zu können. Zu eben diesem Zwecke wollte dieser Erzbischof 1128 Rolands-, oder damals noch Rauhlandswerth genannt, zu einer Rheinveste machen, aber die freie Reichs-Stadt Cöln widersetzte sich dieser Ausführung, und so wurde es in ein Benediktiner-Frauenkloster, verbunden mit einem Hospitale, umgeschaffen, wovon es den Namen Nonnenwerth erhalten. Später ist es mehrmals abgebrannt, theilweis im dreißigjährigen Kriege, da es ein Regiment Schweden als Besatzung aufnehmen mußte; und zuletzt ganz im Jahre 1775, in welcher Zeit auch die umliegenden Bergschlösser zerstört wurden. Der kostspielige Wiederaufbau des Klosters schmälerte merklich die Einkünfte desselben. Von den Franzosen wurde es 1802 aufgehoben, fand aber wegen seiner ausgezeichnet schönen und gesunden Lage eine mächtige Beschützerin an der damaligen Kaiserin Josephine; auch durften die Nonnen darin bleiben, und nach ihrer Ordensregel fortleben, bis zum Verkauf desselben, welcher 1822 eintrat, worauf die noch lebenden Nonnen im hohen Alter noch zu ihren Freunden und Verwandten ziehen mußten. Als Privateigenthum dient es nun, da es zugleich ein vorzügliches Gasthaus ist, den Fremden als Mittelpunkt, um von da aus alle Wanderungen nach der umliegenden Gegend zu unternehmen, deren die Natur so viele und herrliche hier auf einen Punkt vereinigt darbietet.

Unter dem Kaiser Albrecht I. wurde auch Rolandseck, welches nach der ersten Zerstörung durch Heinrich V. bald <3> wieder aufgebaut war, im Jahre 1301 als verbotene Zollb[urg][65] abgebrochen. Den spätern Wiederaufbau hat der Reformationskrieg vernichtet, wovon der mit starkem Epheu umrankte Gewölbebogen die Verheerungen der Zeit überlebt hat. Den Faden der Geschichte von der Burg des Drachenfelses weiter verfolgend, sagt uns eine Urkunde aus der Mitte des 12. Jahrhunderts, daß der Cölnische Erzbischof Arnold I., Graf von Geldern, viel Mühe und Kosten, besonders auf den Hauptthurm der Drachenfelser Burg verwendet; die gänzliche Vollendung aber sein zu weit heran gerücktes Alter und endlich sein Tod 1151 verhindert habe. Von diesem Erzbischofe kaufte der Probst des Cassiusstiftes zu Bonn, der Erzdechant Gerhard, den Drachenfells[!], damit er von da aus die Besitzungen der Kirche, und besonders die, welche die Burgvögte im Namen des Erzbischofes verwalteten, gegen alle Beschädigungen und Angriffe beschützen könne.

Dem Neffen des Erzbischofs {Adelbert mit Namen} wurde also die Verkaufssumme von 100 Mark löthigen Silbers gezahlt, unter der eidlichen Verpflichtung, daß die Probstei sammt dem Schlosse Drachenfels zu allen Zeiten, wenn es die Noth erfordere, der Kölnischen Kirche zur Ehre und zum Nutzen mit Rath und That beistehen solle. Diese Übergabe wurde auch vom Papste Victor IV. urkundlich im Jahre 1162 und eben so vom Erzbischofe Reinold 1167 bestätigt. In der päbstlichen Urkunde wird die Burg der Drachenberg {*castrum in monte Draconis situm*} genannt, außerdem wurde der Berg auch mit den Namen Trachinfells, Drakinvels und Drachenfelz belegt, ehe es noch eine Familie gab, die diesen Namen führte; welches die Sage aus der heidnischen Vorzeit andeutet. Ja in einer Urkunde von 1206 findet man Erwähnung der Drachenhöhle, worin sie Drachenloch genannt wird. – Die Unterhaltung der Burg und seiner Nebengebäude verursachte jedoch der Probstei zu Bonn so außerordentliche Kosten, daß diese

---

[65] An dieser Stelle sind mehrere Blätter der Vorlage eingerissen.

genöthigt war, den Zehnten von mehreren Ortschaften ihrem Burggrafen zu überlassen, wofür er auf eigene Kosten die Burg nicht allein im Stande erhalten, sondern <4> [auch] seine Söldner bezahlen mußte. Die Lehnsritter der [Bur]g nahmen nun einen Drachen in ihrem Wappenschilde [a]uf, dergleichen schon ein Graf Heinrich 1303 in seinem Wappenschilde führte, und sich Burggraf von Drachenfels nannte.

Abb. 7: Wappen der Walpot zu Gudenau

Ein silbern geflügelter, goldene Flammen hauchender Drache mit aufwärts gewundenem Schweif im rothen Felde, den Kopf nach dem linken Schildrande gewendet, ist dieser Burggrafen Wappen. Auf dem Helme erscheint der Drache bis zum Unterleib silbern, aber mit rothen Flügeln. Die Helmdecke ist silbern und roth unterlegt.

Bis auf einen Ritter, Cläs von Drachenfels, welcher 1493 von einem seiner Vetter erstochen wurde, ist das Schloß als Lehngut der Probstei von den Burgherren verwaltet worden. Von diesem Zeitpunkte aber scheint es in das Allodial-Eigenthum der Herren von Drachenfels übergegangen zu sein; denn einer fernern Belehnung durch die Probstei wird nicht mehr gedacht. Zu dem Schlosse Drachenfels erwarben die Burggrafen noch auf dem rechten Rheinufer das Pfandamt Wolkenburg, das Schatz-{Schloß-} Amt zu Königswinter und das kleine Pfarrdorf Ittenbach. Auf dem linken Rheinufer gehörte zur Herrschaft das noch so genannte Ländchen Drachenfels, bestehend aus acht Dörfern: Gimmersdorf, Berkum, Ließem, Pissenheim, Ober- und Nieder-Bachem, Kurrig und Züllighofen. Das Pfandamt Wolkenburg wurde im Jahr 1425 durch den Kurfürsten Dieterich Grafen von Mörs für 20.000 rheinische Gulden an den Burggrafen Göddert v. Drachenfels verpfändet, welche Summe ersterer dem letztern für geleistete Kriegsdienste schuldig geworden sein soll.

Stammtafel (vereinfacht und aktualisiert)

Goeddert von Drachenfels †1456
Lysa von Eich zu Ollbrück
|
Apollonia von Drachenfels
Otto Walpot/Waldbott von Bassenheim †1507
|
Anton Walpot von Bassenheim *1537
Elisabeth von Greifenklau ∞1516
|
Otto Walpot ∞1553
Johanna Scheiffert von Bornheim †1613
|

Otto Heinrich Walpot zu Gudenau 1561-1639
Catharina zu Hochsteden †1632
|
Ferdinand Walpot zu Gudenau †1659
Maria von Quadt zu Buschfeld
|
Otto Werner Walpot zu Gudenau 1636-1689
Maria Alexandrina von Vehlen
|
Maximilian Hartard von Walpot zu Gudenau †1734
Maria Maddalena von Walpot zu Bornheim
|
Maria Alexandrian von Walpot zu Gudenau †1744
Carl Georg Anton von der Vorst zu Lombeck und Lüftelberg †1745
|
Clemens August von der Vorst zu Lombeck und Gudenau 1735-1817
Maria Anna von Spies zu Rath
|
Max Friedrich von Vorst Gudenau[66] 1757-1835

Göddert von Drachenfels hinterließ bei seinem im Jahre 1456 erfolgten Ableben eine einzige Tochter, Namens Apollonia, welche sich 1477 mit Otto Walpot von Bassenheim vermählte. Da ihr Vetter Goddert, Sohn Heinrichs von Drachenfels, auch mit Hinterlassung einer einzigen Tochter, Agnes, vermählt 1516 mit Dieterich zu Milendonk, gestorben war; so wurden sämmtliche Familiengüter, Rechte und Gefälle <5> zwischen Beide gleich getheilt. Diese Theilung scheint zu Streitigkeiten zwischen der Walpot-Bassenheimischen und der von Milendonkschen Linie geführt, und letztere bestimmt zu haben, ihre Hälfte dem Churfürsten anzutragen, um solche von diesem als Lehen zu empfangen. Dies geschah am 12. Mai 1550, an welchem Tage Dietrich von Milendonk dem Churfürsten Hermann V., Grafen von Wied, das Reservale ausstellte. Durch die Vermählung der einzigen Tochter Dietrichs, Gertrud, mit dem Grafen Bronkhorst zu Anholt, kam nun die eine Hälfte des Besitzthums der Familie von Drachenfels an eine

---

[66] »Herr von Zadlowitz etc. in Mähren«

neue Linie. Da aber der Sohn Gertruds nach seinem Tode 1630 ebenfalls nur eine Tochter hinterließ, und diese sich ohne Einwilligung des Churfürsten, als Lehnsherrn, mit dem Herzog von Croy im Jahre 1641 vermählt hatte; so belehnte der Churfürst Maximilian Heinrich mit der gedachten Hälfte den Ferdinand Walpot zu Gudenau, der nun wieder Besitzer der ganzen Herrschaft wurde, nur mit dem sonderbaren Unterschiede, daß die eine Hälfte Allodial-Eigenthum blieb, während die andere lehnrührig war. Der Herzog von Croy bestritt aber vor dem Reichshofrathe die Gültigkeit der Belehnung, indem er der Herrlichkeit Drachenfels die Eigenschaft eines Mannlehns absprach. Doch es kam zu keinem Urtheil, sondern am 25. Januar 1695 zu einem Vergleiche mit dem Herzog Karl Eugen von Croy, durch welchen sich Walpot zu Bassenheim-Gudenau, gegen Verzichtung des Herzogs auf alle Ansprüche an die halbe lehnruhrige Herrschaft, zu einer Entschädigung von 6000 Rthl. Species verstand.

Der Enkel des oben genannten Ferdinand von Walpot, Max-Hartard-Walpot zu Gudenau hinterließ bei seinem Ableben eine Tochter, Maria Alexandrina, vermählt mit Carl Georg Anton von der Vorst zu Lombeck und Lüftelberg, und einen jüngern Sohn, Joseph Clemens von Walpot, welcher aber am 31. August 1735 minderjährig starb. Nach dessen Tode wurde die Herrschaft Drachenfels dem Kurfürstlichen geheimen Conferenzrathe und Hofkammer-Präsidenten Herrn <6> [Herm]ann Jakob Walpot von Bassenheim zu Bornheim; ex nova [...]ia, als Mannlehn verliehen, so daß dieser in den ganzen [Be]sitz der Herrschaft trat.

Das seltsame Verhältniß, welches, wie früher erwähnt, [hi]nsichtlich der beiden Hälften dieses Besitzthums statt fand, war bei dieser neuen Belehnung ganz übersehen worden, denn die Allodial-Hälfte mußte von Rechts wegen nach dem Ableben des Joseph Clemens von Walpot an dessen Schwester, die Gattin des gedachten von der Vorst etc. etc. erblich übergehen. Aber diese und ihr Gemahl schienen ebenfalls mit den frühern Familienverhältnissen ganz unbekannt gewesen zu sein, denn sie räumten die Besitzungen und nahmen im Ländchen Drachenfels nur einige Parzellen als allodial in Anspruch, die ihnen auch ohne Umstände abgetreten wurden. – Allein im Jahre 1763 trat der Sohn der

Maria Alexandrina von Walpot, Clemens August von der Vorst, mit einer gerichtlichen Klage auf und verlangte die Hälfte des Ländchens Drachenfels. Durch ein Urtheil der Universität zu Göttingen vom 8. Februar 1768 wurde nach seinem Antrage entschieden; aber beide Theile waren mit dieser Entscheidung nicht zufrieden. Durch die Kurfürstliche Lehnkammer kam jedoch am 22. Dezember 1775 ein Vergleich zu Stande, wonach der Freiherr Walpot Bassenheim zu Bornheim, die zum Lehen gezogene, ehemals aber vom Hause Gudenau als allodial-besessene Hälfte des Ländchens Drachenfels nicht allein als ein Allodium wiedererstatten, sondern auch die andere Hälfte dem Freiherrn zu Gudenau, unter Genehmigung des Churfürsten abtreten sollte; wogegen letzterer auf alle erhobenen Früchte zu verzichten und überdies die Summe von 4.000 Rthlr. herauszuzahlen versprach; wozu auch die Genehmigung vom Churfürsten im Jahre 1776 erfolgte. Da später durch die Franzosen, bei der Errichtung des Großherzogthums Berg, im Jahre 1806, die Gerechtsame der Familie verloren ging; so verkaufte der letzte Burggraf Max. Friederich von Vorst-Gudenau seine sämmtlichen Besitzungen am Rheine und in Brabant, und zog mit seinen Söhnen in die östreichischen Staaten, < > Stammtafel der Burggrafen von Johann von Drachenfels + 1455 bis auf Max Friedrich von Vorst Gudenau, letzter Burggraf, vermählt mit Margaretha von Wewelinghoven <7> wo er in Mähren die Herrschaft Zadlowitz und andere Orte käuflich an sich gebracht hat.

Ein Zweig der Familie Drachenfels soll noch in Kurland blühen, wo der Orden der Kreuzbrüder und der Schwertbrüder getrennt von dem Deutschen Orden bestand. Höchstwahrscheinlich hat diesen Zweig ein Vetter obgenannter Apollonia von Drachenfels dahin verpflanzt, welcher im Jahre 1583, als der Kurfürst Gebhard Truchseß von Waldburg sein Land auch, wie so mancher andere Fürst in Betreff der Religion reformiren wollte, seine Heimath verließ, erst nach Oestreich ging und von da nach Kurland zog; denn im Jahre 1620 war ein Philipp von Drachenfels Visitator der dortigen Ritterbank und gab für sich und seine Brüder die Abstammung vom Hause Drachenfels im Erzstifte Cöln an.

Hierzu die beigefügte Stammtafel der Burggrafen von Drachenfels.

Beschreibung der einzelnen Berge.

Um den Drachenfels oder die andern Berge zu besteigen ist ein kundiger Führer nöthig, und wenn gleich die Berge nicht sehr beschwerlich zu besteigen sind, so ist doch besonders den Damen anzurathen sich der dazu bestimmten und wohl abgerichteten Esel zu bedienen, welche stark, sicher und sehr bequem zum Reiten sind. Auf der ersten Kuppe unterhalb der Ruine angelangt, befindet man sich auf einer Ebene, geschützt vor dem rauhen Nordwinde, wo den Bergbesteiger eine wohl eingerichtete mit mehreren Wohnzimmern versehene Restauration aufnimmt. Dabei ist eine schöne mit ausgesuchten Ruhepunkten, Lauben und Grotten angelegte Gartenanlage, auf deren südlichsten Vordergrunde ein Obelisk als Denkmal der im Befreiungskriege muthigen Landsturmmänner des Siebengebirgs sich erhebt, welche 1814 auf der Insel Nonnenwerth <8> in einem Vorpostengefecht gegen die Franzosen beim Rheinübergange den Tod fürs Vaterland starben. Die reizende, herzerhebende und unermeßliche Aussicht von hier, oder von der Ruine aus zu schildern, vermag keine Feder. Jeder Freund der Natur komme selbst, sehe, genieße und staune! er wird überreichlich für die Bergbesteigung belohnt werden. Die verschiedenen Aussichten, die an Interesse und Schönheit wetteifern, gewähren eine Blendung des Malerischen, Ländlichen und Erhabenen, welche die Aufmerksamkeit im höchsten Grade fesselt und die Gefühle der tiefsten Bewunderung erweckt. Wendet man sich nach Süden, so sieht man am Fuße des Berges den Wolfsdorferhof, ein Vergnügungsort, angenehm wegen seiner Nähe; ferner Rhöndorf; dann das zwischen Obstbäumen, Fruchtfeldern und Weinbergen anmuthig zerstreut liegende Honnef, mit vielen modernen Landhäusern; in gleicher Richtung die beiden schwimmenden Eilande Grafen- und Nonnenwerth, zwischen welchen des Rheines Fluthen, sich am meisten zusammendrängend, hindurch brausen und die von den Schiffern genannte Gotteshilfe bilden, weil auf dieser Stromstelle der Schiffer sich sorglos der mächtig dahin strömenden Fluth eine Zeit lang überlassen kann. Ferner sieht man Rheinbreitbach, Scheuern, Heister, Erpel und das Städchen Unkel. Am jenseitigen Ufer liegt Mehlem; der Roderberg mit seinem Krater, ein interessanter Ueberrest erloschener Vulkane am Niederrhein; unweit davon Rolandseck mit seiner düstern Ruine; dann Oberwinter, reflektirt im spiegelreinen Busen des Rheines; hinter demselben auf einer mäßigen Höhe der Apollinariusberg mit seiner alten Kirche, auf einem über die Heerstraße hervorspringenden Felsen gebaut; gleich darauf die Stadt Remagen längs dem Rhein fortlaufend. Noch weiter erspäht das Auge die mannigfaltigen Höhen vom Flußgebiete der Ahr, die Eifeler Berge und zuletzt den konischen Berg Olbrück mit dem alten Familien Sitze der Freiherrn von Walpot. Die vorzüglichsten Punkte, welche dem Auge nach Westen und Norden begegnen, sind jenseits des Rheines: Lannesdorf zwischen Gärten und Gehölz liegend; Muffendorf mit <9> seiner Comthurei des deutschen Ritterordens; etwas weiter rechts schließen sich als Halbzirkel die im neusten Geschmacke erbauten Landhäuser und ersten Gasthöfe von dem freundlichen Godesberg an, welches mit der schönsten Ruine des Alterthums den Rheingau beschließt. Zu dieser freundlichen und so viel besuchten Anlage in der Nähe des Gesundheitsbrunnens legte der letzte Kurfürst Maximilian Franz den ersten Grund durch die Aufführung einiger großen Gebäude.

Dem linken Rheinufer entlang liegen noch die Dörfer Rüngsdorf und das zwischen Weinbergen zerstreut liegende Plittersdorf, nebst der Kapelle und dem Auerhofe, woran sich weiter hinab die schönen Landhäuser von Bonn mit dem großen prächtigen Universitäts-Gebäude, die Stadt selbst und mehr links das Schloß von Poppelsdorf freundlich anschließen und die Aussicht nach dieser Seite durch den Kreuzberg mit seiner häufig besuchten Klosterkirche begrenzen. Im tiefsten Hintergrunde ragt bei heiterm Wetter der Dom von Cöln ehrwürdig hervor. Auf dem rechten Rheinufer längs der fortlaufenden Gebirgskette vom Siebengebirge aus, sieht man Ober- und Niederdollendorf, Oberkassel, die Commenthurei Rommersdorf in Laub und Buschwerk eingehüllt; Küdinghoven und Limbrich dicht am letzten Gliede der Gebirgskette, welches man die Haart nennt, und aus dessen Innern viel Alaun zu Tage gefördert wird.

Die Gruppe der Sieben-Berge, welche in ihrer stattlichen Höhe mit einander zu wetteifern scheinen, gleich mächtigen Wellen des Ozeans, bilden ein romantisches Ganze in dem nur versuchsweise entworfenen Gemälde. Von dem Drachenfels, der eine Höbe von 1472 pariser Fuß [321 m NHN] über der Meeresfläche und 1055 Fuß [270 m] über dem Rheinspiegel erreicht, führt ein hohler Bergrücken nach der sonst einige Fuß höhern Wolkenburg, welche wie schon bemerkt auf den Trümmern einer römischen Warte mit dem Drachenfels vom Erzbischof von Köln Friederich I. wieder aufgebaut wurde, der hier starb, und dessen Gebeine in der ehemaligen Abtei Siegburg ruhen. <10> In den Jahren 1170 1180 wurde die Burg von einem tapfern Ritter und Lehnsmann Gottfried von der Wolkenburg bewohnt, der unter dem Erzbischöfe Philipp eine Geißel und der Schrecken aller Raubritter in der ganzen Gegend war.

Unter Konrad von Hochsteden, Erzbischöfe von Cöln, wurde 1245 die Burg noch mehr befestigt, im Reformationskriege, d. h. im 30jährigen, mit der Drachenfelser Burg zerstört, und 1740 ist auch der letzte Ueberrest davon verschwunden. Merkwürdig sind nun die Steinbrüche an der Südseite, wo mächtige Säulen von feinem Trachytgestein und andere Arten, so wie die mannigfaltigste Flora dem Botaniker und Mineralogen einen unerschöpflichen Fund von interessanten Gegenständen darbietet. Hier werden die dauerhaften, schönen, lichtblaulichen Werksteine gebrochen und verarbeitet; eben so, nordöstlich von der Wolkenburg, die Backofensteine, welche mit denen vom Stenzelberg gewonnenen noch härteren Hausteinen alle nach Königswinter gebracht und von da, verarbeitet, dem Rheine hinab nach Bonn, Cöln, Düsseldorf, ja bis nach Holland verführt werden. Unter genanntem Konrad von Hochsteden, dem Salomo seines Zeitalters, wurde auch an der Südseite des Drachenfelses der Dombruch eröffnet, aus welchem die ersten Blöcke im Jahre 1248 zum Fundamente des prachtvollen Domes zu Cöln genommen wurden, an dessen Riesenbau 1499 noch gearbeitet wurde.

Am Fuße der Wolkenburg fortlaufend zwischen Bergen allmählig emporsteigend, gelangt man durch das freundliche Rhöndorf, wenn man von Honnef oder Nonnenwerth kommt, auf einem viel betretenen

Pfade nach der landeinwärts gelegenen 1815 pariser Fuß [455 m] hohen Löwenburg, von deren Trümmern man die erhabensten Gebirgsfirsten des Westerwaldes, des Herzogthums Westphalen und die hohe Kuppe des Feldberges vom Taunusgebirge erblickt.

Die Kurfürsten Philipp, Graf zu Oberstein, und Hermann V. Graf zu Wied hatten diese Burg besonders lieb gewonnen. Bei letztern hielten sich hier die Reformatoren <11> Melanchton und Bucer geraume Zeit auf, ehe derselbe 1551 Protestant und bald darauf Gemahl einer Gräfin von Isenburg wurde. Die andern vier Bergkuppen des Siebengebirgs sind: der Oelberg, als der höchste bekannt 1895 pr. Fuß [461 m]; der Nieder- oder Nonnenstromberg 1465 pr. Fuß [336 m]; der Hemmerich, genannt Hirzberg, wahrscheinlich Hirschberg, worauf einstmals das berühmte Geschlecht der Ritter von Heinsberg hauste, deren letzter Freiherr in einer Fehde gegen einen Cölnischen Erzbischof unweit Lechnich geblieben sein soll; und endlich der Oberdollendorf nah gelegene Stromberg, von der kleinen dem h. Apostel Petrus daselbst 1134 erbauten und ihm geweihten Kapelle, der Petersberg genannt, der 1040 pr. Fuß [336 m] über der Meeresflache erhaben ist. Ruinen sind nicht mehr vorhanden, doch wohnt noch jetzt daselbst in einem ländlichen Gebäude ein Küster, welcher zur Aufsicht der noch von vielen frommen Betern besuchten Kirche dort angestellt ist, bei welchem man auch einige Erfrischungen haben kann.

In der ersten Hälfte des zwölften Jahrhunderts wohnten hier auf Anstiften des Erzbischofs Bruno II. einige Augustiner Mönche unter der Leitung des berühmten Einsiedlers genannt Walther. Später bezogen und vermehrten diese Ansiedelei 1188 mehrere Cisterzienser aus dem Eifler Kloster Himmerode, welche der Erzbischof Philipp von Heinsberg dahin geschickt hatte. Die hohe und kalte Lage des Klosters bestimmte aber die Bruder, diesen Ort bald wieder zu verlassen, und die in dem nordöstlich schönen Thale gelegene Abtei Heisterbach zu beziehen, welche noch der herrlichen Ruine wegen, die aus dem Chor der Kirche besteht, und außerdem noch ihre Oekonomie Gebäude in wohnbarem Zustande hat, von Fremden und Einheimischen, besonders in heißen Sommertagen, häufig besucht wird, wegen der vortrefflich schönen englischen Gartenanlage, mit ihren schattigen Grotten und Lauben, welche der Herr Graf von der Lippe als Besitzer immer noch mehr erweitert und verschönert. Von Königswinter fuhrt dahin ein sehr angenehmer Weg über das viel besuchte Pfaffenröttchen, wo man eine sehr belohnende Aussicht über ganz Godesberg <12> und das Vorgebirge bis an den Kreuzberg bei Bonn, aus vielen schattigen Lauben, bei billigen und guten Erfrischungen genießen kann. Immer war es bisher ein sehr fühlbarer Mangel, daß dem Besucher des Drachenfelses, nach überstandener Bergbesteigung, weder schützendes Obdach noch Erfrischungen dargeboten werden konnte. Seit dem Frühjahre 1834 ist aber diesem Mangel, durch ein daselbst mit vielen Kosten und Mühen wohl eingerichtetes Wirtschaftsgebäude, abgeholfen, welches die Herrn Steinhauermeister der hiesigen Gewerkschaft haben aufführen lassen[67], um den Aufenthalt um so angenehmer <13>

---

[67] »Hier bietet sich eine passende Gelegenheit dar, dem resp. Publikum zu erklären, weshalb die Steinhauergewerkschaft genöthigt war, seit einigen Jahren den abgeschlossenen Platz, wo jetzt das Wirthsschaftsgebände steht, den Fremden nur gegen eine Eingangsgebühr zn öffnen; die nun hoffentlich, da der Drachenfels Staatseigenthnm geworden ist, wegfallen wird. Wie bekannt sind an der südlichen Seite des Drachenfelses, aus der sogenannten Domkaule, die Steine znm Cölnischen Dome, so wie zu vielen anderen Kirchen der Vorzeit gebrochen worden. Später wurden auch Brüche an der westlichen Seite des Berges eröffnet, welche man jedoch bald wieder verließ, weil die Ausbeute der Wolkenburgerbrüche ergiebiger und günstiger war. Die Plätze dieser Brüche waren damals den Werkmeistern vvm Herrn von Gudenau verpachtet. Von dieser Zeit an sind in verschiedenen Jahrgängen 1773 mehrere Steinblöcke aus der Felsenwand herabgestürzt, die zerstreut in die am Fuße liegenden Weinberge hinabgerollt waren; eben so fielen von 1815 - 1821 zu Zeiten bedeutende Mauerstücke aus der Ruine. Im Jahre 1810 kauften die Herren Gebrüder Schäfer, nämlich der Bürgermeister und der Domainen-Rath zu Königswinter, des Herrn von Gudenau sämmtliche in der Königswinter und Ittenbacher Gemark gelegenen Güter, mit dem Vorzugsrechte znm Ankaufe der Berge Wolkenburg und Drachenfels; jedoch exklusive der Jagdgerechtigkeit. Die Herren Gebrüder Schäfer erließen 1827 in öffentlichen Blättern die Anzeige, daß der Drachenfels mit seiner ganzen dazu gehörigen Umgebung zu verkaufen sei. Da im Jahre 1827 auf Veranlassung des Herrn Erzbischofs von Cöln ein Dom-Bau-Inspektor nach Königswinter kam, um den Bedarf zu den Dom-Reparatur-Bauten von denselben Drachenfelsersteinen zu nehmen; so kaufte die Steinhauergewerkschaft hauptsächlich zu diesem Zwecke den zum Verkauf ausgestellten Drachenfels für 8.000 Thaler, um den Anforderungen des Baubeamten Genüge leisten zu können; gedachte aber dabei der Bergruine, als Zierde der ganzen Gegend, niemals so nahe zu kommen, daß jemals Gefahr für sie dadurch hätte entstehen können. Schon waren mit bedeutenden Unkosten die ehemaligen Brüche wieder eröffnet, da erschien aber 1828 von der Königl. Regierung ein Befehl, welcher den Steinbruchsbetrieb sofort

zu machen; denn eine nicht zu zahlreiche Gesellschaft kann in der Restauration mehrere Schlafzimmer erhalten, wenn solche gesonnen ist, auf dem Berge zu übernachten, um den majestätisch überaus prachtvollen Sonnenaufgang zur rechten Zeit zu genießen. Einen eben so prächtigen und imposanten Anblick gewährt, beim Sonnenuntergang, Godesberg mit seiner malerischen Ruine, an dessen Fuße eine Römerniederlassung und auf dem Gipfel des Berges ein Castel und ein Merkurius Tempel, wie auch schon ein Mineral-Bad bestanden haben soll, welches ein daselbst ausgegrabener Votiv-Stein beweist, der dem Aeskulap gesetzt war. Die zum Christenthume übergegangenen Ubier verwandelten diesen Tempel in eine dem h. Michael geweihte Kirche, in welcher noch die Bewohner von Godesberg ihren Gottesdienst halten. Um den schönen stolzen Thurm, auf welchen man, vermittelst einer Treppe, bequem gelangt, und eine der reichhaltigsten Aussichten genießt, sind die übrigen festen Werke im Jahre 1210 vom <14> Erzbischof Theoderich von Heinsberg und zwar, wie eine Cölnische Chronik sagt, aus dem Vermögen eines wuchernden Juden aufgeführt worden. Ausgedehntere Befestigung erhielt das Schloß unter dem Erzbischöfe Friederich III. Im Jahre 1558 muß es noch im guten Stande gewesen sein; denn der Erzbischof Anton von Schauenburg wohnte und starb darauf. Damals diente das Schloß noch zum Cölnischen Landesarchiv, weshalb auch jeder Kurfürst für dessen Unterhaltung sorgen mußte. Zerstört wurde die Burg durch Herzog Ferdinand von Baiern, der den tapfern Commandanten des zum Protestantismus übergetretenen und deshalb vom Pabste geächteten Kurfürsten Gebhards, welcher eine holländische Garnison befehligte, nicht anders zur Uebergabe zwingen konnte, als daß er 1583 die Festungswerke unterminiren und sprengen ließ. Noch kurz zuvor hatte die Gemahlin Gebhards, die schöne Angnes von Mansfeld, früher Canonissin zu

---

einstellte, worauf später des Königs Majestät eine Cabinetsordre ergehen ließ, welche das Steinbrechen an der westlichen Seite des Berges gänzlich untersagte, damit die Bergruine auf keine Weise gefährdet werden möchte. Dies verursachte natürlicher Weise Unterhandlungen zwischen der Regierung und der Steinhauergewerkschaft. Da diese aber sich sehr verzögerten, so war die Gewerkschaft gezwungen, um nur einigen Schadenersatz für die Zinsen des ausgelegten Capitals zu haben, die bekannte Eingangsgebühr zu 5 Sgr. à Person zu erheben.«

Girresheim, ihren alten Vater, den General von Mansfeld, daselbst bis an seinen Tod gepflegt, worauf sie sich nach der Veste Drachenfels, welche damals noch sechs starke, viereckige Thürme hatte, geleiten ließ, wo sie, bei ihrer Jugendfreundin Apollonia von Drachenfels, die vermählt war mit einem reichen und mächtigen Walpot von Bassenheim, auf kurze Zeit freundliche Aufnahme und Sicherheit fand. Nach vielen vergeblichen Versuchen und manchen unglücklichen Treffen, die der unglückliche Kurfürst bestanden hatte, und da er sah, daß er von den anderen protestantischen Fürsten, die nicht der Lehre Calvins, sondern der von Luther zugethan waren, keine Hilfe zu erwarten hatte; so begab er sich aus Einladung dieser Apollonia, die nun ihren Gemahl verloren hatte, mit seiner treuen Agnes auf die Veste Stromberg, welche zur Herrschaft Drachenfels gehörte; wo beide, von 1585 an, einige Jahre ungestört und ruhig lebten. Aber der rüstige und noch immer nach Hoheit strebende Gebhard, den die Astrologie schon so oft getäuscht halte, glaubte auch hier wieder Hoffnung in den Sternen zu lesen, schrieb mit aller seiner ihm gewohnten Beredtsamkeit an Elisabeth, Königin von England. Zu Folge <15> dieses Schreibens wurde auch er und seine Gemahlin durch die bekannte Lady Gordon dahin eingeladen. Gebhard konnte aber, einer Krankheit wegen, die Reise nicht unternehmen, und seine Agnes mußte, wider ihren Willen, allein dahin reisen.

Nur von ihrer Freundin Apollonia und einigen Frauen begleitet, gelangte sie glücklich in London an; fand auch günstige Aufnahme bei der Königin, welche schon geneigt war, sich des abgesetzten Kurfürsten hilfreich anzunehmen, als eine unglückliche Audienz jede Hoffnung vernichtete. Die Kurfürstin hatte sich nämlich auf Anrathen der ränkesüchtigen Lady Gordon unwissentlich gerade so ankleiden lassen, wie die hingerichtete Maria Stuart, Königin von Schottland, da sie zum ersten Male der Elisabeth als eine Flüchtige und Bittende erschien. Elisabeth glaubte an jenem verhängnißvollen Abende in dem ersten Augenblicke ihrer Erscheinung wegen der ohne dies schon großen Aehnlichkeit, welche die Kurfürstin mit der Maria hatte, wirklich die durch ihre Schuld unglückliche Maria Stuart zu sehen, und entsetzte sich so sehr, daß die Kurfürstin sich nicht schnell genug entfernen konnte. Lord Leicester benutzte diese Zeit des Widerwillens seiner Königin, und schon lange Anbeter der schönen Agnes gab er vor, sie müsse sich eiligst vom Hofe entfernen, wenn sie sich nicht der Rache der aufs höchste gereizten Königin aussetzen wolle. Wider ihren Willen wurde sie durch Leicesters vertraute Diener tief nach Schottland gebracht. Er erreichte aber seine Absicht nicht, denn Agnes entkam mit ihrer Apollonia glücklich ihrer Haft und fand Schutz und Trost bei einer würdigen Gräfin von Dunglas, wo sie auch ihr sturmbewegtes Leben beschloß; denn nach Deutschland verlangte sie nicht mehr, seitdem ihr die Kunde geworden war, daß ihr Gebhard nach einer auf dem Stromberg ausgebrochenen Feuersbrunst, wodurch die Burg eingeäschert, einen Rückfall seiner Krankheit bekommen, die ihn, nachdem er ein zweites Asyl in Straßburg als protestantischer Dechant gefunden, den 21. Mai 1601 den längst erwünschten Tod zugezogen hatte.

Nach solchen Rückblicken in die Geschichte der <16> Vergangenheit, mit denen sich unsere Einbildungskraft an alterthümlichen Orten so gern beschäftigt, trennt man sich ungern von der Stätte, die uns diese Bilder auf eine angenehme und belehrende Weise vergegenwärtigt. Eben so ungern entzieht der, welcher den Drachenfels bestiegen, das umschattende Auge den so mannigfaltigen reizenden Umgebungen, die er hier in solchem Uebermaße genossen hat und wandelt in Gedanken verloren den Berg wieder hinab, weit in den Erwartungen übertroffen, die er sich bei der Bergbesteigung vorgestellt hat.

Durch schattiges Buschgehege, von den letzten Strahlen der Abendsonne umglänzt, gelangt man theilweise auf dem alten Burgwege, den ehemaligen Burghof rechts und einige Höfe links lassend, zwischen Rebhügeln nach dem freundlichen Städtchen Königswinter, welches am Fuße dreier Vorberge, Halde-, Sauer- und Haartberg genannt, anmuthig längs des Rheines hinab seine Häuserzahl entfaltet, die von 1.800 betriebsamen Einwohnern bewohnt sind. Ueber 300 Arbeiter beschäftigt die Steinhauergewerkschaft; nebenbei sind Wein-, Gartenwenig Ackerbau und eine ziemlich bedeutende Schifferei die Hauptnahrungsquellen der Stadt, deren Entstehung in die austrasischen, vielleicht in die römischen Zeiten hinaufreicht; denn nach

schriftlichen Urkunden aus der Abtei Heisterbach hielt der Franken-
könig Hilderich während des Hunnen Königs Attillas Einfällen im
Jahre 450 das Siebengegebirge besetzt, um den furchtbaren Schaaren
desselben einen gewaltigen Kriegerdamm entgegen zu setzen. Da Hilderich in dem Orte selbst überwinterte, so wurde ihm der Name *hi-
berna regia* d. h. Königswinter gegeben.[68]

Die vorzüglichsten Gasthöfe hier sind: der Berlinerhof, der Drachenfels, die Wolkenburg und noch einige andere, welche jeder Fremde
nach seinen entsprechenden Bedürfnissen leicht erfragen kann. <17>

Sage vom Drachenfels aus der heidnischen Vorzeit.

Unter den sieben Bergen, welche in der Nähe von Königswinter das
so viel besuchte Siebengebirge bilden, hebt sich der Drachenfels mit
seiner Ruine am kecksten steil empor. In uralter Zeit, so erzählt die
Sage, hauste an der Südseite des schroffen Felsen in einer Höhle, die
jetzt noch unter dem Namen Drachenloch gezeigt wird, ein riesiger
Drache, welchem die Umwohner in heidnischer Vorzeit göttliche Verehrung erwiesen, und ihm sogar Menschenopfer brachten, wozu gewöhnlich die Kriegsgefangenen gewählt wurden. Einst hatten die wilden Bewohner dieser Gegend auf ihren Streifzügen jenseit des Rheines
eine edle, christliche Jungfrau von hoher Schönheit erbeutet, um deren
Besitz sich zwei Anführer hartnäckig stritten. Die Aeltesten des Gaues
entschieden den Streit. Damit nicht Zwietracht die geschätzten Anführer entzweien möge, sollte die Jungfrau dem Drachen vorgeworfen
werden.

Im weißen Gewande, das herabwallende Haar mit Blumen geschmückt, wurde die Jungfrau den Berg hinan geführt und in der Nähe
der Drachenhöhle, wo das Unthier lag, an einen Baum gebunden, neben welchem ein Steinblock anstatt eines Altars stand. Vieles Volk
hatte sich in einiger Entfernung versammelt und harrte begierig dem

---

[68] »Nahe bei der Stadt neben dem Kirchhofe scheint vor alten Zeiten ein Pallast gestanden zu haben; denn ein beträchtlicher Obstgarten unter dem Namen Pallastweiher findet
sich noch daselbst.«

Augenblicke entgegen, wo das Ungeheuer aus der Höhte hervorkommen, und auf seinen Raub losstürzen würde. Viele waren auch unter der zahllosen Menge, welche das traurige Loos der armen <18> unglücklichen Schönen bemitleideten. Ruhig und mit frommer Ergebung schaute die Jungfrau zum Himmel empor. Jetzt stieg die Sonne hinter dem Siebengebirge hervor, und warf ihre ersten Strahlen über den Eingang der Höhle. Bald darauf kam auch das geflügelte Ungeheuer heraus, eilte nach der Stelle, wo es ein Opfer zu finden gewohnt war. Flammende Blitze schoß es auf seine Beute; aber die Jungfrau erschrak nicht, sie zog ruhig und gelassen bei der Annäherung des Unthiers ein goldenes Kreuz aus dem Busen mit dem Bilde des Erlösers, und hielt es dem gierigen Drachen vor. Kaum wurde dieser den mächtigen Talisman, den Erlöser von Tod und Sünde, den Beschützer der Unschuld gewahr; so bebte er mit Entsetzen zurück, und mit schrecklich furchtbarem Gezisch stürzte er sich in den nächsten dicksten Waldgrund, und wurde von Stunde an nie wieder gesehen. Gleich einer Heiligen blickte die von der bedrohten Gefahr nun befreite Jungfrau dankend ihren Erlöser an.

Das Volk aber, von dem Grauen des Wunders ergriffen, nahete sich ehrfurchtsvoll der Jungfrau, löste die Bande derselben, und sah mit Erstaunen das kleine und doch so viel vermögende Kreuz an.

Nachdem die Jungfrau der versammelten Menge die hohe Bedeutung desselben erklärt, und alle mit sanfter Beredsamkeit zur Annahme der beseligenden Lehre des Christenthums ermahnt hatte, fielen alle zur Erde nieder und baten sie zu den Ihrigen zurück zu kehren, ihnen einen Priester zu schicken, der sie in der Lehre Christi unterweisen und dann taufen möge. So wurde das Christenthum auch in diese Gegend verpflanzt, und auf der Stelle, wo der Opferstein des Drachen gestanden, erhob sich zur Freude aller und zur Ehre Gottes eine christliche Capelle für die Gläubigen. <19>

BALLADEN.

»HEDWIG VON DER WOLKENBURG,

nach einer wahren Begebenheit, von W.A.«

Am Ufer des Rheines schön Hedewig stand
Ein Matchen so hold wie ein Engel;
Doch hing sie das Köpfchen mit trübem Gesicht,
So trauert die Lilie, wenn Regen gebricht,
Und neigt sich auf welkendem Stengel.

Schön Hedewig edel durch Körper und Geist,
War edel nicht minder durch Ahnen;
Von altem Geschlechte wohl stammte sie ab,
Mit Conrad von Schwaben, vom heiligen Grab;
Da weh'ten schon Wolkenburgs Fahnen.

Drauf pochte der Vater mit storrigem Sinn;
Die Mutter war lange vermodert.
Oft sprach er: »ich weiß es, die Liebe ist blind,
O hüt' dich, daß nimmer das Herz dir, mein Kind,
Für niedrige Bürger entlodert!«

»Ich bin dir gewogen, doch grimmigen Haß
Würd' ich dann auf ewig dir schwören;
Der bloße Gedanke, er foltert mich schon,
Wie würden sie klaffen mit giftigen Hohn;
Drum laß dich, mein Kind' nicht bethören.

Schön Hedewig hörte des Vaters Gebot,
Und weinte darüber im Stillen;
Sie hatte mit Freuden sonst alles gethan,
Was sie nur dem Vater am Auge sah an,

Doch konnte sie dies nicht erfüllen.

Denn Gustav, der Jüngling mit feurigem Blick,
Der hatte das Herz ihr entwendet.
Ihm floß durch die Adern kein adliches Blut,
Dagegen war höheres, größeres Gut
Ihm reichlich vom Himmel gespendet.

Ein Herz, das mit Wärme das ganze Geschlecht
Der Menschen als Brüder umfaßte;
Ein Geist, der in jegliche Wissenschaft drang,
Ein Sinn, der zu seltener Höhe sich schwang
Und alle Verstellungen haßte.

Doch ach! der Verräther, wann schlummert er wohl,
Was kann nicht die Scheelsucht ergründen?
Das Bündniß der Liebenden wurde erspäht;
Und schadenfroh lächelt der Lauscher, und geht
Dem Alten die Mähr zu verkünden.

Der starrt erst vor Schrecken, dann packt er sein Kind
»Ha, Buhlerinn!«ruft er mit Dräuen
»So folgst du den Lehren, die ich dir stets gab?
Den Frevel, den büßest im Kloster du ab,
Da soll's dich beim Teufel schon reuen!«

Sie stürzt ihm zu Füßen, sie weinet und fleht:
»Erbarmen, mein Vater! Erbarmen!«
»Das kann ich nicht ferner, das bin ich nicht mehr!
Geh laß mich!« so sprudelt er wüthend daher,
Und reißt sich aus Hedewigs Armen.

Kaum dämmert der Morgen, da rollet auch schon
Ein Wagen aus Wolkenburgs Hofe
Das Jammern des Fräuleins durchdringet die Luft;
Der Freiherr bleibt fühllos und kalt wie die Gruft;
Laut schluchzen Bedienten und Zofe. <21>

Am Abend erst halten ermüdend und naß

Die Rosse vor Anna-Zells Mauern,
Die ragen so schrecklich zum Himmel hinan,
Der Weg nach dem Kloster führt jähling bergan;
Da soll nun die Arme vertrauern.

»Hier liebe den Buben, so viel du nur willst,
Ich bin dann doch sicher vor Schande.«
Spricht höhnend der Alte. – Da rasselt das Thor
Und leichenblaß tritt die Aebtissinn hervor
Im härenen schwarzen Gewande.

»Ehrwürdige Mutter, ich weihe mein Kind
Dem Himmel nach euerer Weise;
Nur nehmt es, ich bitte, fein strenge in Acht,
Und stattlich wird von mir das Kloster bedacht,
So wahr als ich Wolkenburg heiße.«

Sie neiget sich züchtig, – schön Hedewig wankt
Zur Zelle, so düster und enge.
»Was hab' ich verschuldet, barmberziger Gott!
Ach, ende aus Gnaden, daß Jammer und Noth
Mich nicht zur Werzweifelung dränge.«

So stöhnt sie und sinkt auf das Lager von Rohr
Mit schweigendem, brütendem Schmerze.
Nach Mitternacht, als sich der freundlihe Strahl
Des Mond's durch die Scheiben des Fensterchens stahl,
Da ward' es ihr leichter um's Herze;

Da quollen die Thränen ihr lindernd, da schloß
Das Auge balsamischer Schlummer.
Im Traume erschien ihr die Hoffnung und nahm
Sie sanft in die Arme, und löste den Gram
In leichten kaum wölkenden Kummer.

Und Wochen verschwanden, und Monde entflohn,
Bald droht doch der Muth ihr zur sinken;
Da wandelt spät Abends sie einsam allein
Im schattenden Garten, gewahret beim Schein

Der Sterne hoch über sich winken<22>

Und »Hedewig!«haucht's von der Mauer herab,
»So hab' ich dich endlich erspüret.«
»Wie steht es, mein Liebchen? sag, wagst du mit mir
Wohl alles? Dein treuer Geliebter ist hier,
Der dich dem Gefängniß entführet.«

»Du fragst noch, mein Gustav? O zaud're nicht lang!«
Er festet behutsam die Leiter;
Rasch herzt er die Holde, rasch läßt er sie los;
Sie schwingt sich ihm nach auf das schnaubende Roß;
Schon trägt es im Fluge sie weiter.

Sie kürzen mit traulichem Kosen die Nacht,
Bald dämmert's, die Sterne sind trüber;
Jetzt glühet das Siebengebirge im Schein
Der kommenden Sonne, da woget der Rhein
Vor ihnen, sie winken hinüber.

Am Ufer des. Stromes schon Hedewig stand
Und harrte dem Nachen entgegen,
Er gleitet auf goldenen Wellen dahin;
Doch klopft ihr bei bangem, stets bangerem Sinn
Das Herz mit verdoppelten Schlägen.

Sie schmiegt sich an Gustav; was trifft ihr das Ohr!
Der Donner von nahenden Hufen;
Kaum hat sie die schüchternen Blicke gewandt,
Da sieht sie ihn jagen am kiesigen Strand
Den Freiherrn, und höret sein Rufen.

»Mein Vater! Ach, Gustav! Verloren sind wir!
Mich treffen Verachtung und Schande;
Doch Lieber, ich wagte ja alles mit dir;
Ich weiß es, du wagest auch alles mit mir,
Wir sprengen die sklavischen Bande.«

Sie blicket zum Himmel, sie fesselt ihr Kleid,

Verhüllet die zärtlichen Glieder;
Da ist schon der Alte vom Eifer so roth;
»Du treibst mich, mein Vater, du treibst mich in Tod!«
Sie stürzt von dem Ufer sich nieder.

»Ich folge«ruft Gustav, »vermähle mich dir
Auf ewig im Ländchen der Guten,«
Umschlingt sie noch stürzend und tauchet hinab,
Fest an sie gekettet, ins wogende Grab.
Laut rauschen die heiligen Fluthen.

Dem Freiherrn durchzuckt es, als riß ihm ein Dolch
Die innersten Fäden des Lebens.
»O wehe, mir armen geschlagenen Mann!
Ach, rettet! ich lohn' es; ach rettet, wer kann!«
Sie eilen doch alles vergebens.

Da flucht er der Jagdlust mit grimmigen Fluch,
Die ihn in die Gegend getrieben.
»Unseliges Schicksal! Ach, daß ich heut kam!
Und wenn sie auch Gustav zum Weibe sich nahm;
So wär ich doch Vater geblieben.«

Von Stund an entsagt er auf immer der Welt,
Schenkt all' seine Habe den Armen.
Ein Hüttchen bezieht er als Klausner am Ort,
Wo Hedewig starb, kasteiet sich dort,
Und flehet zu Gott um Erbarmen. <23>

»SAGE VOM DRACHENFELS UND ROLANDSECK«

»aus der Blüthe der Ritterzeit.«

Zu den Zeiten, wo das Ritterthum in hoher Blüthe stand, wo reine
schwärmerische Verehrung des schönen Geschlechts, Vertheidigung
der bedrängten Unschuld, Hang nach Waffengetümmel und Abenteuern, Durst nach Ruhm und Heldenthaten und Liebe zu persönlicher

Unabhängigkeit das eifrigste Streben teutonischer Jünglinge, das höchste Ziel des deutschen Mannes war; da lebte auf der Burg des Drachenfelses ein Ritter, welcher eine einzige Tochter Namens Hildegarde besaß, die mit seiner Liebe auch sein einziger Stolz war. Von Roland, {vielleicht ein Großenkel des Ritters und Feldhauptmannes von Karl dem Großen} dem blühendsten Jünglinge und tapfersten Ritter der Umgegend geliebt erwiederte sie mit väterlicher Zustimmung treue Gegenliebe, und das Ziel ihres höchsten irdischen Strebens, an welchem der Priester ihren Bund heiligen, und der Vater das Band der Vereinigung ihrer Herzen segnen sollte, war nicht mehr fern. Nur noch eine Reise, die Ritterpflicht gebot, sollte von Roland unternommen werden; dann sollte das Band der Ehe auf immer sie vereinen. Höchst traurig nahm Hildegarde von ihrem schwärmerischen Roland Abschied. Unheimlich ward ihr zu Muthe, da eine finstere Ahnung ihr das Herz durchbebte, und sie die letzten Worte des Trostes von ihm hörte: »Wir <25> sehen uns wieder; Gott und die Liebe wachen schützend über uns! Glaube und vertraue!«

Bald, nach den ersten Tagen der Trennung, wurde Hildegardes Vater mit einem benachbarten Ritter in eine Fehde verwickelt. Feindliche Schaaren sammelten sich in der Nähe vom Drachenfels, der Rosse Hufe zerstampften die friedlichen Gefilde, Schrecken und Verwirrung herrschte um so mehr, da der Ueberfall des Feindes so ganz unvermuthet und plötzlich geschehen war. Die Burg wurde immer enger von dem Feinde umkreist. Den Belagerten fing Alles zu mangeln an, nur nicht der Muth. »Wüßte doch Roland unsere Noth!«seufzte Hildegarde; »O guter Gott! schicke ihn uns als Rettungsengel.« Aber mit ernster Miene sagte der hochherzige Vater: »Roland ist fern und weiß nichts von unserer Noth; doch wem Gott ein Herz voll Muth gab und einen gesunden Arm, der hilft sich selbst, der weiß zu siegen oder zu sterben. Ist es Gottes Wille, so werdet ihr beide glücklich, wenn auch die Erde nicht immer des Glückes Heimath ist; denn oft siegen die Bösen über die Guten!« Zu seinen wenigen Getreuen sich wendend, sprach er: »Ich setze euch heute den letzten Wein vor; morgen, so Gott will, brauchen wir ihn nicht mehr zu sparen, oder wir trinken keinen mehr, denn Alles geht hier zur Neige. Diesen Abend machen wir einen

Ausfall; gelingt er, so finden wir Ueberfluß im feindlichen Lager oder doch bei meinen Getreuen in der Ebene!«Hierauf füllte der in Waffen ergraute Ritter den Becher bis zum Rande, trank ihn erst seinen alten Waffenbrüdern auf glücklichen Ausgang, dann seiner lieben guten Tochter auf das Wohl des braven Rolands zu, mit diesen Worten: »Einst wird es besser, da wo keine Thräne wird geweint, wo deine selige, vortreffliche Mutter wohnt; da werdet auch ihr glücklich werden!«Die fromme Tochter, das Ebenbild ihrer guten Mutter, lag weinend an des Vaters Brust. In stummer Rührung standen die sonst so rauhen Krieger da. Seiner Tochter den letzten Abschiedskuß gebend und eine perlende Zähre unter den grauen Wimpern verbergend, sagte der Vater: »Guten Abend, beste <26> Tochter! Sei dem Allmächtigen und deinem Schutzengel empfohlen!« und somit verließ er den Saal. Ihm folgte waffenklirrend der Zug von rüstigen Männern.

Man greift zu den Waffen, die muthigen Rosse werden vorgeführt, Ritter und Knappen sind zum Ausfalle bereit. Da hört man aus dem Thale herauf Waffengeklirre, wildes, dumpfes Geschrei von Kämpfenden, Wichern der Rosse etc. etc. Der Burgherr erstaunt, beobachtet, was im Thale vorgeht und erkennt bald fremde Krieger im wüthenden Kampfe mit seinem Feinde. »Das ist ein Freund in der Noth!«ruft er den Seinigen zu, »der gute Vorarbeit macht. Laßt uns ihm helfen!«Und so stürzte die kleine, aber tapfere Schaar zum Kampfe den Berg hinab.

Hildegarde, davon benachrichtigt, sagte aber frohlockend: »Das ist Roland! mein Herz verkündet mir seine Nähe!«Und er war es wirklich. Zwar entfernt von seiner geliebten Hildegarde, hatte er doch solche weise Anordnungen getroffen, daß er von allem, was in der Nähe der Burg Wichtiges vorfiel, benachrichtigt werden konnte. Kaum vernahm er die Gefahr, in welcher Hildegarde und die Burg sich befand, als er von befreundeten Rittern und Knappen Alles an sich zog, was nur zum schnellen Aufbruche marschfertig war.

Mit Blitzes Schnelle kam er zurück, stürzte sich vernichtend, wie ein Wetter Gottes, auf die Belagerer. Alles wich vor Rolands Schwerdte oder fiel unter seinen mächtigen Streichen. Ihn entflammte seine Liebe so, daß jeder Widerstand seine Anstrengung und Kraft nur vermehrte;

denn er kämpfte ja in der Nähe und unter den Augen seiner Hildegarde.

Blutig war der Sonnenuntergang; der Abend zog seine düstern Schleier über das mit Leichen bedeckte Schlachtfeld. Entschieden war der Sieg und der Feind schon überall im Weichen; da fiel Hildegards Vater ihm noch in den Rücken. Fürchterlich wurde jetzt der Kampf, denn nicht mehr schlug sich Haufe gegen Haufe, oder Rotte gegen Rotte; sondern jeder einzelne suchte nun sein Leben um den höchsten Preis zu <27> verkaufen. In solcher Verwirrung und bei der hereinbrechenden Nacht konnte man kaum noch Feind von Freund unterscheiden. Die Niederlage des Feindes war fast allgemein, und Roland sah schon mit stolzem Selbstgefühl über den immer lichter werdenden Kampfplatz. War er nicht der Retter seiner theuern Hildegarde, die sich gewiß nach seinem Anblicke sehnte? Noch wenige Augenblicke und die Gegend ist vom Feinde befreit; er kann dann in den Armen seiner Geliebten von den Mühen des Tages ausruhen, und den Lohn seiner Tapferkeit von ihren rosigen Lippen empfangen.

Aber wer kämpft dort noch mit Löwenmuth von wenigen Getreuen umgeben? Sollte dieser Einzelne es wagen, mir den Sieg entreißen und das Treffen auf dem beinahe verlassenen Kampfplatze erneuern zu wollen? Mit Ungestüm stürmt Roland auf den Verwegenen los, links und rechts fallen unter seinen kräftigen Hieben viele Reisige und noch mancher Ritter, bis er den Verwegenen erreicht. Dieser kämpft mit beispiellosem Muthe; aber der überlegenen Jugendkraft Rolands muß er endlich unterliegen. Ein finsteres Verhängniß führt seinen siegenden Arm, sein Gegner sinkt, von ihm durchbohrt, ächzend vom Pferde, unter ihm klirrt und kracht die blanke Rüstung. In der Hitze des Kampfes hatte Roland eine Reihe von Fackeln, die sich dem Orte näherten, nicht bemerkt. »Haltet ein!«rief jetzt eine bekannte Stimme, die mit unbeschreiblicher Macht in Rolands Seele drang. Es war seine Hildegarde. Roland sprang von seinem Streitrosse, voll Sehnsucht die Arme nach der Geliebten ausbreitend, die ihm mit gleichem Verlangen entgegenkam. Kaum hatten sie sich begrüßt, da fällt der Geliebten Blick auf die wohlbekannte Rüstung des von Roland erschlagenen Ritters.

»Mein Vater!«ruft sie mit einem Schrei des Entsetzens, und stürzt bei der theuren Leiche nieder.

Roland erblaßt, seine Knie zittern, seine Haare sträuben sich empor, stumm starrt er regungslos den Erschlagenen an; dann richtet sich sein Auge voll wilder Verzweiflung gegen den gestirnten Himmel. »Tückisches Schicksal, feindselige <28> Mächte der Hölle!«stöhnt er. Erschöpft von der Anstrengung des Kampfes, und vom nagenden Schmerze gefoltert, sinkt er zusammen und ruft, die Hände ringend: »O meine arme Hildegarde! mein Vater! ich Unglücklicher!« Seine Freunde nehmen den Besinnungslosen in ihre Arme. Matt und düster beleuchtet der Mond die schauervolle Scene. Als Roland wieder zu sich kam, sah er bald seine Geliebte, bald die Leiche des Vaters an. Ein tiefer, schneidender Schmerz durchwühlt seine zerrissene Seele. »Ewiger Gott!«rief er in tiefster Wehmuth: »was that ich, um diese schrecklichste aller Strafen ertragen zu müssen! Ein entsetzlicher Augenblick stürzt mich auf immer aus einer Welt voll Seligkeit in die gräßlichsten Qualen der Hölle und ich bin unschuldig!« Hildegarde sich langsam wieder aufrichtend, sah mit verwirrten Blicken in den stummen Kreis umher, und fragte mit fast gebrochener Stimme: »Wer ist sein Mörder?«Alle sehen schweigend auf den unglücklichen Roland. Tief ergriffen stöhnt sie: »Du, mein Geliebter? Arme Hildegarde!«und sinkt abermals mit ihrem nun in Thränen aufgelösten Schmerze über den Körper ihres Vaters zusammen. An der Seite seiner Geliebten niederknieend sagte Roland: »Ja ich bin sein Mörder, aber unbewußt der schaudervollen That! Mein Leben gäbe ich mit Freuden hin, könnte ich das seinige dadurch ersetzen. Hasse mich nur nicht, Hildegarde! beklage mich und mein schreckliches Verhängnis!«Mit Blicken voll Mitleid und Liebe sah Hildegard ihren Roland an und sprach im feierlichen Tone: »Ich kann dich nicht hassen, du bist unschuldig, das weiß unser aller Vater im Himmel, und auch der meinige, der dich liebte wie seinen Sohn; aber als Braut kann und darf ich die Hand nicht empfangen, die von seinem Blute raucht. Ich liebe dich noch mit derselben unveränderlichen Liebe, aber des Himmels unbegreiflicher Rathschluß hat uns auf dieser Erde für immer getrennt. Hast du Muth, mir deine Liebe für ein besseres Leben zu bewahren; so werden wir uns jenseits wieder finden, und auf ewig im Lande der Seligen uns vereinen. Ich sage dir also nicht: Lebe <29> wohl! sei glücklich! Wie könntest auch du ohne deine Hildegarde, wie könnte es Hildegarde ohne ihren Roland sein!« Mit diesen Worten zog sie ihn an ihr Herz, und in einer langen Umarmung küßte er den Kuß der Trennung auf ihre rosigen Lippen. Alle Umstehenden wurden innigst bis zu Thränen gerührt. Kein Laut störte diesen feierlichen Augenblick der Trennung; nur der Rhein brauste dumpf an dem kiesigen Uferstrand vorüber, als sei er ein unwilliger Zeuge des Vorgefallenen. Hildegarde nahm den Schleier im Kloster auf Nonnenwerth, wo sie ihr Leben in frommen Uebungen der Andacht und in steter Erinnerung an ihre unglückliche Liebe beschloß; nachdem sie einige Jahre in stillem Grame, doch dem Willen Gottes ganz ergeben daselbst zugebracht hatte. Roland, auch allen Freuden der Welt abgestorben, verließ seines väterlichen Schlosses Hallen, und baute sich am linken Rheinufer auf einem dem Nonnenwerth gegenüberliegenden, von allen Winden umbrausten Felsen Rauhlandseck eine Hütte[69], welche später Rolandseck genannt wurde, von welcher er die Zelle seiner Geliebten und den Klostergarten übersehen konnte. Tagelang saß er hier am Fenster, das sehnsuchtsvolle Auge nach Nonnenwerth gerichtet, seine Hildegarde erspähend. Wenn der andächtige Gesang der frommen Schwestern zum Himmel emporstieg, dann glaubte Roland in seliger Begeisterung seiner Geliebten Stimme zu vernehmen. Wandelten sie im Garten umher, dann unterschied das liebende Auge ihre hohe, schlanke Gestalt leicht von den andern, so wie jede ihrer anmuthigen Bewegung. Nicht lange nachher, als das[70] dumpfe Geläute der Glocken aus dem Kloster herüber hallte und den Tod seiner Hildegarde ihm verkündete, sehnte auch er sich aus einer Welt, die seine Liebe, sein Alles verlassen hatte, und er bat den Himmel um baldige Auflösung seines nun ganz freudenlosen Lebens. Sein Gebet ward erhört. <30> Eines Morgens fand ihn sein alter, treuer Diener am Fenster sitzend, das schon verklärte,

---

[69] »Seine Verwandten verwandelten nach seinem Tode die Hütte in eine Burgfeste, welche Kaiser Heinrich V. im zwölften Jahrhundert zerstören ließ.«

[70] In der Vorlage »daß«.

starre Ange auf des Klosters Zelle gerichtet, in welcher seine Hildegarde vor wenig Monden verschieden war, und es schien, als habe ihn
das Leben früher verlassen, als seine heiße Liebe. Seine Seele, schon
lange mit der Verklärten aufs innigste verbunden, war entfesselt, und
in seligere Gefilde hinüber geschwebet. Oder, wie unser vaterländi-
scher, großer Dichter sich darüber in seiner Ballade ausdrückt:

Und so saß er, eine Leiche,
Eines Morgens da;
Nach dem Fenster noch das bleiche,
Stille Antlitz sah.

Schiller.[71]

Anhang.

Anmerk. 1. Den ankommenden Fremden wird sowohl in Königswinter, als auch in Rhöndorf gezeigt, wo die Einlaßkarte zum Drachenfels
gelöst wird.

Anmerk. 2. Fremde, die sich zur Bergbesteigung der Esel bedienen,
können solche nach ½ oder ¾ stündigem Aufenthalte auf dem Drachenfels allerdings zur Rückkehr wieder benutzen; verlangt man aber,
daß die Führer länger warten sollen, so müssen sie dafür vergütet werden. Nur denjenigen kann der Gebrauch der Thiere bei längerem Aufenthalt nicht verweigert werden, denen man das Gehen nickt wohl
zumuthen kann; doch müssen solche die Zeit zur Rückkehr genau be-
stimmen.

Preisbestimmung

der verschiedenen Fahrten zu Wasser von Königswinter aus, für eine
Person berechnet.

---

[71] Ritter Toggenburg, in Friedrich Schiller: Sämtliche Werke, Band 1, München ³1962, S.
373 ff.

1. Jede Ueberfahrt von Fähre zu Fähre[72]   1 Sgr.
2. Nach Rüngsdorf oder Niederdollendorf   8-10 Sgr.
3. Nach Nonnenwerth hin und zurück   15-20 Sgr.
4. Nach Bonn, je nachdem es an der Zeit ist   15-18 Sgr.

Anmerk. 3. Extra Fahrten, woran Viele Theil nehmen, zahlen nach Belieben über die Taxe; aber bei herankommender Nacht muß mit dem Schiffer besonders akkordirt werden.

Preisbestimmung

für die Führer nach den Sieben-Bergen und den am meisten besuchten Ortschaften mit oder ohne Esel.

	Führer allein	Führer mit Esel
	Sgr.	Sgr.
Nach dem Drachenfels	5	10
nach der Wolkenburg	5	10
nach der Löwenburg	10-15	20-25
nach dem Oelberge	12-18	25-30
nach dem Stromberg	10-15	20-25
nach dem Pfaffenröttchen	5	10
nach der Ruine Heisterbach	10	20
nach Honnef	5	10

Anmerk. 4. Will man einen Führer mit oder ohne Esel, auf halbe oder ganze Tage, mitnehmen, so muß man mit ihm einen Akkord schließen.

Bonn, gedruckt bei Carl Georgi.

---

[72] »Obgleich die gewöhnliche Taxe etwas billiger ist.«

> (Hullé, 1835) :
>
> Histoire des Sept-Monts. Speciellement celle du mont dit le Drachenfels, tirée des meilleurs ouvrages des anciens et des modernes, avec une table généalogique de tous des comtes de Drachenfels depuis 1455 jusqu'en 1817; suivant quelques traditions romantiques du temps du paganisme et de la fleuraison de la chevalerie. Par Georg Hullé, précepteur a Koenigswinter au pied de sept monts. Ci-joint un avertissement de toutes les demandes des bateliers et des guides. Avec deux planches. Bonn, 1835, En commission de T. Habicht.

»LORELEI«

Zu Bacharach am Rheine
Wohnt' eine Zauberin,
Sie war so schön und feine
Und riß viel Herzen hin.

Und brachte viel zu Schanden
Der Männer rings umher,
Aus ihren Liebesbanden
War keine Rettung mehr.

Der Bischof ließ sie laden
Vor geistliche Gewalt
Und mußte sie begnaden,
So schön war ihre Gestalt.

Er sprach zu ihr gerühret:
»Du arme Lorelei,
Wer hat dich denn verführet
Zu böser Zauberei?«

»Herr Bischof, laßt mich sterben,
Ich bin des Lebens müd,
Weil jeder muß verderben,
Der mir ins Auge sieht.«

»Meine Augen sind zwei Flammen
Mein Arm ein Zauberstab:
O legt mich in die Flammen!
O brechet mir den Stab!«

»Ich kann dich nicht verdammen,
Bis du mir erst bekennt,
Warum in diesen Flammen
Mein eigen Herz schon brennt.

Den Stab kann ich nicht brechen.
Du schöne Lorelei,
Ich müßte denn zerbrechen
Mein eigen Herz entzwei.«

»Herr Bischof, mit mir Armen
Treibt nicht so bösen Spott,
Und bittet um Erbarmen
Für mich den lieben Gott.

Ich darf nicht länger leben,
Ich liebe keinen mehr,
Den Tod sollt ihr mir geben,
Drum kam ich zu euch her.

Mein Schatz hat mich betrogen.
Hat sich von mir gewandt,
Ist fort von hier gezogen,
Fort in ein fremdes Land.«

Die Augen sanft und wilde.
Die Wangen roth und weiß,
Die Worte still und milde,
Das ist mein Zauberkreis.

Ich selbst muß drin verderben,
Das Herz thut mir so weh,
Vor Schmerzen möcht ich sterben,

Wenn ich mein Bildniß seh.

Drum laßt mein Recht mich finden,
Mich sterben wie ein Christ,
Denn Alles muß verschwinden,
Weil er nicht bei mir ist.«

Drei Ritter läßt er holen:
»Bringt sie ins Kloster hin!
Geh Lore! Gott befohlen
Sei dein bethörter Sinn.

Du sollst ein Nönnchen werden,
Ein Nönnchen schwarz und weiß.
Bereite dich auf Erden
Zu deiner Todesreis.«

Zum Kloster sie nun ritten
Die Ritter alle drei
Und traurig in der Mitten
Die schöne Lorelei.

»O Ritter, laßt mich gehen
Auf diesen Felsen groß,
Ich will noch einmal sehen
Nach meines Liebsten Schloß.

Ich will noch einmal sehen
Wohl in den tiefen Rhein
Und dann ins Kloster gehen
Und Gottes Jungfrau sein.«

Der Felsen ist so jähe,
So steil ist seine Wand,
Doch klimmt sie in die Höhe
Bis daß sie oben stand.

Die Jungfrau sprach: »Da gehet
Ein Schifflein auf dem Rhein,

Der in dem Schifflein stehet,
Der soll mein Liebster sein!

Mein Herz wird mir so munter,
Es muß mein Liebster sein!«
Da lehnt sie sich hinunter
Und stürzet in den Rhein.
Klemens Brentano

»DIE LORE-LEI«

Ich weiß nicht, was solls bedeuten,
Daß ich so traurig bin?
Ein Märchen aus alten Zeiten,
Das kommt mir nicht aus dem Sinn.

Die Luft ist kühl und es dunkelt,
Und ruhig fließt der Rhein;
Der Gipfel des Berges funkelt
Im Abendsonnenschein;

Die schönste Jungfrau sitzet
Dort oben wunderbar,
Ihr goldnes Geschmeide blitzet,
Sie kämmt ihr goldnes Haar.

Sie kämmt es mit goldnem Kamme,
Und singt ein Lied dabei,
Das hat eine wundersame,
Gewaltige Melodei.

Den Schiffer im kleinen Schiffe
Ergreift es mit wildem Weh;
Er schaut nicht die Felsenriffe,
Er schaut nur hinauf in die Höh.

Ich glaube die Wellen verschlingen
Am Ende Schiffer und Kahn;

Und das hat mit ihrem Singen
Die Lore-Lei gethan.
H. Heine.

»VON DER LORELEI«

»Es ist schon spät, es wird schon kalt,
Was reitst du einsam durch den Wald?
Der Wald ist lang, du bist allein,
Du schöne Braut, ich führ dich heim.«

»Groß ist der Männer Trug und List,
Vor Schmerz mein Herz gebrochen ist,
Wohl irrt das Waldhorn her und hin,
O flieh! du weißt nicht, wer ich bin.«

»So reich geschmückt ist Roß und Weib,
So wunderschön der junge Leib,
Jetzt kenn ich dich – Gott steh mir bei!
Du bist die Hexe Lorelei!«

»Du kennst mich wohl – vom hohen Stein
Schaut still mein Schloß tief in den Rhein.
Es ist schon spät, es wird schon kalt,
Kommst nimmermehr aus diesem Wald!«
von Eichendorf

1838 »A HAND-BOOK FOR THE TRAVELLERS ON THE CONTINENT«, AUSZÜGE

A HAND-BOOK for the TRAVELLERS ON THE CONTINENT: Being a Guide through Holland, Belgium, Prussia, and northern Germany, and along the Rhine, from Holland to Switzerland. […] Second edition, Augmented and carefully Revised. London: John Murray ans Son, Albemarle Street. MDCCCXXXVIII.[73]

Dieses Handbuch, herausgegeben von dem Londoner Verlagshaus Murray und Söhne, unterscheidet sich wohltuend von früheren Reiseberichten oder Reiseführern: Die deutschen Namen sind – bis auf wenige Ausnahmen (Gothe, Neider-Dollendorf) – korrekt wiedergegeben. Die praktischen Informationen sind handfest, die sachlichen Informationen sind frei von Aberglauben oder Märchen/Legenden. Hintergründe werden kompetent erläutert (siehe S. 168).

COLOGNE {Germ. Köln}. Inns: Cour Imperial {Kaiserlicher Hof}, far the best, but situated in the middle of the town, and a long way from the Rhine; – Grosser Rheinberg, conveniently placed on the water's edge, and close to the steamers, but deficient in comfort and badly managed. – Mainzer Hof, near the diligence office. – La Cour de Cologne and La Cour de Hollande, both near the Rhine, are good and moderate, but not stylish inns. – Rheinischer Hof {Hotel du Rhin}, near the water, affords decent accommodation. –The Hotel de Bellevue in Deutz, on the opposite side of the Rhine, but close to the bridge of boats, is a new house, comfortably furnished, and well conducted.

Cologne is a fortified town of 65,000 inhabitants, on the left bank of the Rhine, connected by a bridge of boats with the fortress and suburb of Deutz, which has 3,700 inhabitants. It is the largest and wealthiest city on the Rhine, and has recently been made a free port, so that the navigation of the Rhine to its mouth being no longer impeded by the Dutch, this city is enabled to despatch vessels of its own to the German Ocean, or to foreign ports beyond.

Cologne owes its existence to a camp pitched here, by the Romans, under Marcus Agrippa, which was afterwards enlarged and rendered, permanent by the removal {under Tiberius} of a native tribe, called the *Ubii*, from the right bank of the Rhine, an event mentioned by Tacitus {Ann. I. 36.}, and by

---

[73] Fundstelle: (A Hand-Book for Travellers on the Continent: being a Guide through Holland, Belgium, Prussia …, 2nd edition, 1838, S. 222 ff); https://dn790000.ca.archive.org/0/items/handbookfortrav00john/handbookfortrav00john.pdf .

their settlement on the left bank, at the spot now occupied by Cologne. This first city was called *Civitas Ubiorum*. More than eighty years after, Agrippina, mother of Nero, and wife of Claudius, who was herself born here, sent hither a colony of Roman veterans, and gave to it her own name, calling it Colonia Agrippina. A part only of its ancient appellation is retained in the modern name of Cologne.

»In the middle ages, from its wealth, power, and the considerable ecclesiastical foundations of its bishops, it was often called the Rome of the North."– Hope.

In a large town like Cologne, where the objects of interest are spread over a wide space of ground, the following plan of the order in which the different objects may be seen in succession, without retracing one's steps, may be useful to the stranger either walking or riding:

Begin with the **Cathedral**; close to it is the Museum; thence by the Jesuits' Church {a gorgeous combination of Gothic and Italian architecture} to St. Ursula; {the architect may visit St. Cunibert's;} from St. Ursula to St. Gereon, past the Roman Tower, to the Apostles' Chapel; to St. Peter's; St. Mary's in the Capitol; the Gurzenich, and the Rathhaus, which completes the circuit.

The object which first claims attention here is The Cathedral {Dom Kirche}, which, though begun in 1248, during the reign of the Elector and Bishop of Cologne, Conrad of Hochstedten, has remained up to the present time in a condition b[eing] <223> a fragment and a ruin. Had the original plan been completed, {views of the intended edifice are to be procured,} it would have been the St. Peter's of Gothic architecture. Even in its present state, it is one of the finest Gothic monuments in Europe. It is to be regretted that the name of the architect who commenced and planned it, is not with certainty ascertained; as he deserved to be recorded, who conceived so splendid a structure. The two principal towers, according to the original designs, were to have been raised to the height of 500 feet. That which is most finished at present is not above one-third of the height. On its top still remains the crane employed by the masons to raise the stones for the building, and it has stood for centuries. It was once taken down, but a tremendous thunderstorm, which occurred soon after, was attributed to its removal by the superstitious citizens, and it was therefore instantly replaced, or a similar one set up in its place. It is well that it should remain, as it looks as though the present generation had not entirely abandoned the notion of resuming and completing the structure.

The King of Prussia, whose taste for the arts, and zeal for the preservation of ancient edifices, is equal to his liberality, has for many years past expended a considerable sum upon it; this, however, has been employed not in advancing the edifice, but in repairing dilapidations, and preserving what is built, from the ruin into which it threatened to fall owing to previous neglect. The restorations and repairs are conducted in a masterly and most workmanlike manner; the faulty stone of the Drachenfels has been replaced by another of a sounder texture; and the new sculpture and masonry are at least equal to those displayed in the original edifice, while, as mechanical science has made vast strides since the building was founded, it is evident that money alone is wanting to complete it. It is well worth while to ascend the scaffold, both to view closely the details of the restorations, and to enjoy the view.

»The Choir is the only part finished; 180 feet high, and internally, from its size, height, and disposition of pillars, arches, chapels, and beautifully coloured windows, resembling a splendid vision. Externally, its double range of stupendous flying buttresses, and intervening piers, bristling with a forest of purled pinnacles, strike the beholder with awe and astonishment. If completed, this would have been at once the most regular and most stupendous Gothic monument existing.«– Hope.

The five painted windows in the nave were executed in 1508; the fourth on the left from the entrance is the most beautiful; those in the choir are much older.

The entire length of the body of the church is 400 feet, and its breadth 161.

In a small chapel immediately behind the high altar is the celebrated Shrine of the Three Kings of Cologne, or *Magi* who came from the East with presents for the infant Saviour. Their bones were obtained from Milan by the Emperor Frederic Barbarossa, when he took that city by storm, and were presented by him to the then bishop of Cologne, who had accompanied him on his warlike expedition. The case or coffin in which they are deposited is of solid silver gilt, and curiously wrought, surrounded by small arcades, supported on inlaid pillars, and by figures of the Apostles and Prophets. The vast treasures which once decorated it, were sadly diminished at the time of the French revolution, when the shrine and its contents were transported for safety by the Chapter, to Arnsberg, in Westphalia. Many of the jewels were sold to maintain the persons who accompanied it, and have been replaced by paste or glass imitations; but the precious stones, the gems, <224> cameos, and rich enamels which still remain, will give a fair notion of its riches and magnificence in its original state, while those among them of Babylonish origin, visible here as at Aix, afford wide scope for curious inquiry.

The skulls of the three kings, inscribed with their names – Gaspar, Melchior, and Balthazer – written in rubies, are exhibited to view through an opening in the shrine, crowned with diadems {a ghastly contrast}, which were of gold, and studded with real jewels, but are now only silver gilt. Among the antiques still remaining are two, of Leda, and Cupid and Psyche, highly beautiful, but singularly inappropriate to their present position. On the front of the shrine are these two monkish lines:

> Corpora sanctorum recubant hie terna magorum,
> Ex his sublatum nihil est, alibive locatum.

Those who show the tomb assert that its treasures are still worth six millions of francs = 240,000 £; this is an exaggeration, no doubt.

This shrine is opened to the public gaze on Sundays and festivals; but those who desire to see it at other times, or to have a nearer and more minute view of it, must apply to the sacristan, and pay a fee of two dollars, which admits a party.

Under a slab in the pavement, between the high altar and the shrine of the three kings, the heart of Mary of Medicis is buried. There are several monuments of Archbishops of Cologne in this church; the most remarkable arc those of Conrad of Hochstedten {its founder}, of bronze, and those of the Counts of Schauenburg.

In the side chapel, on the right of the *Magi*, is a very ancient painting, in distemper, called, par excellence, the Cathedral picture or Dombild, bearing the date 1410, supposed to be the work of one Master Stephen of Cologne. It represents the Patron Saints of the city of Cologne, viz. in the centre the Three Kings; on the one side St. Ursula and the 11,000 Virgins, on the other St. Geryon with the Theban Legion. It was seen by Albert Durer, when he visited this place, and he makes particular mention of it in his Diary. It is a masterly production for so early a period. Of the artist very little is known, and few other works of his are believed to exist. In the Limburg Chronicle he is called William of Cologne.

In the sacristy are deposited many relics of saints, including a bone of St. Matthew; St. Engelbert's shrine of silver, ornamented with reliefs of good workmanship; some church plate, and the like curiosities; among them the sword of state, with a finely chased scabbard, borne by the Electors of Cologne at the coronation of the Emperor; and ten elaborate carvings in ivory. These are also shown for a fee.

In the Church of **St. Peter** is the famous altar-piece of the Crucifixion of that Saint, with bis head downwards, by Rubens, who presented it to this church in which he was baptized. The picture usually exposed to view is a most wretched copy, painted at the time when the original, which is one of Rubens' finest works, was carried away to Paris; but for a fee of 15 S.gr., the sacristan will turn the picture round, and display the original, which is attached to the back of the copy. On Sundays and festivals, the original is turned outwards.

Sir Joshua Reynolds thus speaks of this picture.

»It was painted a little time before Rubens' death. The body and head of the Saint are the only good parts in the picture, which is finely coloured {broad light and shade}, and well drawn; but the figure bends too suddenly from the thighs, which are ill drawn, or rather in a bad taste of drawing; as is likewise his arm, which has a short interrupted outline. The action of the malefactors {executioners} has not that energy which he usually gave to his figures. Rubens, in his letters to Gildorp, expresses his own approbation of this picture, <225> which he says was the best he ever painted; he likewise expresses his content and happiness in the subject, as being picturesque: this is likewise natural to such a mind as that of Rubens, who was perhaps too much looking about him for the picturesque, or something uncommon. A man with his head downwards is certainly a more extraordinary object than in its natural place. Many parts of this picture are so feebly drawn, and with so tame a pencil, that I cannot help suspecting that Rubens died before he had completed it, and that it was finished by some of bis scholars.«

»This picture is of great fame. – I suppose from the letter of Rubens, where he says it was or would be bis best work. We went from Dusseldorp to Cologne on purpose to see it; but it by no means recompensed us for our journey.«

The brazen font in which Rubens was baptised still exists in this church.

The Church of **St. Ursula**, and of the 11,000 Virgins, will be considered generally too singular a sight to be passed over without a visit. The church, situated just within the town walls, is not remarkable in its architecture, but it is filled with bones, reported to be those of St. Ursula's companions. That saintly lady, {according to the legend, a British princess,} having set sail with her virgin train from Britain to Armorica, was carried by tempests up the Rhine {!} to Cologne, where the whole party were slaughtered by the barbarian Huns, because they refused to break their vows of chastity. Beneath, above, around, these hideous relics meet the eye: they are built into the walls, buried under the pavement, and displayed in gaunt array in glass cases about the choir. The Saint herself reposes in a coffin behind the altar, while the skulls of a select few of her associates are deposited in the Golden Chamber, encased in silver, along with a number of other relics, such as one of the stone vessels which held the water that was turned into wine, at the marriage feast in Cana, a link of St. Peter's chain which fell off when the angel summoned him from prison etc. A bad picture in the church represents the landing of this female army of Saints at Cologne. Some, who have been staggered by the vast extent of her maiden train, have supposed that the legend arose from a mistake of the writer who first transcribed it, in confounding the name of one of her attendants, Undecimilla, with the number undecim millia {11,000}.

Santa Maria in Capitolio, so called because it occupies the very site of the capitol of the Roman city, is one of the oldest churches in Cologne, and stands on a height surmounted by a flight of steps: it dates from about the year 1000. An older church was founded on the spot, in 700, by Plectrudis, the wife of Pepin, whose tomb and effigy, both works of a very early period, arc let into the wall, outside of the choir. A picture attributed to Albert Durer is shown here. The walls of the crypt are covered with curious ancient paintings.

An erroneous statement is perpetuated in some of the guide books, that Maria de' Medicis ended her days in the convent attached to the church, and was buried in it. She died in the house, No. 10, Sternen Gasse, and her remains, except the heart, were carried to France. RUBENS was born in the same house, 1577.

The traveller who takes any interest in the study of Gothic architecture[74] will feel much gratification in having bis attention drawn to the numerous specimens of early Gothic {called in England Saxon or Norman}, which are to be found in Cologne. That style of architecture <226> seems to have been

---

[74] »Mr. Whewall's work »On the Gothic Architecture of Germany" is highly valuable, and is the best possible guide for Inquirers upon the spot."

transferred at once from the north of Italy to the banks of the Rhine; many of the buildings here display it in its utmost purity, and equal, if they do not surpass, in elegance of proportion and decorations, those of England and Normandy; such are – The Apostles' church in the square called the Neumarkt, built about the year 1200. Its exterior is in the highest degree elegant; its numerous towers and semicircular projections group admirably, from whatever point it is seen; altogether it may be deemed a perfect specimen of the Romanesque style. Mr. Hope says it reminded him of some of the oldest Greek churches in Asia Minor, now converted into mosques; and on beholding the east end, he almost thought himself at Constantinople.

St. Gereon's Kirche, another ossuary, as it is lined with the hones of the Theban Legion of Martyrs, slain, according to the legend, during the persecution by Diocletian, is one of the finest as well as the most ancient churches in Cologne; the circular portion, or rather the decagon, was not finished till 1227, but the crypt between it and the towers, and the walls of the choir above it, date from the x. century. The churches of **St. Pantaleon**, of **St. Martin**, and **St. Cunibert**, though they may be past over by the ordinary traveller, will highly interest the antiquary and student of Gothic architecture. St. Cunibert, finished 1248 {the year the Dom was begun}, has an elegant portal, thrown down a few years ago by the fall of the tower. The tower is not destined to rise again.

St. Pantaleon is, perhaps, the oldest Christian structure in Cologne, since the lower part of the great tower, and the walls connected with it, are probably not later than 980. It was built by Archbishop Bruno, with the materials of the Roman bridge, and Castle of Deutz. It is now used as a protestant place of worship, and its tower supports a telegraph.

The tomb of Duns Scotus is in the Chapel of the Minorites. It is traditionally related that he was buried prematurely; and having awakened from his trance, burst out of his coffin, but failing in forcing his way out of the vault, was found, when it was opened some time afterwards, lying on the steps near the entry; the fingers of one hand were entirely gone, having been gnawed off, it is supposed, in the agonies of hunger.

Albertus Magnus or De Groot, the alchemist and magician, was buried in the Church of the Dominicans, which is now removed, and an artillery barrack built in its place.

The Museum contains a large collection of pictures, principally of the old German school, many of which have only their antiquity to recommend them. Among the more remarkable paintings may be mentioned the Last Judgment, by Master Stephan, of Cologne, {the angels are painted of the brightest ultra-marine by this master and others of the same school.} The Death of the Virgin, by Schoreel, and a Descent from the Cross, by Israel of Mechlen {1488}. Also a Virgin and Child, and several others, by Master William, of Cologne.

These pictures deserve some attention, however, as the monuments of a school of art, whose very existence was, in a manner, unknown till the commencement of the present century. We are now aware that in the xiv.,xv,, and xvi. centuries, simultaneously with the revival of painting in Italy, there sprung up a race of artists on the banks of the Rhine, and in the Netherlands, who, without borrowing from the Italians, without any assistance from ancient works of art, but by the study of nature alone, succeeded in raising the art of painting from the degradation into which it had fallen in the hands of the Byzantine painters, to a comparative state of excellence: and maintained that peculiar style which they had formed for themselves, and which is seen in the greatest perfection in the <227> works of Van Eyck, Hemling, and Schoreel. It was not till a later period that the painters of the school of the Netherlands began to imitate the works of the Italians. In order to appreciate thoroughly the works of the early German painters, it is necessary to see the Boisserée Collection, now in the Munich Gallery, which was itself formed at Cologne.

Among the pictures by modern artists, in the museum, particular attention may be invited to the Captive Jews at Babylon, by a young artist named Bendemann, »no less remarkable for the simple beauty of the composition, than for the depth and earnestness of feeling it expresses."

In the lower story are many Roman antiquities, some of which are curious as having been found in or near Cologne; besides these are several busts and statues, and one specimen of sculpture, distinguished as a work of Grecian art, of great beauty and value – it is the Head of Medusa. It is larger, and is said to be even finer, than the famous Medusa Rondanini. It formed part of the collection of Professor Wallraff, who bequeathed it, with the larger portion of the pictures now in this museum, to his native city.

Those who take interest in the arts will find, on inquiry, many private collections of pictures here; they are, however, for the most part, limited to works of the old German masters.

The Rathhaus {town-hall; is a curious old building; it was erected at different periods; the Gothic tower containing the Archives, in 1414 the portal or double arcade, in the Italian style, in 1571. The Hanse Saal, in which the Council of magistrates was held, is a splendid and interesting apartment. In another ancient edifice, the Kaufhaus, or Gürzenich, finished in 1474, several Diets of the Empire were held. It has a remarkably fine Gothic fireplace. The Casino is a handsome new building, near the theatre, provided with ball and reading rooms, where newspapers are taken in. The Regierungs Gebaude is also a handsome edifice.

Eau de Cologne, so renowned all over the world, is an article of considerable commerce for the city. There are 24 manufacturers, and several who bear the same name, but the original Jean Marie Farina, the rightful heir of the inventor, the best fabricator of Eau de Cologne, is to be found at No. 23, Jülichs Platz. N. B. – A duty of 1 s. a bottle is charged in England. The value of this manufacture cannot fail to be appreciated on the spot.

One of the peculiarities of Cologne, its filthiness, will not long escape the attention, or the nose, of the stranger; it occasioned the following verses of Coleridge:

> Ye nymphs, who reign o'er sewers and sinks,
> The river Rhine, it is well known,
> Doth wash your city of Cologne:
> But tell me, nymphs, what power divine
> Shall henceforth wash the river Rhine?

Cologne abounds in historical associations. The Romans have left traces of their possession of this city of the *Ubii*, not only in various fragments of edifices still remaining–as in the very perfect Roman Tower, originally part of the outer defences, though now far within the city, and in the numerous altars, inscriptions, coins, &c. which come to light almost wherever the ground is turned up; but even in the features and complexions of its inhabitants, who are said to betray their hereditary blood, and to differ considerably from their German neighbours. The inhabitants were so proud of their Roman origin, that, up to the time of the French revolution, the higher citizens styled themselves patricians – the two burgomasters wore the consular toga, and were attended by lictors – while the town banners bore the pompous inscription S. P. Q. C.[75]

Agrippina, mother of Nero, was born here in the camp of her <228> father Germanicus; Trajan here received the summons to assume the Imperial purple; Vitellius and Sylvanus were proclaimed Emperors of Rome on the spot, and the latter was murdered in the Capitol. At a later period, 508, Clovis was declared king of the Franks, at Cologne. During the middle ages, Cologne was the most flourishing city of Northern Europe, one of the chief emporiums of the Hanseatic League, concentrating all the trade of the East, and maintaining a direct and constant communication with Italy. From this connection, not only the productions, but also the arts, of the East, were at once transferred to the then remote West of Europe. The architecture of many of the oldest churches is identical with that of Italy, and there is some similarity between the paintings of the early Italian and Rhenish schools; it is even probable that the southern school of art was indebted to the artists of the North for some portion of its excellence. Another relic of the ancient alliance with Italy is the Carnival, which is celebrated here, and nowhere else in the North of Europe, in the same manner, and almost with as much spirit and pomp of masquerading, &c., as in Rome or Venice. The King of Prussia tolerates the procession of masks, even in the streets here, and in one or two other towns of bis Rhenish provinces. Another amusement common in Italy, but found nowhere in Germany but at Cologne, is the Puppet Theatre {Puppen Theater}, where droll farces are performed by dolls; and the dialogue, spoken in the patois of the country, and full of satirical local allusions, is carried on by persons concealed.

In 1259, Cologne obtained the staple right by which all vessels were compelled to unload here, and ship their cargoes in Cologne bottoms. After its period of prosperity and splendour, during which the city could send forth 30,000 fighting men, came the season of decay. Commerce took a new route across the continent of Europe, and Cologne fell under the listless and unimproving domination of the priesthood. The uncontrolled sway of bigoted ecclesiastical rulers, on three occasions, marred its prosperity, and finally completed its downfall;

---

[75] = Senatus Populusque Coloniensis, in Anspielung auf S.P.Q.R. = Senatus Populusque Romanus.

· the first injurious act of intolerance, was the persecution and expulsion of the Jews, 1425;

· the second, the banishment of the weavers;

· and the third, the expatriation of the Protestants, 1618.

The injury done to the city by these arbitrary acts is best proved by the desolate condition to which they reduced it, contrasted with the increasing prosperity of Aix-la-Chapelle, Verviers, Elberfeld, Dusseldorf, Muhlheim, Solingen, and other cities in which the exiles, victims of these persecutions, who were almost invariably the most industrious and useful citizens, settled themselves. During this period the number of churches and convents multiplied enormously. Cologne is said to have had as many steeples as there were days in the year; 2,500 of its inhabitants were ecclesiastics; and, as a natural consequence, more than twice that number were beggars, who subsisted principally on the monks. The French revolution nowhere created a greater change than here; the rich foundations were all plundered, the convents secularized, the churches stripped, and converted into warehouses and stables.

It is said that there are still 35 churches here, besides a vast number applied to the profane purposes to which the French first turned them.

The transport of corn and Rhenish wine down the Rhine, and into the neighbouring countries of Holland, Belgium, and Westphalia, employs a great many vessels and persons. There are considerable sugar refineries here.

Of late years, trade appears to have revived considerably, and under <229> the improvements consequent upon increasing prosperity, and the wise regulations of the Prussian government, the town is beginning to lose some portion of the dirty and gloomy appearance, for which it is so notorious. Many of the streets have been widened and paved – new houses built, and old ones repaired; still a large portion of the space enclosed within the walls is occupied by fields, gardens, and dirty lanes, formerly attached to various conventual houses, which have disappeared. Though once, no doubt, well cultivated and productive, they lie half waste at present, and give a gloomy aspect to the place.

Should the new rail-road from Antwerp to Cologne, which is already commenced, and that from Amsterdam to Cologne, which is contemplated, ever be completed, we shall probably see Cologne again raising her head high among the chief cities of Europe; and this huge carcase of ruined buildings and vacant enclosures, revived by increasing wealth, will swell out into its former proportions, and flourish both in population and industry.

Without the walls, at regular distances, are seven half-buried towers, à la Montalembert, which form part of the defences of the place.

{rt.} Deutz, {Hotel Bellevue,} on the right bank of the Rhine, connected by the bridge of boats, nearly 1400 feet long, with Cologne, and recently strongly fortified as a tête du pont, is a favourite place of resort in summer evenings. It has many inns and guinguettes, which afford the amusements of music, dancing, and beer-drinking to the citizens. A large barrack has been constructed here within a few years, with magazines of artillery. Deutz is said to owe its rise to a castle built here by Constantine the Great. From the extremity of the bridge, the finest view of Cologne and its ranges of buildings, extending for three miles along the opposite bank, is obtained.

An exceedingly interesting excursion may be made from Cologne to the hitherto little known or visited Abbey of Altenberg, about 12 miles distant, a short way off the road to Schwelm and Minden. {Route LX V.}

Steamers start twice every day, up the Rhine to Coblenz, a voyage of ten hours, and daily down the Rhine to Dusseldorf and Nymegen, a voyage of 14 hours {Route XXXIV.}, and thence to Rotterdam in eight hours. {Route XII.}

Diligences {schnellposts} {§ 46}, go, morning and evening, to Bonn and Coblenz, {Route XXXVII.}, and to Aix-la-Chapelle {Route XXXVI.}, daily to Berlin by Elberfeld, {Route LX IV.}, daily to Dusseldorf, {Route XXXIV.}, Cleves and Nymegen, {Route XXXV.}, once a week to Treves.

BONN. Inns: Der Stern {the Star}, a good inn and comfortable; rooms carpeted, charges moderate; Trierischer Hof {Cour de Treves}, also very good, opened in 1835; Der Cölnische Hof {Cour de Cologne. The red wines called Walportzheimer and Ahrbleichart, produced in the neighbouring valley of the Ahr, are very good here; so is the mineral water procured from Roisdorf, near Bonn, which is used as a substitute for the Seltzer water.

Bonn, a town of 12,000 inhabitants, on the left bank of the Rhine, is chiefly remarkably for its University, established by the King of Prussia, in 1818, which has already attained a high reputation on the Continent, owing to the improved discipline maintained among the students, and to the discernment exercised by the government in the appointment of professors. Among those who have already filled chairs here, the most distinguished are Niebuhr {now dead} and Schlegel. The number of students amounts to 800 or 900.

The Electors of Cologne formerly resided here, having removed their court hither from Cologne in 1268; their **Palace** now serves to contain the University; it is of immense size, with a facade nearly a quarter of a mile long, and includes the Lecturerooms, Library of about 100,000 volumes, and the Academical Hall, recently decorated with frescos, painted under the direction of Cornelius, a living artist, by his pupils. The subjects are the four faculties, Philosophy, Jurisprudence, Medicine, in which Cuvier and Linnaeus are conspicuous, and Theology, where Luther, Calvin, Wickliffe, St. Jerome and the Fathers, and Ignatius Loyola, and other divines, both Catholic and Protestant, are introduced. The artist who painted the Philosophy, seems to have shown undue favour to his own countrymen: thus, Homer appears sadly in the background in comparison wth Wieland and Herder; Gothe is made prominent, at the expense of Shakspeare and Dante, who hold very subordinate situations, and are very indistinctly defined; Virgil and Aristotle are sadly eclipsed by others of the moderns; while Bacon, Socrates, and Cicero, are in a great degree thrown into the shade.

The same building contains the Museum of Rhenish Antiquities, a very large and interesting assemblage of local remains discovered on the banks of the Rhine, and relics of Roman <235> settlements in this part of Germany. They are placed under the care of the veteran Professor Schlegel, to whom application must be made for a ticket of admission. It is much to be lamented that the collection is, as yet, neither named nor catalogued. The following seem to be the most remarkable objects:

1. A Roman altar, dedicated to Victory, which formerly stood in the square, called Romer Platz, and is supposed by some to be the identical *Ara Ubiorum* mentioned by Tacitus {Annal. I. 39.}.
2. A bronze vase, bearing figures of Hercules, Mars, and Venus, in a pure style of art, found at Zulpich.
3. Numerous weapons, trinkcts, vases, glass vessels, a winged head of Mercury, found at Hadernheim; the gravestone of one M. Caelius, who fell in the great battle of Varus {*bello Variano*}, against Arminius {? if genuine};
4. Jupiter's wig, and thunderbolt of bronze, from the Hundsruck;
5. tiles stamped with the numbers of several Roman legions {xxi. xxii.} stationed in these parts;
6. a Roman millstone of Mendig tufa,
7. and an ancient German shield of wood, dug up at Isenburg, in Westphalia, besides 200 bronzes.

An avenue of chestnuts, about half a mile long, forming an agreeable walk, conducts to the **Chateau of Poppelsdorf**, which has also been appropriated by the King to the use of the University, and contains the Museum of Natural History. The collection of minerals and fossils is particularly extensive and good, and especially interesting, as illustrating the geology of the Rhine, and of the volcanic deposits of the Siebengebirge and Eifel; arranged by Professor Goldfuss. Among the fossil remains may be seen a complete series from the brown coal formation of Friesdorf, near Bonn. A set of fossil frogs, from the most perfect state down to that of a tadpole, discovered in the shale called papercoal, deserve notice. Attached to the chateau is the Botanic Garden, very spacious, very rich, very beautifully situated, and admirably kept under the superintendence of the celebrated Professors Nees von Esenbeck and Treviranus. – D. T.

The **Cathedral**, surmounted by five towers, is a stately building externally, in the older or round arched Gothic style; the interior is very plain. It was founded in 320, by Helena, mother of Constantine the Great, and contains a bronze statue of her. The choir, with its two towers, the crypt, and the cloisters, date probably from 1151; the rest of the church is later, probably 1270.

There is a very good club {§ 40} here, called **Lese-and Erholungs-Gesellschaft**.

Beethoven the composer was born in the house No. 934, Rhein Strasse. A monument is about to be erected to his memory.

The most notable events in the annals of Bonn, are its capture after a long siege, in 1584, by Archbishop Ernest of Bavaria, from Gebhard **Truchsess**, who had been deposed from the see, because he had become a Protestant; and its surrender to the English and Dutch army under Marlborough, in 1703, after a siege, the operations of which were conducted by the celebrated Coehorn. In the course of it a great part of the town was burnt.

At Bonn the beauties of the Rhine may be said to have already commenced. There are several most agreeable **excursions** round about it, and the view of the Seven Mountains on the opposite side of the river is strikingly grand. They are seen to grand advantage from the rampart, or terrace, called Altezoll, overlooking the Rhine, and from the garden of the café, called *Vinea Domini* {the Lord's Vineyard}.

But these are surpassed by the view from the church on the summit of the **Kreutsberg**, one of the hills behind Poppelsdorf, 1 ½ mile from Bonn. The road leading up to it is <236> studded at intervals with chapels or stations, such as usually line the approaches to a place of pilgrimage.

The church was formerly attached to a convent of Servites. It was built, 1627, on the site of a very ancient chapel; and boasts of possessing, among its curiosities, the sacred stairs which led up to Pilate's Judgment Hall, still bearing stains of the blood which fell from the wounds caused on the Saviour's brow by the Crown of Thorns. This, at least, is the Catholic tradition concerning them, even though the very same stairs are shown at Rome, under the name of *Scala Santa*; and no one is allowed to ascend them except on his knees. A trap-door in the pavement leads into the vaults under the church; they are remarkable for having preserved in an undecayed state, the bodies of the monks buried in them. They lie in 25 open coffins, with cowl and cassock on; the flesh in some is preserved, though shrivelled up to the consistence of a dried stockfish; they are, in fact, natural mummies. They have been interred here at various times, from 1400 to 1713. The church is annually visited by numerous pilgrims, chiefly the rude peasants of the Eifel.

The other agreeable expeditions which may be made from Bonn are to:

1. Godesberg, on the road to Coblenz, and the Alum Works at Friesdorf;
2. The Drachenfels, and Siebengebirge, with the ruins of Heisterbach on the opposite side of the Rhine, described further on;
3. The Lower Eifel {Route XL.};
4. The valley of the Ahr {Route XXXIX.} The two last highly interesting and seldom explored.

ASCENT OF THE RHINE CONTINUED.

{1.} Soon after leaving Bonn[76] the road passes a Gothic cross called Hochkreutz, erected by an Archbishop of Cologne, 1331. About one mile from this to the right of the road, are the brown coal mines and alum works of Friesdorf. The stratum here worked is, in fact, a forest, buried in an early period of the world's existence, and now converted into lignite, or brown coal. The trunks of trees are intermixed with clays and sands, and exhibit all

---

[76] »The road quits Bonn through an archway under the Electoral Palace." = Stockentor.

the stages from fossil wood in which the vegetable fibre and texture are quite discernible, down to bituminous earthy coal fit for burning as fuel. Many fossil fishes and freshwater shells are found in these beds. Associated with the coal is a stratum furnishing the ingredients for extensive alum works. »The alum of commerce is a compound of sulphuric acid, potash, and aluminous earth, and all these substances are obtained on the spot, from materials found in contact with the alum clay. The sulphuric acid is formed by the action of air and moisture upon iron pyrites {sulphuret of iron}, previously gently roasted, and the potash from the ashes of the brown coal used as fuel in evaporating and crystallizing the alum salt.«– H.

«The same mine furnishes a fine potter's clay, which is used in making the conical moulds employed in refining beet-root sugar, which is extensively manufactured hereabouts.«– P.

At Pützburg[?], near Friesdorf, gigantic trunks of trees, sometimes ten or twelve feet in diameter, occur embedded in the strata. The earthy brown coal worked here affords the valuable pigment known by the name of burnt umber, or Cologne earth.

{1.} About five miles from Bonn, but considerably farther inland, behind the village of Plittersdorf, is the village and ruined castle of

GODESBERG. Inns: Blinzler's Hotel; Hotel Bellevue, both very good. The Bellevue is a very spacious hotel, having been built as a Kur Saal, by the last Elector of Cologne, who projected establishing a <237> watering-place at Godesberg, but was prevented by the French revolution. The prices at the Hotels are:

Dinner at table d'hote, 15 S[ilber]gr[oschen]

in private, 1 Thaler

Table wine {Ober-Mosler}, 15 S.gr.

Breakfast and tea, 10 S.gr.

Bed, 15 S.gr. – P.

Donkeys in abundance ply for hire near the hotel, to convey persons up to the castle, or on any of the other excursions in the neighbourhood.

Godesberg, a village of 1,000 inhabitants, on the high road, is, on account of its agreeable situation, one of the most charming places of summer residence on the Rhine. Near it is a mineral spring, called Draitscher Brunnen. Shaded paths wind round the hill to the ancient castle on its top. It was built by the warlike archbishops of Cologne, 1212, on the site of a Roman fort, and served them long as a trusty strong hold, till the Bavarians took it and blew it up, 1583, because it held out for the Protestant Archbishop Gebhard Truchsess. The tall cylindrical Donjon tower commands one of the most beautiful prospects on the Rhine.

Godesberg is a little more than one mile distant from the Rhine. It is a convenient point for making excursions to

1. The Kreutzberg, if it has not already been visited from Bonn.
2. The brown coal mines and alum works of Friesdorf, p. 236.
3. The volcanic hill of Roderberg.
4. The Seven Mountains. The nearest way to them is to cross the Rhine by the ferry-boat to Konigswinter, at the foot of the Drachenfels, where the traveller will always find guides to conduct, and donkeys to carry him, if required, to the summit. This excursion may be lengthened profitably, by ascending the left bank of the Rhine as far as Rolandseck, p. 239, and, after exploring its ruined castle, crossing in a boat to Nonnenwerth, and then dropping down the river to Königswinter. This excursion will not take up more than a day, and is decidedly a very interesting one.
5. The short tour up the valley of the Ahr, p. 249, may be made from Godesberg, as well as from Bonn.
6. A visit to the Abbey of Heisterbach may be combined with the tour of the Seven Mountains, but is better made separately, crossing the Rhine at Rüngsdorf {1 mile from Godesberg}, by the ferry {rt.}, to Neider-Dollendorf. The Abbey is distant between 2 and 3 miles from the Rhine. A carriage-road leads to it. The pedestrian, after passing Ober-Dollendorf, will proceed by a wooded path into the Petersthal, a secluded valley at the base of the Petersberg, one of the Seven Mountains, in which the Abbey lies. A fragment of the choir alone remains to attest its ancient magnificence. The building was sold for the materials by the French in 1806, and the greater part has been pulled down and removed. It was built between 1210 and 1233. The beautiful fragment which still exists is carefully preserved from

further decay by the Count von der Lippe, its present owner, and well deserves the stranger's attention. As no conveyances are to be had at Dollendorf, those who cannot walk must take donkeys from Godesberg. – P.

{rt.} THE SEVEN MOUNTAINS, Siebengebirge. The group of hills so called, though in reality more than seven in number, forms a grand commencement to the beautiful scenery of the Rhine. They are the highest and wildest on its banks, entirely of volcanic origin, and consist of lava, trachyte, and basalt, ejected through the rocks, which form the basement of the surrounding country, by subterraneous eruptions which took place previous to the existence of any human record ur tradition. The names and heights of the seven principal summits are as follows: Stromberg, 1053 feet; Niederstromberg, 1066 feet; Oelberg, 1473 feet {the highest}; Wolkenberg, 1055 feet; Drachenfels, 1056 feet; Lowenberg, 1414 feet <238> {commanding a view considered by some superior to that from the Drachenfels}; and Hemmerich. They are almost all crowned with the ruin of some ancient tower, chapel, or hermit's cell, which add much to their picturesque features.

The trachyte rock of the Wolkenberg is quarried to a considerable extent as building stone; it abounds in the mineral called glassy felspar.

The most interesting of the whole group, from its shape and position, but more than all from the verses of Byron, is the famed DRACHENFELS {Dragon Rock}, whose precipices rise abruptly from the river side, crowned with a ruin.

The castled crag of Drachenfels
Frowns o'er the wide and winding Rhine,
Whose breast of waters broadly swells
Between the banks which bear the vine,
And hills all rich with blossom'd trees.
And fields which promise corn and wine,
And scatter'd cities crowning these,
Whose far white walls along them shine.
Have strew'd a scene, which I should see
With double joy wert thou with me.

And peasant girls, with deep blue eyes,

And hands which offer early flowers,
Walk smiling o'er this paradise;
Above, the frequent feudal towers
Through green leaves lift their walls of gray,
And many a rock which steeply lowers,
And noble arch in proud decay,
Look o'er this vale of vintage-bowers;
But one thing want these banks of Rhine,–
Thy gentle hand to clasp in mine!

The river nobly foams and flows,
The charm of this enchanted ground,
And all its thousand turns disclose
Some fresher beauty varying round:
The haughtiest breast its wish might bound
Through life to dwell delighted here;
Nor could on earth a spot be found
To nature and to me so dear,
Could thy dear eyes in following mine
Still sweeten more these banks of Rhine!
BYRON.

The summit of the Drachenfels commands a noble view. In ascending it the traveller is shown the quarry from which the stones were taken to build the cathedral of Cologne, called, in consequence, *Dombruch*, and the cave of the Dragon {from which the mountain was named}, killed, as it is reported, by the horned Siegfried, a hero of the Niebelunglied. Near the top is a monument to the soldiers of the Prussian Landwehr, belonging to the town of Königs-winter, who fell on the spot, during the passage of the Rhine in 1814; and a tolerable Inn, where parties may dine, and those who wish to enjoy the sunrise from the summit, find comfortable sleeping accommodation. The ruined fragment on the summit is of remote origin, and was once the seat of a noble race long since extinct, named after the mountain on which they dwelt. They were dependent upon the Archbishop of Cologne as feudal superior, and seem to have chosen this situation for their castle from the facilities it afforded them for spying, at a distance, the merchant's laden boat, or labouring waggon, and for sallying down to pillage or exact tribute.

The view hence extends down the river as far as Cologne, twenty miles off; upwards, the Rhine is shut in by rocks, which, however, are very grand, while Bonn and its University, with old castles, villages, and farm-houses almost beyond number, fill up the foreground of the landscape.

The ruins on several other summits of the Seven Mountains are remains of castles of the archbishops of Cologne. In that which crowned the Lowenberg, the reformers Melancthon and Bucer passed some time with the Archbishop Herman von Wied, who afterwards adopted the reformed faith; and his successor, the Protestant archbishop, Gebhard Truchsess, took refuge here, with his beautiful wife, Agnes von Mansfeldt, 1585.

{l.} In the neighbourhood of Mehlem is the Roderberg, one of the most interesting extinct volcanoes on the Rhine. Its crater is circular, nearly a quarter of a mile in diameter, and 100 feet deep. It is now covered with fields of corn. The sides are <239> composed in many places of tufa and scoriae, exactly similar to that found on Vesuvius. This crater is connected with the ridge on which stand the ivy-mantled arch and turrets of

{l.} the Castle of Rolandseck. This ruin receives its name from a tradition, that tlie famous nephew of Charlemagne chose this spot because it commanded a view of the Convent of Nonnenwerth, within whose walls his betrothed bride was immured. He lived here a lonely hermit for many years, according to the story which has furnished the subject of one of Schiller's most beautiful ballads, »The Knight of Toggenburg.«The scene, however, has been changed by him from the Rhine to Switzerland.

It is somewhat unfavourable to the truth of this story, that the castle is called, in the oldest records where it is mentioned, Rulcheseck. It was originally a nest of robbers, whose depredations rendered them the terror of the vicinity.

The Tower of Roland is recommended as an admirable point of view for surveying the Rhine. The bold and precipitous rock of Rolandseck, composed of prismatic basalt, with its scanty and mouldering baronial fortiess, is a most striking object from the river, and taken together with the Drachenfels on the opposite bank, serves as a fit portal to the grand scenery which lies above it. It projects so far forward, that the high road has barely room to pass between its foot and the brink of the Rhine. There is an inn at the foot of the rock of Rolandseck. Exactly opposite, and in the middle of the stream, is the island of Nonnenwerth {Nuns' Island}, so called from the large building upon it, embowered in trees, once a nunnery, and the asylum of the bride of the unfortunate Roland, now a very good hotel. It is only within a few years that the nuns have departed from this establishment. The amiable intercession of Josephine with Napoleon, on their behalf, is said to have preserved to them the possession of their ancient retreat, at the time when the other religious establishments on the Rhine were secularized by the French. The nunnery has been converted into an inn, but still remains in the condition in which is was left by its former inmates, the cells of the nuns forming the bed-rooms of the guests. Those who seek an agreeable retirement in the midst of the most beautiful scenery, under the shadow of the Drachenfels and Rolandseck, will find here good accommodation and reasonable charges, with gardens occupying a large extent of the island; and fish dinners of tench, carp, and eels, not a little renowned, together with the convenience of setting out either up or down the river by means of steamers every day in the week.

1848 »DER SOGENANNTE AUFRUHR AM 3. MÄRZ 1848 ZU CÖLN«[77]

Um sieben Uhr Abends erschien Dr. med. Gottschalk, in Begleitung mehrerer Freunde, unter welchen namentlich sein Gefängnißgenosse, der Premierlieutenant außer Dienst, A. Willich, und der Dichter Hocker sich befanden, in der Vorhalle des Rathhauses. Eine große Menge Menschen bewegte sich dort und auf dem Vorplatze. Auf die Frage nach dem Herrn Oberbürgermeister wurden die genannten Herren nach dem großen östlichen Rathhaussaale hingewiesen. Am Eingange desselben wiederholte Dr. G. dieselbe Frage den dort stehenden Gemeinderäthen Herrn Guillaume und Raveaux. Mit dem Bemerken: Sie haben wohl eine Petition zu überreichen, ersuchten diese einzutreten und deuteten nach dem Eingange des Berathungszimmers, in welchem der Herr Oberbürgermeister und die meisten Herren Gemeinderäthe im Gespräche hin und hergingen. Dr. G. erklärte dem Herrn Oberbürgermeister, daß er gekommen, ihm eine Petition Namens vieler Arbeiter der hiesigen Stadt zu überreichen und daß er um die Erlaubniß bitte einige

---

77 Druck von J.A.Brocker-Everaerts, Machabäerstraße Nro 22 in Köln. USB Köln, Signatur RHG1102#3. - Zweite (unveränderter Nachdruck) Auflage: BSB München, Signatur Bor.23 o#Beibd.1; urn:nbn:de:bvb:12-bsb10012572-7. Der Verfasser ist unbekannt; möglicherweise, aber nicht zwingend, ist es Dr. Gottschalk selbst.

Worte zur nähern Begründung beizufügen. Der Oberbürgermeister forderte ihn auf mit ihm abzutreten; auf die Bemerkung einiger Gemeinderäthe, daß sie nicht in Berathung seien, gestattete er das Wort am Orte selbst. Dr. G. sprach unter tiefer Stille:

Meine Herren. Fünf und dreißig Jahre sind dahingegangen, seitdem das deutsche Volk sein Blut für die deutsche Freiheit vergossen und heute noch knirscht es in seinen Ketten; seit zwei und dreißig Jahren erfreuen wir uns der Segnungen des Friedens und Tausende verhungern. Doch das Reich der Lüge und der Heuchelei ist am Ende. Das Licht, welches im Westen so herrlich <3> aufgegangen, es hat auch hier die Herzen erwärmt und entzündet, und das Volk, zum Bewußtsein seines Rechtes erwacht, hat auch die Kraft es zu erlangen. – Eine große Anzahl Männer aus der arbeitenden Klasse in unserer Stadt hat mir den ehrenvollen Auftrag ertheilt, Ihnen, meine Herren, die Wünsche vorzutragen, ohne deren Befriedigung die Ruhe in das bürgerliche Leben nicht wieder einkehren wird, und im Vertrauen auf Ihre Humanität Sie zu bitten, dieselben zu den Ihrigen zu machen.

Wir verlangen zunächst allgemeines Wahlrecht und allgemeine Wählbarkeit, unbedingte Preßfreiheit, Volksbewaffnung und das Recht der Vereinigung. Wir verlangen es nicht für uns. Denn was bedeutet die Theilnahme an der Gesetzgebung Dem, der seine Arbeit nicht verlassen kann ohne seinen Lohn und seinen Erwerb zu kürzen; was bedeutet unbedingte Preßfreiheit Dem, der nicht lesen gelernt oder dem weder Zeit noch Mittel zum Lesen geblieben; was bedeutet endlich das uralt-deutsche Recht des Waffentragens Dem, der nur sein Elend und eine faulende Baracke zu schützen hat? Nichts, gar Nichts, und ich hätte darüber Hinweggehen dürfen. Aber die arbeitenden Klasse, sie, die Klasse der Hingebung und der Opfer, sie stellte diese Wünsche, Ihnen zu zeigen, daß bloßer Kastengeist und engherziger Eigennutz sie nicht treibt, daß sie vielmehr sich fühlt als einen Theil des Volkes und die Freiheit will für Alle.

Darum ermöglichen Sie aber auch die Freiheit für Uns. Wie ist sie uns aber möglich, so lange wir dem schlimmsten Tyrannen, dem Elende, jeden Tag unseres traurigen Lebens werden abringen müssen? Wie können wir frei sein, so lange der leibliche Bedarf alle unsere Sorgen verschlingt. Darum helfen Sie uns vor den Gefahren sichern, die in Schlesien Hunderte unserer Brüder vernichtet haben und Millionen in thierischem Elend fesseln. Und heißt dieses zu Vieles, heißt es Ungerechtes verlangen? Hat ja doch das Thier seine Nahrung und sein Lager und wir, Menschen, denen nur der Tod einen Feiertag der drückendesten Mühen gewährt, wir sollten <4> nicht verlangen dürfen: daß Schutz unserer Arbeit werde vor der Ausbeutung durch das Kapital und das Vorrecht, – wir sollten als Lohn unseres Schweißes nicht, die Sicherstellung unseres Lebens, unserer Lebensbedürfnisse fordern dürfen? Sind wir denn weniger als Ihre Häuser, das Werk unserer Hände, sind wir weniger werth als das Vieh, das man seinem Eigenthümer durch Versicherungen schützt?

Meine Herren. Sie wollen die Abschaffung der Armuth – sie ist ja eine nicht eben angenehme Begleiterin des Reichthums –; manche Ihrer Maßnahmen bezweckten wenigstens eine Milderung derselben. Alle aber werden nutzlos, weil unzureichend, und verloren bleiben, wenn Sie nicht die Armuth an ihrer Quelle angreifen und vernichten. Die Quelle der Armuth liegt neben der Wiege der Menschen und die Verarmung muß in demselben Verhältniß als die Bevölkerung zunehmen, wenn Sie sich nicht die Erziehung und Ausbildung der arm Geborenen ernstlichst und eifrigst angelegen sein lassen. Zeit, Geld und Mühe, Sie werden sie ohne Dank verschwenden, so lange Sie dem Armen die Last seiner Kinder nicht blos überlassen sondern erschweren, so lange Sie ihm gestatten, denselben mit seiner Rohheit und Unwissenheit auch sein Elend zu vererben. Ihre Armenschulen, Ihre Waisenhäuser – wozu reichten sie wohl aus? Jeder Mensch ist ein Wesen überreich an Kräften und Fähigkeiten. Aber seine herrlichsten Blüthen verkümmern aus Mangel an Aufsicht und Zucht und zum Schneider und Schuster richtet man das reichste Geschöpf der Erde ab. Wundern Sie sich dann nicht, suchen Sie nicht nach erklärenden Ursachen in allerlei Voraussetzungen, daß so abgerichtete Menschen, daß solch lebendige Maschinen brodlos werden und elendiglich verkommen, wenn eine Maschine erfunden worden, die die rohe Arbeit derselben sechshundertfältig ersetzt.

Meine Herren. Ihnen ist eine wichtige Stellung, eine einflußreiche Sendung gegeben. Sie sind die unmittelbaren, wenn auch nicht von Allen gewählten Vertreter des Volkes nach Oben. Vereinigen Sie Ihren Ruf mit dem unsrigen, bringen Sie der Vaterstadt, die sich in <5> Ihnen verkörpert, diesen neuen Kranz des Ruhmes, daß Sie, die Väter derselben, für den vierten Stand frei Ihre Stimme erheben. – Ihre Stimme wird nicht, kann nicht in's Leere schallen. Wenn in einer Stadt von so hohem gewerblichen Aufschwunge wie Cöln, das Sie dreist den Seehafen für Westdeutschland nennen dürfen, das bald, nachdem eine steinerne Brücke über den Rhein gelegt worden, mit Mühlheim und Deutz vereinigt eine Stadt ohne Gleichen auf dem Festlande wird darstellen; wenn Sie, die Väter einer solchen Stadt, das Zeichen zu den humansten und darum weisesten Zugeständnissen geben, wenn Sie für die arbeitende Klasse zunächst Ihres Ortes eintreten, glauben Sie mir, Ein begeisternder Zuruf durch das große deutsche Vaterland wird Ihnen ertönen und Sie werden Ihrer Zeit ein Organ gewesen sein.

Nicht im Namen des Volkes – der Name ist von den bevorrechteten Klassen zu oft gemißbraucht worden, als daß er verständlich geblieben wäre, und auch Sie gehören ja zum Volke und bedürfen meiner Vertretung nicht – nein, im Namen jenes würdigsten aller Stände, der für den Schweiß seiner Arbeit nicht hat, womit seine Blößen zu decken oder seinen Hunger zu stillen, fordere ich von Ihrem Sinne für Gerechtigkeit, rathe ich Ihrer Klugheit – denn des Zunders ist allerwärts so viel aufgehäuft – machen Sie unser Gesuch zu dem Ihrigen.

Der laute und stürmische Beifall, welcher diesen Worten folgte, ließ erst gewahren, welche große Menschenmenge allmählich in den Saal getreten und die Zuhörerschaft gewesen. Der Oberbürgermeister, Herr Steinberger, suchte mit einigen fast unverständlichen Worten darzulegen, daß der Gemeinderath bereits eine Petition berathen, daß er aber in Bezug auf die ihm überreichten Wünsche und Bitten eine neue Berathung veranlassen wolle. Einzelne aus der Menge riefen: »Jetzt berathen, das Bitten ist vorbei, wir fordern, wir lassen uns nicht anführen.« Herr Raveaux versuchte die Menge anzureden; Zischen und Toben ließen ihn nicht anfangen. Da wurde Dr. Gottschalk von den Gemeinderäthen Herrn Broix, Becker und Leiden ersucht, die Anwesenden zu beruhigen. Er wandte sich zunächst an die Gemeinderäthe: <6>

Sie dürfen, m. H. die Kundgebungen des Mistrauens Seitens dieser Leute nicht verkennen. Es hat seine wohlbegründete Ursache. Seit einiger Zeit bringt die Kölnische Zeitung, das gleichsam officielle Organ der Kölnischen Bürgerschaft, eine Reihe von Artikeln, die die lügenhaftesten Entstellungen der Volksgesinnung enthalten, indem sie die Gelüste politischer Doktrinärs für die Wünsche der Rheinlande ausgeben. Die Verantwortlichkeit für diese Artikel fällt unbedingt auf den Herausgeber der Zeitung. Dieser ist aber anwesend und als Glied des Gemeinderathes in Ihrer Mitte. Sie wissen aber, wie leicht man vom Einzelnen auf Mehrere zu schließen geneigt ist. Berathen sic über unsere Wünsche, und so glaube ich Ihnen im Namen aller Anwesenden versichern zu dürfen, wir werden mit ruhiger Geduld der Beschlüsse Ihrer Weisheit harren, welche es auch immer sein mögen.

Darauf zu der versammelten Menge:

Ich muß Sie bitten, meine Freunde, daß, wenn Sie der Petition, der Sie ihren ganzen Beifall geschenkt zu haben scheinen, den entsprechenden Erfolg sichern wollen, Sie sich unbedingt und sogleich zurückziehen. Denn sonst würde man den Schein geltend machen, als habe der Gemeinderath unter Zwang berathen.

Die Menge zog sich nunmehr theils auf den Vorplatz theils unter die Vorhalle zurück und erwartete dort ruhig und geduldig die Beschlüsse ihrer gesetzlichen Vertretung. Hier und da entstand wohl ein unerhebliches Gedränge oder ließen sich einzelne Zeichen der Ungeduld wahrnehmen, wie das bei einer Versammlung von vielleicht 5,000 Menschen nicht anders möglich ist. Nirgends aber fand auch nur die mindeste Ruhestörung statt; willig hörte das Volk auf die Stimme der besonnenen Männer, die wo nur ein Gedränge oder ein Zeichen von Ungeduld sich kundgab, sofort zur Ordnung und Ruhe ermahnten. In diesem Sinne wirkten namentlich neben dem frühern Artillerie-Premierlieutnant, jetzigen Zimmergesellen, von Willich, der frühere Artillerie-Lieutenant, jetzt Beamter der Colonia, Anneke und der Rechtsconsulent Gottschalk. Anneke las auch auf Verlangen vieler Stimmen die gedruckte »Forderung des Volkes«, die alle zu haben <7> begehrten und die die wesentlichsten Punkte des von Dr. Gottschalk überreichten Gesuch's enthielten, laut vor. Willich hielt verschiedene Anreden zur Aufklärung der Ungebildetern über Gegenstände, über welche falsche Ansichten hin und wieder laut wurden, z. B. über die Stellung des Militärs zum Bürger und über die Worte: »die Fremden nehmen uns die Arbeit weg«. Er setzte auseinander, daß der uniformirte Bürger, Soldat, so gut zum Volke gehöre, wie der nicht uniformirte, daß der unselige Haß zwischen Soldat und Bürger seit den sogenannten Augustereignissen nicht zu rechtfertigen sei, daß die damaligen Brutalitäten des Militärs nur in verkehrten Maaßregeln und in den mancherlei Reizungen desselben von Seiten der Bürger ihren Grund gehabt hätten u. s. w. Ferner setzte er auseinander, daß alle Menschen Brüder seien, daß von »Fremden« nicht die Rede sein könne, daß die Arbeitsverhältnisse überall so geregelt werden müßten, daß ein Jeder lohnende Arbeit haben könne. Es ließ sich eine Stimme hören: Die Maschinen müßten abgeschafft werden, weil sie die Feinde des Arbeiters seien und ihm sein Brot entzögen. Mehrere Andere stimmten dem bei. Willich bat den ersten Sprecher zu ihm zu kommen, damit er sich mit ihm privatim verständigen könne, das Resultat wolle er dann Allen mittheilen. Ein bleicher, von Noth und Elend abgehärmter Arbeiter, seit längerer Zeit erwerblos, trat vor. Willich setzte ihm in einer fast halbstündigen Unterredung auseinander, daß die Maschinen nicht die Feinde, sondern die Freunde des Menschen seien, indem sie die Arbeiten unendlich erleichterten, daß sie aber freilich, wenn sie nur für das Säckel eines Einzelnen arbeiteten, vorläufig, bis die ganze Arbeitereinrichtung geregelt sei, Vielen zum Schaden gereichten, daß man aber deßhalb nicht die Maschinen verwerfen dürfe, sondern die Arbeit vernünftig regeln, sie gegen das Kapital schützen müsse. Der Mann wurde überzeugt und das Resultat der harrenden Menge mitgetheilt. Dann trug Willich noch ein Stückchen aus den glorreichen Zeiten der deutschen Geschichte vor. Während dieses auf dem Rathhausplatze fern von dem Sitzungssaale des Stadtrath's vor sich <8> ging, war Dr. Gottschalk, der der letzte den Saal verlassen und im Gespräche mit einigen Männern im innern Hofe des Gebäudes geblieben war, von einer Deputation des Stadtrath's, bestehend aus den Herrn Raveaux, D'Ester und Reusch, eingeladen worden an der Berathung desselben Theil zu nehmen.

Im Gemeinderathe theilte der Vorsitzende, Herr Oberbürgermeister Steinberger, dem Dr. Gottschalk mit, daß der Gemeinderath in dieser Zeit der Aufregung bereits Veranlassung genommen, selbst zu petitioniren, und daß er in seiner heutigen Sitzung seine dahinzielenden Beschlüsse bereits vor dem Erscheinen der Arbeiterdeputation gefaßt habe, daß dieses ihn aber nicht hindern solle, das Gesuch derselben mit seiner Petition befürwortend dem Regierungspräsidenten und dem Laudtagsdeputirten Herrn Camphausen zu überreichen. Ob Dr. Gottschalk glaube, daß dieses die Menge draußen befriedigen werde?

Herr D'Ester, Protokollführer, las nun die Beschlüsse des Gemeinderathes hinsichtlich der von ihm zu erlassenden Petition vor. Sie lauteten auf Aufhebung der Censur, Zusammenberufung des Vereinigten Landtags, auf Erweiterung der ständischen Vertretung.

Dr. Gottschalk: Ich habe auf die draußen harrende Menge keinen andern Einfluß, als den mir meine frühern Worte gegeben; auch habe ich über die Beschlüsse des löbl. Gemeinderaths keine Meinung abzugeben, da sie geschehene Thatsachen darstellen. Doch finde ich mich nicht in der Lage, mich zum Organe derselben zu machen.

Erster Beigeordnete Herr Schenk: Unsere Petition enthält im Wesentlichen dasselbe, wie die Ihrige, und Sie können doch nicht verlangen, daß der Gemeinderath in diesem Augenblicke beschließe, was er im nächste» zurücknehme.

Dr. Gottschalk: Löblicher Gemeinderath ist durchaus Herr seiner Beschlüsse und seiner Würde. Ich erlaube mir nicht sie zu kritisiren. Es will mich aber bedünken, daß löblicher Gemeinderath seine Beschlüsse unbeschandet seiner Würde, da sie noch gar nicht in die <9> Oeffentlichkeit gediehen, werde erweitern dürfen. Ihre Petition enthält die unsrige durchaus nicht. Sie verlangen z. B. Aufhebung der Censur. Aufhebung der Censur ist aber noch nicht unbedingte Preßfreiheit, Aufhebung der Censur kann auch eine Preßfreiheit mit einem sehr strengen Preßgesetz, hohen Cautionssummen u. s. w. sein, und eine solche Preßfreiheit scheint uns durchaus nicht wünschenswerth.

Herr D'Ester. Dieselben Bemerkungen habe ich gemacht und mit Aufhebung der Censur sollte ausdrücklich unbedingte Preßfreiheit gemeint sein.

Dr. Gottschalk. Wozu dann ein so zweideutiges Wort wählen?

Herr D'Ester. Es ist ausdrücklich im Protokoll ausgesprochen worden, daß unbedingte Preßfreiheit gemeint ist.

Dr. Gottschalk. Sie werden also Sr. Majestät mit Ihrer Petition auch Ihr Protocollbuch als Commentar überreichen wollen?

Herr Leiden und Herr Michels sprachen nacheinander, aber ohne Zusammenhang.

Herr Oppenheim. Was Sie verlangen, geht zu weit, das ist die Republik.

Dr. Gottschalk. Ich bedaure die kostbare Zeit eines löbl. Gemeinderaths allzulang in Anspruch nehmen zu müssen. Es gibt, Herr Oppenheim, mannigfache Staatsformen zwischen unserer Monarchie und der Republik. Wir wollen die Monarchie, aber die Monarchie mit demokratischer Grundlage, mit Betheiligung des ganzen Volks an der Gesetzgebung und Vertretung. Es ist dieß eine Forderung der ganz einfachen, gemeinen Gerechtigkeit; ist ja doch die Wehrpflicht und die Steuerlast mehr als eine allgemeine, und warum sollte das Volk die Gesetze nicht schaffen helfen, die es mit Gut und Blut vertheidigen soll?

Was wir aber nicht wollen, ist eine auf dem Geldbesitz beruhende Verfassung, wie die nunmehr beseitigte Charte Frankreichs; was wir nicht wollen, ist die Herrschaft einer Oligarchie, einer Camarilla der Börsenmänner und Geldspekulanten, damit wir nicht, wie die Franzosen, eine Revolution zu machen haben, um uns von <10> ihr zu befreien und die gekränkte öffentliche Sittlichkeit zu sühnen.

Herr Claessen. Was Sie verlangen, würde uns in heillose Konflikte stürzen; es würde die Einheit Deutschlands zerstören, mit dem wir doch Hand in Hand gehen müssen.

Dr. Gottschalk. Lesen Sie aufmerksam die Geschichte aller Völker. Was hat sie vernichtet, was hat den Indischen, den Römischen, die Griechischen und die mittelalterlichen Staaten zerstört? Daß sich innerhalb derselben zwei Nationen gebildet hatten, die Nationen von Arm und Reich, von Roh und Gesittet, von Unglücklich und Glücklich. Natürlich; wo der Arme kein anderes Interesse am Vaterlande hat als das Interesse seines Elends, da wird er es dem ersten besten Cäsar verkaufen, der ihm Brot und Spiele dafür bietet. Auch wir wollen die Einheit des großen Vaterlandes zwischen dem Rhein und dem Niemen, zwischen dem adriatischen und baltischen Meer; auch wir glauben innig und fest an die große Zukunft des deutschen Volkes, an seine weltgeschichtliche Sendung. Damit diese sich aber in ganzer Herrlichkeit entfalten könne, müssen Sie die Kluft zu füllen suchen, die den reichen Deutschen von dem armen scheidet, muß der Arme auch Liebe zur deutschen Erde gefaßt und behalten haben. Sie erreichen dieß nur, indem sie eine Brücke hinüber bauen in's Proletariat; Sie erreichen dieß nur, indem Sie mit Zurücklassung Ihrer Standesvorurtheile dasselbe mit offener Brüderlichkeit umfangen und seine Kinder als die Ihrigen betrachten. Ja, weil wir an die Zukunft des deutschen Volkes glauben, weil wir es groß und herrlich wollen, sagen wir: lassen Sie uns sorgen, daß auf deutscher Erde Keiner mehr elend ist!

Herr Raveaux. Es scheint mir, daß es Ihnen selbst nicht Ernst ist mit Ihren Wünschen und gewiß haben Sie das Alles nicht sagen wollen, was in Ihrer Petition niedergelegt ist. Außerdem werden gewiß noch mehrere Deputationen mit Petitionen hier erscheinen, die alle berücksichtigt sein wollen.

Dr. Gottschalk. Ich kann Herrn Raveaux am allerwenigsten gestatten, in meiner Gegenwart der <11> Dollmetscher meiner Gedanken zu sein; ich werde seiner nicht leicht bedürfen. Was die erwähnten Deputationen betrifft, so kann das Gemeinderathsglied Herr Raveaux officiell nur von Einer, der unserigen, wissen, da bis jetzt keine andere erschienen oder vom Herrn Oberbürgermeister empfangen worden ist.

Herr Broix. Sie sprechen von allgemeiner Staatserziehung; die haben wir schon.

Dr. Gottschalk. Das preussische Erziehungswesen mag besser sein, als manches andere; gut ist es nicht. Der sicherste Maßstaab, daß ein Erziehungssystem Nichts werth ist, ist eine so massenhafte Verarmung, wie in unserem Lande; tüchtig erzogene Menschen werden nur ausnahmsweise arbeits- oder erwerblos. Die heutige Erziehung dagegen ist nur eine Abrichtung zu einem bestimmten Zweck, nicht einer freie Entwickelung aller menschlichen Fähigkeiten. Die Erziehung sollte aber wenigstens so einzurichten sein, daß der Mensch, dieses durch Anlagen und Kräfte so reiche Wesen, wohl im Stande bleibt mit todten Maschinen zu konkurriren. Das kann und wird erreicht werden im Interesse der gebildeten und besitzenden Klassen selbst...

So weit war die Discussion gediehen, als man zwei Trommelwirbel hörte und eine große Menschenmenge unter dem Rufe: »die Soldaten, sie haben schon Einen erschossen« in den Saal stürzte. Die meisten Herrn Gemeinderäthe verließen den Saal in einer ziemlich possierlichen Hast; Herr Oppenheim rief im Nebenzimmer: »lassen Sie uns nur Alles gewähren, morgen können wir doch thun, was wir wollen.«

Es mochte nämlich gegen 9 Uhr gewesen sein, als plötzlich am mittlern Eingänge des Rathhausplatzes ein Bataillon Infanterie mit einigen Staabsofficieren und Polizeibeamten an der Spitze erschienen war und den Platz besetzte. In furchtbarer Hast stürzte der größere Theil der versammelten Menge, wahrscheinlich in dem Glauben, daß nach dem Trommelwirbel sofort eine Flintensalve erfolgen würde, nach den beiden noch freien, aber sehr engen Ausgängen des Rathhausplatzes. Wie es nicht anders sein konnte, wurden im Gedränge einige Menschen getreten und gequetscht. Willich, Anneke <12> und noch einige andere Männer traten zu dem kommandirenden Stabsofficier, Major Steinäcker, und fragten ihn, zu welchem Zwecke er hier erschienen sei. Er erklärte, er habe den Befehl den Platz zu räumen. Sie ersuchten ihn, die Menschen nicht mit Gewalt drängen zu lassen, damit kein Unglück entstehe. Anneke ging dann ruhig vom Platze herunter und forderte seine noch auf demselben befindlichen Mitbürger auf, ein Gleiches zu thun und am Ausgange des Platzes auf die Beschlüsse des Gemeinderath's zu warten. Willich wurde fast in demselben Augenblicke ohne alle Veranlassung verhaftet. Man brachte ihn in das Cachot auf dem Rathhausplatz. Gleich darauf bewegten sich mehrere Mitglieder des Gemeinderath's durch die harrenden Bürger. Es verbreitete sich das Gerücht, Dr. Gottschalk sei ebenfalls verhaftet. Mit den Worten: »unsere Freunde Willich und Gottschalk sind verhaftet und der Stadtrath ist feig auseinander gegangen« bewegte sich die Menge durch die Straßen. Anneke hörte von einer zahlreichen Bürgerversammlung, die zur Berathung von Petitionen noch im Harff'schen Saale sei. Er begab sich dorthin, um sie aufzufordern, mit ihm gegen das Einschreiten der Militärgewalt und die widerrechtliche Verhaftung Willich's und Gottschalk's zu protestiren und die geeigneten Schritte zur Befreiung der

Verhafteten zu thun. Die ganze Versammlung, 5 – 600 Bürger aus den mittlern und höheren Ständen, die von dem Vorgefallenen Nichts wußten, beschloß sofort eine Deputation an den Stadtrath und eine andere an den Generalprokurator zu schicken, um die Befreiung der Verhafteten zu fordern. Da kam die Nachricht, die Verhafteten seien schon in Freiheit und das Militär habe den Platz verlassen. Die ganze Versammlung zog nun zum Rathhause.

Benn ersten Erscheinen der bewaffneten Macht hatte sich, wie erwähnt, eine große Anzahl Menschen in den Rathhaussaal gedrängt, wohin man auch den angeblich Getödteten gebracht, der sich aber bald von seinem Falle erholte. Man verlangte vom Gemeinderathe zu wissen, wer das Militär requirirt habe, ob der Oberbürgermeister, ob Herr Groote, ob Herr Raveaux es gethan. Der Oberbürgermeister solle dem <13 Militär gebieten lassen, sich vom Platze zu entfernen. Dieses geschah auch und das Militär verließ den Platz. Man dachte an die Fortsetzung der Berathung und die Menge begab sich aus dem Saale. Aber da war der Gemeinderath nicht mehr in beschlußfähiger Anzahl. Einige Väter der Stadt waren so in Schrecken gesetzt worden, daß zwei derselben, die Herren Nick und Bourel aus dem 12–15 Fuß hohen Fenster des Rathhaussaales sprangen, wobei der letztere beide Beine brach, ein anderer, Herr Clässen, sich ins Stroh des Rathhausdieners und ein letzter, Herr Michels sich in den Glockenthurm geflüchtet haben soll. Der Oberbürgermeister entsendete demnäckst eine Deputation an den Polizeidirektor, um die Befreiung Willich's, und Anneke' s – im Saale war nämlich das Gerücht verbreitet, Anneke sei ebenfalls verhaftet – zu verlangen. Diese Deputation kam grade mit einer abschläglichen Antwort zurück, als die Bürgerversammlung von Harff, darunter Anneke, einrückte. Anneke mußte sich der versammelten Menge zeigen. Es wurde nun beschlossen, eine Deputation an den Generalprokurator zu schicken, um die Freilassung Willich's zu erwirken. Nach einer Viertelstunde schickte man auf Herrn Raveaux's Vorschlag eine Deputation an den Oberpräsidenten, an der er sich selbst betheiligte. Alle diese Deputationen wahren wie die Raben Noäh; sie kehrten nicht zurück. Mehrere Tausende hatten sich mittlerweile wieder versammelt und alle Räume angefüllt. Die Ungeduld wurde immer großer, und viele Stimmen warben laut, es sei Thorheit auf Deputationen zu warten, die sich bloß hätten aus dem Staube machen wollen; man wolle das Nest, in dem Willich säße, niederreißen. Nur mit großer Mühe waren diese Männer der That zu beschwichtigen. Plötzlich drängte sich ein Polizeikommissar Herr von Grävenitz mit gezogenem Säbel in's Zimmer, und forderte, nachdem er mit Mühe zu Worte gekommen, die Versammlung auf den Saal zu räumen. Der Oberbürgermeister nahm das Wort, als der Polizeikommissar nicht durchdrang: Ich bitte euch flehentlich, Kinder, ich bitte euch auf den Knieen – ein auf dem Tisch neben dem Oberbürgermeister stehender <14> Mann gab die entsprechenden Gesten zu dieser rührenden Rede – geht auseinander; der Stadtrath wird alles für Eure Wünsche thun, was in seinen Kräften steht. Auch diese Worte fruchteten nicht. Jetzt erschien ein Major mit einer Abtheilung Soldaten hinter sich. Seine Worte waren: »Ich fordere Sie, Herr Oberbürgermeister, und alle Anwesenden auf, sofort den Saal zu verlassen; ich habe Befehl hier zu räumen und es sollte mir leid thun, wenn dabei Blut fließen müßte.« Die Anwesenden zogen sich zurück; dennoch glaubte ein Leutnant Kraus seine erste Waffenprobe bestehen zu müssen und rief den ruhig Heimgehenden nicht eben feine Worte nach. Willich wurde in derselben Nacht unter Begleitung eines Bataillons nach einem andern Gefängnisse gebracht. Am folgenden Morgen erschien die folgende Proklamation des Herrn von Raumer:

> Köln, Samstag, 4. März 1848, 2 Uhr Morgens.
> Die Ruhe der Stadt Köln ist heute Abend in bedauerlicher Weise gestört worden.
> Es hat eine Anzahl von Personen gewagt, den in Ausübung seines Berufes im Rathhause versammelten Gemeinderath nicht mit Bitten, sondern mit »Forderungen des Volkes« zu bestürmen und versucht, eine Genehmigung von Anträgen durch Gewalt zu erzwingen, die in ordnungsmäßigem, gesetzlichem Wcge bei den loyalen Vertretern der Stadt in keiner Weise Eingang finden konnten.
> Diese »Forderungen des Volkes«, wie sie in vielen Exemplaren vertheilt und laut verlesen wurden, lauten:
> 1. Gesetzgebung und Verwaltung durch das Volk. Allgemeines Wahlrecht und allgemeine Wählbarkeit in Gemeinde und Staat.
> 2. Unbedingte Freiheit der Rede und Presse.
> 3. Aufhebung des stehenden Heeres und «15» Einführung einer allgemeinen Volksbewaffnung mit vom Volke gewählten Führern.
> 4. ein freies Vereinigungsrecht.
> 5. Schutz der Arbeit und Sicherstellung der menschlichen Bedürfnisse für Alle.
> 6. Vollständige Erziehung aller Kinder auf öffentliche Kosten.

Es wurde unter aufrührerischen Reden die Versammlung der Gemeinde-Verordneten eine geraume Zeit in dem Rathhause belagert, bis die bewaffnete Macht den Rathhausplatz von der zahlreich versammelten Menge säuberte und einer der Rädelsführer, der seit längerer Zeit den Behörden als solcher bezeichnet war, zur Haft gebracht wurde. Er ist der Justiz überantwortet. Die gerichtliche Untersuchung wird sofort über dies in unserer Provinz unerhörte Attentat eingeleitet werden.
Die friedliebenden Bürger Kölns werden mit mir diese Verletzung des Gesetzes und der Ordnung beklagen. Die Behörden rechnen auf ihren Beistand; es wird dir vereinte Kraft und Wachsamkeit Beider ferneres Unheil, was durch die Konspiration Böswilliger planmäßig vorbereitet wurde, von der Bevölkerung einer ruhigen, glücklichen Stabt mit Erfolg abzuwenden wissen.
Köln den 3. März, 1848.

Dr. Gottschalk und Anneke wurden verhaftet und Hausdurchsuchung bei ihnen gehalten und Briefe und Papiere mit Beschlag gelegt. Ein Proceß wurde gegen die drei Verhafteten eingeleitet wegen »Anreizung zum Aufruhr« und »Stiftung einer verbotenen Verbindung« und nach einer 16tägigen angestrengten Instruktion wurden die Angeklagten »wegen Mangels an genügendem Beweise« in Freiheit gesetzt. <16>

Alle Volksfreunde werden es dem Herrn von Raumer danken, daß er das gelesenste Blatt des deutschen Geldbürgerthums, die Kölnische Zeitung, dazu ausersehen, die Grundsätze jener Männer zu verbreiten. In Berlin Breslau und Luxemburg haben sie bereits alle, im übrigen Deutschland eine mehr als theilweise Zustimmung erhalten. Hätte er die Zeit so gut gekannt, als jene Delinquenten, er hatte es nicht gethan. Besäße er oder seine Gönner so viel Regierungsgeschick, als sein Amtstitel verspricht, er würde sich gehütet haben, eine Aufregung, wie am Abend des 4. August, selbst zu schaffen, um seine Macht in ihrer ganzen feigen Brutalität zu zeigen. Schreiber dieses versichert dem Herrn v. Raumer, welchem gewiß nicht lange die Macht über Wohl und Wehe einer großen Stadt wird gelassen werden, daß es nicht von seiner Weisheit sondern von zwei so ganz einfachen Männern, wie Dr. Gottschalk und Anneke, abgehangen, daß es nicht zu einem Kampfe gekommen, der leicht mit einem Berliner Grabe für ihn und seine Helden hätte enden dürfen.

Was aber haben diese Manner gewollt? Was sie auch noch heute wollen, nicht die Freiheiten einer Klasse, nicht die Freiheiten und Vorrechte eines Lehn-Geld- und staatsgelehrten Adels, sondern die Freiheit für Alle. Sie ist aber nur ein leerer Schall, ein unverstandenes Wort Dem, der seines leiblichen Bedarfs wegen sich jeden Tag verkaufen muß, den Vorurtheil, Unwissenheit und Rohheit unter ihrem Joche halten. Freiheit für Alle werden wir erringen, dafür bürgen die Geschichte und das Erwachen der Völker. Wir werden zur Herrschaft der Brüderlichkeit, der Freiheit, Gleichheit und Arbeit gelangen, und hoch über dem Kothe, mit dem die unwissende und deßhalb feige Besitzeslust die Volksfreunde bewirft, mögen sie das Banner erheben: es ist nicht die Freiheit, die das Elend drohend umschleicht, es ist die Tyrannei.

Druck von I. A. Brocker-Everaerts, Machabäerstraße Nro 22 in Köln.

1859 E. AUS'M WEERTH: »DIE ANTIQUITÄTENSAMMLUNGEN DER FRAU SIBYLLA MERTENSSCHAAFFHAUSEN«

»Ein Wort zu ihrem Andenken.«[78]

Unter den Mitgliedern und Förderern des Alterthumsvereins in den Rheinlanden nahm seit seiner Gründung im Jahre 1841 Frau Sibylla Mertens Schaaffhausen[79] zu Bonn eine hervorragende Stelle ein. Mit einem Eifer und Ehrgeiz, den für allgemeine Zwecke der Bildung und Humanität zu hegen eben so selten wie anerkennungswerth ist, lag ihr die Blüthe des Vereins am

---

[78] Fundstelle: (aus'm Weerth, 1859, S. 83 ff).
[79] Siehe zur Einführung: Sibylle Mertens-Schaaffhausen, vollständiger Geburtsname Maria Sibilla Josepha Schaaffhausen (* 29. Januar 1797 in Köln; † 22. Oktober 1857 in Rom), genannt Rheingräfin, war Archäologin und Mittelpunkt eines rheinischen Salons. – genauer: https://rheinische-geschichte.lvr.de/Persoenlichkeiten/sibylle-mertens-schaaffhausen/DE-2086/lido/65e706849c1845.63339519

Herzen. Die reichen Sammlungen aus allen Gebieten der Kunst des Alterthums, welche der Besitzerin Glück und Geschick ebenso bekundeten, als
sie ihren Namen und ihre Beziehungen bis zu den Grenzen der archäologisch
gebildeten Welt trugen, sie kamen zunächst dem Alterthumsverein zu Gute,
schmückten an den Bonner Winckelmannsfesten das Gedächtniss des Gefeierten, bezeigten in 10 Jahrbüchern und Programmen den Reichthum des Gesammelten und die gelehrte und besonders rationelle Kenntniss, welche sie
als dessen Interpretin schriftstellerisch entwickelte.

Ein Jahreslauf schon schwand an der Verstorbenen Grab im fernen Rom vorüber[80]. Pietät und Anerkennung haben <84> in Necrologen gesprochen[81],
und die mit so viel Liebe und Einzelkenntniss gesammelten Kunstwerke verlassen bald ihre Zusammengehörigkeit, um auf den Ton des Auctionsham-
mers nach Ost und West zu wandern[82]. Sammeln ist leicht und Sammeln ist
schwer. Zum Anhäufen von Objecten gehört nur Geld, zum systematischen
Sammeln und Auffinden ebensoviel individuelles angeborenes Geschick wie
zu jedem anderen Berufe. Selten war eine Sammlung in gleichem Masse
durch die Persönlichkeit bedingt, ohne dass sich die Begabung dieser reich
angelegten Natur in ihrer Sammelthätigkeit erschöpft hätte. Es würde eine
eben so schwierige wie verlockende Aufgabe für den Psychologen sein, dieses Naturell in seiner Anlage, in den feindlich darauf wirkenden Entgegnun-
gen der Aussenwelt, und den dadurch entstandenen Veränderungen zu zer-
gliedern. Allein der Zweck dieser Blätter erlaubt es nicht, wiederholt in die
elegischen Töne des Nachrufs zu greifen, noch weitläufig durch eine psy-
chologische Darlegung zu erweisen, wie diese Individualität gerade in ihrer

---

[80] »Frau Sibylla Mertens Schaaffhausen ward geboren zu Cöln am 3. Februar 1797 und
starb am 22. October 1857 zu Rom, wohin sie sich kurz vorher mit ihren sämmtlichen
Sammlungen begeben hatte, um dort ihren bleibenden Aufenthalt zu nehmen. Die ner-
vöse Aufregung des letzten Jahres, nämlich der Umzug selbst, verbunden mit der Auflösung aller heimathlichen Verhältnisse, die Gefährdung ihrer Mobilientransporte, indem
ein nach Weimar abgesandter Möbelwagen bei Fulda von einem Orkan fast zu Grunde
gerichtet wurde, und die zu Schiff nach Italien gesandten Kunstsammlungen durch
Schiffbruch fast verunglückten, ferner ein in Rom an ihren dort im Jahre 1853 zurückge-
lassenen Münzen frech verübter Diebstahl und dessen eiferlose Nachforschung von Seiten der römischen Regierung trugen insgesammt wol zur Beschleunigung ihres Endes
bei.«
[81] »Wir heben von den Necrologen vorzüglich die in der Allgem. Augsb. Zeitung und in der
Europa von Kühn als Ergänzung des von uns Gesagten hervor. «
[82] »Die Auction findet im Mai bei Heberle in Cöln statt, und werden vorher Cataloge aus-
gegeben werden. «

Empfänglichkeit für alles Grosse und Edle von Schlechten und Rohen getäuscht und hart berührt, momentan misstrauisch und hart wurde, wie sie durch isolirende Verhältnisse in ihrer mutterlosen Kindheit in ihrer nicht <85> mit den Reizen weiblicher Schönheit geschmückten Persönlichkeit und in beklagenswerthen Erbzwistigkeiten während ihres Witthums zur Selbständigkeit hingedrängt, in dieser Selbstständigkeit oft unweiblich erschien, ohne unweiblich zu sein. Wenngleich ihre eiserne Willenskraft bei allen Conflikten ihr Herz zurückdrängte, wenngleich sie sich mit mehr Patriotismus dem Wohl des Allgemeinen hingab[83], als es der Beruf des Weibes zulässt, wenngleich diese persönlich bedürfnislose und vernünftige Frau durch die Triumfe, welche sie in Genua erlebte, sich hinreissen liess, die steten Einladungen der hohen Aristokratie im Stolze der reichen Cölner Bürgerstochter, mit derselben Pracht der Feste zu erwiedern, ja in ihrem kühnen Sinne für erfolgreiche Unternehmungen nicht vor einem mit dem Könige von Sardinien einzugehenden Gesellschaftsvertrag zur Fabrikation künstlichen Champagners zurückschreckte, als sie für Italien diese Fabrikation erfolgreich hielt; wenn alle diese und andere Momente dazu beitrugen, den Gang stillen <86> Familienlebens zu stören, ihre Vermögensverhältnisse zu untergraben, und in dieser Erkenntniss wieder den stillen Frieden der Menschenbrust zu verscheuchen, so wissen doch die Freunde, die ihr näher standen und denen ein Blick in ihr reiches und später durch Familienverhältnisse und Körperleiden trübes Innere gewährt wurde, oder nicht entging, dass diese durch Erlebnisse hart und wunderlich scheinende Frau im Grunde ihrer Seele natürlich weich wie ein Kind sein konnte, dass sie mit weiblicher Sorglichkeit zu lieben und zu opfern fähig war, von denen die vielen sprechen sollten, denen sie in Italien und Deutschland Geldmittel zu litterarischen und persönlichen Zwecken, erfolgreiche Fürsprache und Fürsorge spendete und

---

[83] »Der thatkräftige Eifer, den sie für das allgemeine Wohl hatte, erlebte seinen Triumf in jener Unerschrockenheit, mit welcher sie sich 1835 in Genua der Cholera-Kranken annahm. Alles floh. Die Stadt war fast menschenleer. Da bannte sie durch ihren Heroismus einige Aerzte und Geistliche zu thatkräftiger Gemeinsamkeit, improvisirte Waisenhäuser und Lazarethe und half vom Morgen zum Abend, bis die Furie wich. Vom König von Sardinien empfing sie zur Erinnerung daran die für aufopfende Aerzte geschlagene goldene Medaille. Bei der Wiederaufnahme des Dombaues war Niemand eifriger; die Verstorbene liess zunächst, um durchs Beispiel anzufeuern, an einem der bischöflichen Grabdenkmäler im Dome durch den Dombildhauer Mohr die verlorenen Sculpturen herstellen, und arrangirte in Bonn ein grosses Concert zum Besten des Domes. Im Jahre 1848 suchte sie zur Beruhigung der Massen beizutragen, indem sie auf ihre Kosten Tractate drucken liess, und keine öffentliche Angelegenheit ging ohne ihre thätige Theilnahme vorüber. «

mit Hintenansetzung ihrer eigenen Interesse half[84]. Dieses auszusprechen ist
ein Akt der Gerechtigkeit, der höher steht, als vielfarbiges und doch verwel-
kendes Lob, und wozu wir um so mehr berechtigt sind, als wir in Deutschland und Italien von Kindesbeinen an nicht allein der Verstorbenen Freundschaft genossen, sondern auch jener Bitterkeit ihrer gekränkten Natur nicht
entgingen, unter welcher sie gerade ihres edlen Gemüthes halber dennoch
mehr litt, als diejenigen, gegen die sie gerichtet war. Bonn und das Rheinland
haben wol in den betreffenden Zeiten keine bedeutende Persönlichkeit gehabt, die nicht zum archäologischen und musikalischen Kreise des Mertens-
schen Hauses in Beziehung stand und dessen Schwelle gastlich betrat. Dichter, Archäologen und besonders Musiker aller Welt weilten hier vorüberge-
hend und unterhielten Beziehungen. Die Edlen <87> werden diese Zeiten in
Bonn und auf dein Landsitze zu Plittersdorf nicht vergessen, die gemeinen
Seelen, nachdem das Glück verrauscht, dasselbe beschmutzen[85].

Wir scheiden von den Worten des Andenkens und wenden uns, unserer Absicht gemäss, zu einer Uebersicht der Sammlungen, indem wir mit Erstaunen
fragen, wo nahm diese Frau in jugendlichem Alter jene wissenschaftliche
Anregung und Bildung her, um so kenntnissreich zu sammeln? Walraff ge-
bührt diese Anregung. Walraff, jenes Sammelgenie, das mit Verläugnung aller Bedürfnisse, oft seines Hungers, in einer Zeit, wo allgemeine Verseich-
tung und Ermattung von den Interessen der Wissenschaft und Kunst weit
abgelenkt hatten in das Gebiet sophistischer und oberflächlicher Philo-
sopheme, die ungeachteten und ungekannten Werke alter Kunst sammelte
und dadurch rettete, ist in dieser Thätigkeit nicht genugsam anzuerkennen.
Wir, die wir 50 Jahre später inmitten eines reichen Apparates von Museen,
Bibliotheken und Litteraturen leben, sehen erst ein, welches Verdienst es für
den weder von Einzelnen noch von seiner Zeit angeregten Walraff war, den
Sinn den alten Kunstwerken der Vergangenheit rettend zuzuwenden, in der
damaligen trüben Gegenwart beispielsweise in dem jungen und armen Peter
Cornelius ein Genie zu erkennen. Walraff ging im Hause des Banquier
Schaaffhausen zu Cöln aus und ein, und die dem Geistigen, besonders der
Musik genial zugewendete, damals einzige mutterlose Tochter Sibylla ward

---

[84] »Rührend war die fast leidenschaftliche Hingebung, mit welcher Frau Mertens die in
ihrem Hause am 25. August 1849 sterbende Adele Schopenhauer pflegte. Um von vielen
nur ein Beispiel anzuführen, erwähnen wir, dass sie dem Scriptor graec. an der Vaticana
die ganzen Kosten zu seiner Herausgabe der griechischen Anecdoten hergab. «
[85] »Als eine solche Beschmutzung der Gastfreundschaft bezeichnete die Verstorbene mit
Schmerz eine Novelle 'Frau Goebel von Küntzer.' «

bald Walraffs Hauptschülerin in der Liebe und Kenntniss zum Alterthum, und bald theilte die Schülerin ihres Lehrers Sammlerlust, die mit römischen Münzen begann. So lebte sie in Cöln und später in Plittersdorf und Bonn diesem geweckten <88> Sammeltriebe und der Musik, angeregt durch Reisen nach Italien, durch vorübergehende und häufige Berührungen mit den Musikern Hummel und Ferd. Riess, der Catalani, Sonntag und später Liszt, der Archäologen Canina, Emil Braun, Welcker, Panofka, Ed. Gerhard, Arneth u. s. w., der weimarischen Kreise, besonders der Damen Schopenhauer und Göthe, ohne dass dadurch aber ihre Sammlungen einen hervorragenderen Charakter annahmen. Dies geschah erst durch ein besonderes Ereigniss.

1. Antike Sammlungen.

Sammlungen alter Kunstwerke haben zu allen Zeiten stattgefunden. Die Hohenstaufen legten schon Museen in Italien an[86], und zu Rafaels Zeit ging man mit dem Gedanken einer Blosslegung des ganzen alten Roms um. Und eben in jener Zeit vom 16. Jahrhundert, wo das Hofleben vom Süden aus sich mit Pracht und Pomp weit mehr umgab, da gehörten auch Bauten überflüssiger Palläste und Kunstsammlungen zu den Hofmoden. In Deutschland trat hiezu die Anregung durch Winckelmann und Lessing. Die Geschichte des Sammelns wäre von diesem Standpunkte aus ein interessanter Gegenstand. Viele Sammlungen der Zeit sind längst aufgelöst. Eine der bedeutendsten war die von Paul de Praun in Nürnberg[87]. Dieselbe war in der zweiten Hälfte des 16. Jahrh. zumeist in Bologna gesammelt und blieb zum Theil bis 1839 in der Familie von Praun.

Eine Hauptabtheilung bildeten die Gemmen, und diese kaufte durch eine merkwürdige Verkettung von Umständen <89> zu einem sehr billigen Preise im Jahre 1839 Frau Sibylla Mertens-Schaaffhausen. Solch bedeutender Besitz spornte den Ehrgeiz zur Vergrösserung und es erreichte die Mertens'sche Daktyliothek, in welcher die Praunsche Sammlung mit 1002 Steinen anfangs eintrat und nur die nicht antiken ausgeschieden wurden, die Zahl von über 1800 Nummern. Die meisten Nummern sind Intaglios, Cameen nur fünfzig. Die Sammlung theilt sich: in circa 50 Stück altpersische, meistens Cylinder; eine grosse Menge aegyptischer und etrurischer Scarabäen; ungefähr 80

---

[86] »Cardelli. Memorie storiche Roma 1793. I. p. 129. «

[87] »Praun war ein Freund von Guido Reni und erlangte den ganzen Besitz der Handzeichnungen des Giorgio Vasari. Ueber die Praunsche Sammlung erschien ein Catalog: Description du Cabinet de Monsieur Paul de Praun par Chr. Th. Murr 1797. «

Stück Abraxas; 15 cufisch-arabische Steine; 70 antike Cameen und die römischen und griechischen Gemmen. Ausser den antiken Steinen reihen sich
der Sammlung noch eine Zahl Cinquecentisten und Valerio bellis an, zu denen sieh dann auch noch eine besondere grosse Sammlung ungeschnittener
antiker Edelsteine gesellen. Viele Steine sind als goldene Ringe gefasst; zum
Theil sind diese Fassungen antik.

Es würde den Raum und den Zweck einer Uebersicht der gesammten Mertens'schen Sammlungen überschreiten, wollten wir auch nur die Glanz-
sterne dieser 1800 antiken Steine hervorheben. Wir müssen uns begnügen,
auf diejenigen zu <90> verweisen, die bereits von Urlichs, Gerhard, Overbeck
u. a. publicirt sind[88], und wünschen nur, dass die jüngeren Museen Deutschlands zu Leipzig, Weimar, Hannover, Hamburg und besonders das in Cöln
es sich nicht entgehen lassen, diese Sammlung, welche die kölnische Tochter
mit so viel Einsicht gesammelt, im Ganzen und unzersplittert zu erwerben[89].

Organisch reiht sich an die Sammlung von geschnittenen und ungeschnittener Edelsteinen die Erwähnung der zum gleichen Zweck dienenden
Schmucksachen, die sich in einer reichen Auswahl in Gold, Silber, Steinen
und Glasflüssen aus den Nachlassenschaften der Egyptier, Etrurer und Römer vor unsern Blicken befinden. Goldene Ringe und Ohrgehänge, Nadeln
mit getriebenen goldenen Köpfen, Fibeln mit Löwen und andre in runder
Form, wie diejenige mit kleinen Edelsteinen und Filigranfäden geschmückte
eines Meckenheimer Fundes, welche No. 1 unsrer Abbildungen vergegenwärtigt. Diese Fibula hat eine typische Aehnlichkeit mit einer in Meckenheim später gefundenen, dann mit einer zweiten in Houbens Antiquarium,

---

[88] »Einige Gemmen sind schon im Praunschen Cataloge abgebildet; dann folgen im III.
Heft unserer Jahrbb. Urlichs: Thelephos und Orestes, Gemme der Frau Mertens-Schaaff-
hausen; Urlichs: Dreizehn Gemmen der Sammlung der Frau Sibylla Mertens-Schaaffhau-
sen. Winckelmannsprogramm für 1816. Bonn bei A. Marcus; Overbeck: Geschnittene
Steine aus der Sammlung der Frau Mertens-Schaaffhausen zu Bonn im XV. Heft dieser
Jahrbb., und ebendaselbst Ed. Gerhard: Zwölf Gemmenbilder aus der Sammlung der
Frau Mertens-Schaaffhausen; im XXII. Hefte publicirte die Besitzerin selbst eine Gemme:
Saturn mit der Inschrift Muthunim. Einige Praunsche Steine sind noch publicirt in: Raspe:
A descriptive catalogue of a general collection of ancient und modern engraved gems etc.
London 1791. «
[89] »Bei Lebzeiten trug sich die Verstorbene schon mit der Sorge, um die einstige Zersplit-
terung der Gemmensammlung zu verhüten, Verhandlungen mit den Museen zu Berlin,
Weimar und später zu Rom, die Sammlung gegen eine Leibrente so zu veräussern, dass
sie bis zum Tode in ihrem Besitze bliebe, führten zu keinem Resultate. «

einer dritten in Wiesbaden, einer vierten im Museum zu Bonn und mehreren im Museum zu Mainz. Wir haben schon anderwärts[90] bemerkt, dass derartige liniirte Verzierungen den fränkischen Münzen, und somit der fränkischen Kunst <91> überhaupt entsprechen, und können zur Erhärtung dieser Behauptung anführen, dass der Meckenheimer Fund auch mit grosser Sicherheit einem fränkischen Grabe angehört. Der Goldschmuck erreicht insammt verschiedener goldener Ketten mit aneinander gereihten Edelsteinen, 40 Nummern, denen sich interessante Gegenstände von Silber, z. B. das auf unserer Tafel unter No. 2 [siehe Tafel IV] befindliche vergoldete Medaillon mit einem Medusenhaupte schönster Arbeit, kleine getriebene Thiere, Frösche, Krebse, Ringe u. s. w. anfügen. Ausserdem verdienen zwei persische Fabelthiere in Sardonin geschnitten, peruanische Götzen-Amulette in Serpentin, grosse egyptische Scarabäen in grünem Jaspis mit und ohne Hieroglyphen, Mumienschmuck in Thon emaillirt, eine Kette in Bergcrystall geschnittener Bienen, und vor Allem jener Trauerschmuck von Gagat Erwähnung, der in diesen Heften von der Besitzerin publicirt wurde[91].

Nächst den geschnittenen Steinen bilden aber den bedeutendsten Theil der Sammlung die Bronzen, welche aus allen Fächern der Kunst und des Lebens ansehnliche Gegenstände darbieten. Eine Folge von fast 50 Statuetten eröffnet diese Abtheilung, darunter eine indische, eine egyptische mit Hieroglyphen, eine altetrurische, drei Herculesse und ein Hermanubis hadrianischer Epoche. Unter ihnen allen aber bilden die Zierde zwei Amoren, von denen der eine beflügelt und behelmt, bereits in den Jahrbüchern erschien[92], und der andere erst in den letzten Jahren in einem alten Baufundament in Boppard gefunden wurde. Dieser letztere Amor, der zu den bedeutendsten rheinischen Bronce-Funden gehören dürfte, misst eine Höhe von 41 Centimeter, steht, obgleich ungeflügelt, auf einem Fusse in schwebender Bewegung und hat eingesetzte Augen, deren Augäpfel von Silber noch <92> vorhanden, die aus kleinen Edelsteinen bestandenen Pupillen aber ausgefallen sind. Der Uebersichts-Charakter dieses Berichtes erlaubt nicht dabei so eingehend zu verweilen, wie dieses Kunstwerk es verdient, weshalb wir den Leser auf die Abbildung Taf. IV u. V, 5 verweisen, hoffend, später in einer

---

[90] »Einleitung zu des Verf. Denkm.des Mittelalters in d. Rhein. Th. I, p. 60. Siehe auch Lindenschmitt: Die Alterthümer unserer heidn. Vorzeit Heft I, T.8. Houbens Antiquarium von Fiedler Tafel 20. In diesen Jahrbb. Heft XXIII p.184; XXV p.191; XXVI p.191. «

[91] »Schmucksachen aus Gagat, beschrieben von der Besitzerin im XIV. Hefte dieser Jahrbücher. «

[92] »Im I. Heft: Urlichs: Amor der Göttersieger. «

besondern Abhandlung einen unsrer bedeutenden Archäologen auf dieses
Kunstwerk zurückkommen zu sehen. Von den Thieren verdienen besonders
eine angebliche griechische Löwin auf marmornem Postament mit einem im
Mittelalter dazu gearbeiteten Löwen erwähnt zu werden. Im weiteren begegnen uns etrurische Metallspiegel, worunter wir einen mit einer eingeritzten
weiblichen Flügelgestalt und ferner die beiden auf Taf. IV und V, N. 3 und 4
mitgetheilten hervorheben. No. 3 vergegenwärtigt eine Gruppe von drei
weiblichen Figuren, wie sie wiederholt auf Spiegeln vorkommen[93]. Indess
zeigt No. 4 die Polyphem-Episode der Odyssee – Polyphem hat eben einen
der Begleiter des Odysseus verzehrt, dessen Beine er noch in den Händen
hält, wird vom Odysseus mit Wein getränkt, während die andern Begleiter
einen Balken herbeitragen, um ihm das Auge auszustossen in einer so auf-
fälligen Gleichheit mit einer vom Duc de Luynes[94] publicirten Vase, dass man
Grund hätte, den Spiegel für ein Falsum zu halten.

Etrurisch ist dann noch ein glatter Helm aus Chiusi, dem sich eine Anzahl
Waffenstücke, wie eine Bronzeaxt und Theile von Pferdegeschirr anschlies-
sen. Ausserordentlich reich treten die mannigfachsten Gegenstände des täglichen Lebens hervor; von den Schmucksachen als Ringen, Ohrringen, Hals-
und Armbändern, Fibelen an, die zum Theil Thierformen haben, mitunter
emaillirt, ciselirt und plattirt sind, bis zu den verschiedensten kleinen Opfer-
geräthen, <93> kleinen Dreifüssen {der grösste 15 Centimeter}, Patenen,
Kannen und Vasen mit Verzierungen und Henkeln, Lampen, z. B. mit mehreren Brennern, aus Xanten und Dransdorf, von denen diese Hefte auch einiges brachten[95]; ferner ein Stellschloss, welches, wie bei den modernsten,
auf einen bestimmten Namen geöffnet wird, ein Siebchen, ein verzierter
Schlüsselhaken, chirurgische Instrumente[96], Fischangeln und Zirkel, Utensi-
lien zum Spiel und Bad, und endlich mehrere Reste architectonischer Ornamente, die eine Länge von 120 Centimeter einnehmen und hei Weissen-
thurm gefunden wurden. Wir theilen zwei dieser Ornamente mit auf Taf. IV
u. V, 6 u. 7. Wenngleich zwischen dem Kunstleben der altclassischen Zeiten
und dem unserer Tage darin ein wesentlicher Unterschied besteht, dass die
Alten jeden Gegenstand des gewöhnlichen Lebens und des praktischen

---

[93] »Gerh. etrusk. Spiegel. 2 Bde. «

[94] »Men. ined. I Taf. VII. Overbeck: Heroische Bildw. Taf.31,4. «

[95] »Zwei sehr schöne Bronze-Lampen, die eine in Form eines Stiesels, die andere mit zwei
Brenner aus Xanten, publicirte die Besitzerin im XV Heft dieser Jahrh, auf Taf. 4. «

[96] »Siehe das vortreffliche Werk: Vulpes: illustrazioni di tutti gli instrumenti chirurgici
scovati in Ercolano et in Pompeji etc. Napoli 1847. «

Bedürfnisses in seiner Formerscheinung nicht nur so weit ausbildeten, wie es die Zweckerfüllung verlangte, sondern ihm ausserdem auch einen Kunstausdruck gaben und somit das kleinste Object zum Kunstwerk und das Handwerk zum Kunsthandwerk machten, während wir eine derartige künstlerische Ausbildung der Gegenstände des täglichen Bedürfnisses gar nicht kennen, – wenn von diesem Standpunkte aus die reiche Sammlung der vielfachen Kleinigkeiten von Bronze, die wir erwähnten, hinreichendes Interesse hätte, so müssen wir doch hier hervorheben, dass gerade der unendlich praktische Sinn, verbunden mit technischer Begabung die Besitzerin veranlasste, das häusliche Leben der Alten und Alles was sich auf Handwerk und <94> Industrie bezog zu studiren, und wie es ihre Absicht war, hierüber zu schreiben[97], so war das auch gerade der Zweck dieser Sammlungen des Kleinlebens. Besonderes Zeugniss davon gibt eine Sammlung von zwei vollständigen römischen Waagen und circa 100 Bronzegewichten und einigen Steingewichten. Die meisten haben eine künstlerische Form, mehrere bilden wie die No. 8 sogar männliche Köpfe. Die schwersten davon mussten ihrer Schwere halber in Rom bleiben. Diese mit Absicht geschaffene seltene Sammlung antiker Gewichte und Waagen, – von denen wir auch ein unter No. 9 im Abbilde geben, – hatte die Verstorbene mit der grössten Genauigkeit nachgewogen, und wenn sie die Resultate auch nicht selbst mehr zu veröffentlichen im Stande war, so ist es doch gerade von dieser Sammlung zu wünschen, dass sie zusammenbleibt. Noch viel mehr zu Dank hatte die Verstorbene die Archäologie durch eine Sammlung verpflichtet, die jedenfalls einzig und unaufgeklärt dasteht: Es sind dies einige vierzig ganz kleine Kapseln, alle von Bronze oder Silber, in runder, sechseckiger und ovaler Form, der Deckel ist durch ein Scharnier verbunden, und im Boden befinden sich stets 3 - 1 kleine Löcher. Der Deckel ist ferner verziert mit Emaille, Arabesken und Bildnissen, z. B. Domitian und der Domitia, mit einem Genius, der einen Kranz hält, etc. Auf diese Capseln war unseres Wissens zuerst die Verstorbene aufmerksam, und sammelte sie, um aus der Beobachtung von Vielen ihren Zweck zu erspüren. Wesentlich waren für diesen die wiederkehrenden Löcher im Boden. Als Resultat stellte sie hin, dass es Schutzkapseln, Bullen für kleine an Urkunden zu hängende Siegel gewesen seien, welche, um das Siegel <95> an der Urkunde durch Fäden zu befestigen, im Boden Oeffnungen für die Heftfäden haben mussten. Möglich scheint uns noch die

---

[97] »Frau Mertens sagte mir im Jahre 1853 zu Rom, dass sie Eduard Gerhard für die archäol. Zeitung eine Folge von Aufsätzen über die handwerksmässige Verfertigung und den Gebrauch vielfacher kleiner Antiken des täglichen Lebens angeboten habe. «

Annahme zu bleiben, dass es Capseln zur Aufnahme von Riechschwämmen
waren, da die Römer bekanntlich Unsummen für Parfümerie verschwende-
ten[98]. 58 Stück römische Schriftstempel reihen sich, an diesen Gegenstand
an; sie haben zum Theil Inschriften, einer davon eine griechische.

Erlaubte es uns schon der Zweck einer gedrängten Uebersicht nicht bei den
geschnittenen Steinen, den Schmuckgegenständen und Bronzen, im Einzelnen auch nur bei den Hauptgegenständen zu verweilen, so würde dieses bei
den Münzen noch viel weniger möglich sein.

Die Münzen erreichen 6,000 Stück und theilen sich in griechische, römische,
gallische einerseits; goldne, silberne, kupferne andererseits. Nachdem die
Sammlerin bereits im J. 1856 74 Goldmünzen verkauft hatte[99], blieben ihr
noch 15 griechische und 27 römische Goldmünzen. Die griechischen Münzen
zählten ursprünglich 326 in Silber und 798 in Bronze; die römischen 1,832 in
Silber und 2,809 in Bronze. Der Glanzpunkt der Abtheilung der Münzen aber
bildeten eine ausserordentlich werthvolle Sammlung von circa 280 altrömi-
schen und altitalischen Assen, von denen, wie auch von den griechischen
Silbermünzen, eine Anzahl in Rom gestohlen wurden, die theilweise von den
Dieben das Museum Kircherianum zu seiner weltberühmten Sammlung von
Assen, zu erwerben das Glück oder die Rücksichtslosigkeit hatte[100]. <96>

---

[98] »Wir verweisen nur auf die von Florencourt im XXVI. Hefte beigebrachten Stellen seines
Aufsatzes: Sextus Haparonius Justinus ein Parfümeriewaarenhändler zu Cöln. Nachträg-
lich sehen wir, dass die Verstorbene auch unsere Bulle schon im XV. Hefte S. 139 und Taf.
4 publicirte. «
[99] »Kunst-Auctions-Catalog von Heberle in Cöln vom 1856 III. Abth. No. 1-118. «
[100] »Als Frau Mertens 1856 nach Rom zurückkehrte, fand sie bei Uebernehmung einer dort
früher in Verwahr gegebenen Chatulle, dass eine grosse Zahl griechischer Münzen und
Asse daraus gestohlen waren. Die Nachforschung ergab, dass zum Theil die Asse aus den
Händen der Diebe in das Museum Kircherianum im Collegium Roman. gekommen waren.
Um bei diesem Thatbestände schnell wieder zu ihrem Eigenthume zu gelangen, wandte
sich die Bestohlene an den ihr bis dahin höchst wohlwollenden Cardinal Antonelli. Sr.
Eminenz wies eigenthümlicher Weise einen Jesuiten, den Pater Tassieri, der Frau Mertens
als Anwalt zu, damit dieser die Angelegenheit ordne. Da nun wahrscheinlich der fromme
Pater beim besten Willen seinem Orden die Münzen nicht abnehmen konnte und auch
das Factum nicht hinwegzuräumen im Stande war, und Frau Mertens die Zumutung sich
zu vergleichen, d. h. dem Mus. Kirch. die Münzen zu lassen, mit Entrüstung von sich wies,
so blieb die Sache wie sie war, zur tiefsten Kränkung der getäuschten Frau, die ja gerade
nach Rom des Ansehens wegen gezogen war, das sie dort im Allgemeinen und besonders
beim Cardinal Staatssecretär genoss. Die sonst in den Kunsthandel durch diesen Diebstahl gekommenen Münzen kaufte Frau Mertens zum Theil zurück. So ihre Berichte. «

Und neben diesen umfangreichen Sammlungen antiker Gemmen, Bronzen
und Münzen, sind noch ganze Reihen römischer Gläser, römischer Elfen-
beine, Terracotten und Steinmonumente berechtigt, für sich Bedeutung in
Anspruch zu nehmen. Unter den Elfenbeinen nennen wir eine Osirisstatu-
ette, die kleine weibliche Büste einer Provinz mit einer Maurkrone, und eine
männliche, die einige Aehnlichkeit mit Cicero hat, Venus, die dem Kelche
einer Lotusblume entsteigt, und einen Krieger {10 Cent, hoch}, der das
Vexillum trägt, und dem wir im Anschluss an die Abhandlung unseres Prä-
sidenten: Der Wüstenroder Leopard, ein römisches Cohortenzeichen,
Winckelmanns Programm v. 1857 abbilden liessen. {Taf.IV u. V, N. 10} Gegenstände des Lebens durch die Kunst verschönt finden sich auch hier:
Ringe, ein Kamm, verziert mit Romulus und Remus, Haarnadeln mit Verzierungen, 43 Stifte <97> und Griffeln, Würfel, z. 8. ein 32seitiger mit Buchstaben[101]. Antike Gläser fehlen nicht; es sind ihrer sogar an 40 Stück vorhanden,
die sich zum Theil durch ausserordentlich gute Erhaltung auszeichnen. Uns
interessiren aber in dieser Abtheilung mehr jene 100 Fragmente bunter ge-
musterter Glasflüsse antiker Wandbekleidungen und kostbarer Gefässe, die
als Belege dieser Kunst von ausserordentlichem Interesse für jedes Museum
um so mehr sein werden, als sie von seltener Grösse sind.

Unter den Terracotten befinden sich eine ziemliche Anzahl egyptischer,
grün, blau und gelb emaillirter oder besser glacirter Thonfiguren. Dann folgt
eine etrurische Todtenkiste von 34 Centim. Höhe und Länge und 17 Centim.
Breite. Sie ist oben mit einer liegenden Figur, vorne mit dem flachen Relief
einer Kampfscene geschmückt und bemalt. Eine altindische Vase ward schon
in diesen Heften besprochen[102]. Zwei grosse etruskische schwarze Relief-
vasen, kleine mit Vorstellungen auf schwarzem Grund und rothen Figuren
und umgekehrt, Thonschaalen mit Verzierungen, Lampen aller Art, darunter
die in unserem Hefte publicirte jüdische Gräberlampe[103] und andre, deren
Frau Mertens sich schon entäusserte, beschliessen diese Abtheilung.

Unter den Steinfiguren befindet sich wieder zuerst eine 22 Centim. hohe
egyptische aus Granit, eine 32 Centim. messende Cybele aus Marmor mit
interessanten Attributen, ein Pallastorso aus Tuff[104], eine Venus, dem Bade

---

[101] »Elfenbeinerne Nadeln, Heft XV, Taf. 4. «
[102] »Eine altindische Vase, Heft XV, Taf. 3. «
[103] »Von der Besitzerin publicirt im XXII Hefte unserer Jbb. p. 74. «
[104] »Besprochen von Welcker im XVIII. Hefte p. 73. «

entsteigend, 26 Centim., eine Büste des Theseus von schwarzem Marmor, 19 Centim. und eine kleine Marmortafel mit griechischer Inschrift. <98>

2. Mittelalterliche Sammlungen.

Auch das Mittelalter ist vertreten, und zwar in einigen Gegenständen, die in unseren Tagen gerade am meisten die Leidenschaft der Archäologen und Sammler beschäftigen, nämlich in zwei Elfenbeinreliefplatten frühromanischer Zeit, auf welchen in antikisirender Blattumrandung die Anbetung der Hirten und die Anbetung der Könige dargestellt sind. Höhe 21 Centimeter, Breite 19 Centimeter. Ein kleineres Elfenbein-Relief zeigt Christus, dem Petrus die Himmelsschlüssel überreichend; mehrere eingekratzte Darstellungen auf Schiefer, das Relief eines Patriarchen in schwarzem Gagat, dann eine schöne Madonne von einem der della Robbias, aus dieser Meister berühmter Terracottenwerkstatt; die Figuren weiss, der Hintergrund blau. Einige schöne Majolika-Teller und Schaalen, einige Limousiner Emaillen, Miniaturen, Gemälde und Kupferstiche könnte man hier noch nennen in langer Reihe. Betonen müssen wir aber noch die schöne Sammlung von mittelalterlichen Waffen: es sind ihrer 50 - 60 Stück. Getriebene, silberne, selbst mit Steinen besetzte, mit Elfenbein eingelegte Sarazenensäbel, Yatagans, altdeutsche und orientalische Bogen, Dolche und Speere. Ein ungarischer Waffenschmuck des vorigen Jahrhunderts, dessen Kopfputz von Silber ciselirt, emaillirt und mit Glasflüssen besetzt ist.

Alte musikalische Instrumente, einige venetianische Gläser, alte Möbel und Curiositäten aller Art wären noch seitenweise zu nennen.

Dem schloss sich nun die bereits bei Heberle in Cöln versteigerte Bibliothek[105] und eine ausserordentliche grosse Autographensammlung an, welche der Kgl. Universitäts-Bibliothek zu Bonn zu testiren in der Absicht der Verstorbenen lag. Und wenn wir bereits andeuteten, dass sich die Begabung <99> dieser von der Natur so reich ausgestatteten Frau nicht auf ihr Sammlertalent beschränkte, und wir noch hätten hinzufügen können, dass sie Meisterin der Rede, in vielen fremden Sprachen und Litteraturen heimisch, ihrer musikalischen Natur gemäss auch gewandt war, sich in gebundener Rede auszudrücken, dass sie den Mangel persönlicher Schönheit durch einen fein gebildeten Geschmack Lügen strafte; so müssen wir es ebenso hervorheben, dass ihre Kunstthätigkeit auch ausserhalb ihrer Sammlungen Erfolge errang. Sie war es, die in einem Pallaste zu Genua zwei Basreliefs mit

---

[105] »Der Auctionskatalog vom 24. Dec. 1858 enthält 1,430 Nummern. «

Darstellungen von Amazonenkämpfen aus der Vergessenheit wieder entdeckte, die in Bezug auf den Gegenstand im Allgemeinen, wie in ihrer Zuge-
hörigkeit zu den Reliefen vom Mausoleum zu Halicarnass, jetzt im britti-
schen Museum zu London, ausserordentliche Wichtigkeit hatten und in den
Annalen des römischen Instituts sofort ihre Veröffentlichung fanden[106]. Sie
war es, die im Jahre 1846 am ersten Juni in den Ruinen des alten Antium
{Porto d'Anzo} ein Bruchstück der Consularfasten, welches vom Jahre 9 bis
20 n. Chr. reicht, entdeckte. Hocherfreut eilte sie nach Rom zurück und liess
noch in der Nacht ihre Freunde wecken, um ihnen den Fund mitzutheilen[107].
Sie liess im guten Willen, um der Kunstgeschichte zu dienen, die Kirche zu
Boppard für eine Herausgabe aufnehmen und zeichnen. Und wem sie ihre
Sammlung detaillirt zeigte, der empfing Material und Anregung mit jedem
Worte, nicht in breiter und geschwätziger Besitzesliebe, sondern ihrem We-
sen gemäss thatsächlich und markirt.

---

[106] »Bassirilievi in Genova nel Palazzo dell Marchese di Negro, riconosciuti identici coi
marmi di Boudroun: Bulletino 1850 p. 156. Mon. dell Inst. Vol. V, Tav. I, 11,111. Annali
1849 p. 85 - 93. «
[107] »Bulletino dell Instituto per l'anno 1847. p. 50 und Gerhard archäol. Zeit. 1846. p. 289.
«

Abb. 8: Tafel IV.

Abb. 9: Tafel V.

Unsre knappe Uebersicht, welcher, um früher wie die <100> im May stattfindende Auction zu erscheinen, von dieser wie vom Erscheinen dieses Jahrbuches gedrängt, keine Zeit gegönnt war, auf Einzelnes einzugehen, gewährt ein Bild, wie diese mit männlicher Kraft ausgestattete Frau sich bestrebte, den ganzen Gang der Kunstentwickelung ihren Blicken monumental herzustellen, und wenn diese Absicht auch mit ihr zu Grabe gegangen, so ist es noch viel bedauernswerther, dass jene trefflichen Beobachtungen, die sie mit einer Ausdauer und Hartnäckigkeit an den Gegenständen erspürte, welche nur aus der Sammelliebe geboren werden kann, ebenfalls unaufbewahrt geblieben sind. Sie wusste genau, mit welchen Instrumenten und wie die Alten gewisse Metallarbeiten, künstliche Ketten, Filigranfäden gemacht, und hatte manches Geheimniss ihrer Technik erkannt. Diese feinen Wahrnehmungen aufbewahrt, würden der Sammlerin ein daurenderes Andenken stiften, als die Herzen der Menschen[108]. Denn die *principessa tedesca*, wie die Italiener sie wegen ihres kenntnissreichen, bestimmten und chevalaresken Auftretens nannten, deren Salons in Rom von Cardinälen, Fürsten und Künstlern so gefüllt waren, dass die Zeitungen wiederholt darüber berichteten, sie hatte, als sie in zurückgezogener Stille starb, keinen einzigen von allen diesen Gönnern und Freunden hinter ihrem Leichentuche einhergehn. Ihre Gäste und Landsleute hatten diese letzte Einladung verschmäht. Nur zwei Freunde, der biedere deutsche Maler Wittmer und der Bildhauer Voss gaben der Entschlafenen das Trauergeleite.

Kessenich bei Bonn, im Febr. 1859.

Ernst aus'm Weerth[109].

---

[108] »Vielfache druckfertige Manuscripte der Verstorbenen werden hoffentlich bald eine Veröffentlichung finden. «

[109] Ernst aus'm Weerth (* 11. April 1829 in Bonn † 23. September 1909 ebenda) war ein deutscher Historiker und Archäologe. Näheres unter https://www.rheinische-geschichte.lvr.de/Persoenlichkeiten/ernst-aus%E2%80%99m-weerth/DE-2086/lido/57c929c5059d53.21757755 . – Ernst aus'm Weerth wurde 1876 erster Direktor des Bonner Rheinischen Provizialmuseums. 1883 wurde er wegen Verstosses gegen §175 StGB aus dem Amt gejagt und verurteilt.

ZEITGESCHICHTE

1946 FEB 23 ADENAUER AN PFARRER CUSTODIS[110]

Lieber Custodis!

Von der Mutter Werhahn erhielt ich den anliegenden Artikel des Paters Pribilla mit der Bitte um Beurteilung. Da ich die Adresse des Paters Pribilla nicht habe und die Mutter Werhahn mir mitteilte, dass sie den Artikel durch Dich bekommen habe, sende ich ihn anbei mit der Bitte zurück, ihn an Pater Pribilla zurückgelangen zu lassen. Ich würde den Artikel nicht erscheinen lassen. Nach meiner Meinung trägt das deutsche Volk und tragen auch die Bischöfe und der Klerus eine große Schuld an den Vorgängen in den Konzentrationslagern. Richtig ist, dass nachher vielleicht nicht viel mehr zu machen war. Die Schuld liegt früher. Das deutsche Volk, auch Bischöfe und Klerus zum großen Teil, sind auf die nationalsozialistische Agitation eingegangen. Es hat sich fast widerstandslos, ja zum Teil mit Begeisterung auf all den in dem Aufsatz gekennzeichneten Gebieten gleichschalten lassen. Darin liegt seine Schuld. Im übrigen hat man aber auch gewusst - wenn man auch die Vorgänge in den Lagern nicht in ihrem ganzen Ausmaße gekannt hat -, dass die persönliche Freiheit, alle Rechtsgrundsätze, mit Füßen getreten wurden, dass in den Konzentrationslagern große Grausamkeiten verübt wurden, dass die Gestapo, unsere SS und zum Teil auch unsere Truppen in Polen und Russland mit beispiellosen Grausamkeiten gegen die Zivilbevölkerung vorgingen. Die Judenpogrome 1933 und 1938 geschahen in aller Öffentlichkeit. Die Geiselmorde in Frankreich wurden von uns offiziell bekanntgegeben. Man kann also wirklich nicht behaupten, dass die Öffentlichkeit nicht gewusst habe, dass die nationalsozialistische Regierung und die Heeresleitung ständig aus Grundsatz gegen das Naturrecht, gegen die Haager Konvention und gegen die einfachsten Gebote der Menschlichkeit verstießen. Ich glaube, dass, wenn die Bischöfe alle miteinander an einem bestimmten Tage

---

110 Fundstelle: Konrad Adenauer: Briefe über Deutschland 1945-1955. Eingeleitet und ausgewählt von Hans Peter Mensing aus der Rhöndorfer Ausgabe der Briefe. München 1999, S. 40-42. Bernhard Custodis (1867-1951), Dr. jur. can., war ab 1910 Pfarrer an der Elisabeth-Kirche Bonn.

öffentlich von den Kanzeln aus dagegen Stellung genommen hätten, sie vieles hätten verhüten können. Das ist nicht geschehen und dafür gibt es keine Entschuldigung. Wenn die Bischöfe dadurch ins Gefängnis oder in Konzentrationslager gekommen wären, so wäre das kein Schade, im Gegenteil. Alles das ist nicht geschehen und darum schweigt man am besten. Ich weiß bestimmt, dass der verstorbene Papst mit meinem Urteil genau übereinstimmte. Wie der jetzige Papst denkt, weiß ich nicht.

Vielen Dank für die Beförderung und herzliche Grüße

Dein

[gez.] Adenauer

[P.S.] Jedenfalls würde der nicht dem Nationalsozialismus direkt verfallene Teil des deutschen Volkes, insbesondere auch die kath. Kirche in Deutschland, vor dem Ausland und insbesondere vor der Nachwelt gerechtfertigter dastehen, als es jetzt der Fall sein wird.

1955 JUNI 27 ANTRAG AUF TODESERKLÄRUNG DES JOHANN GÖTZ[111]

Mit grosser Wahrscheinlichkeit ist Johann Götz den stalinistischen Säuberungen zum Opfer gefallen. Für den Sieglarer Kommunisten Peter Ziert ist das inzwischen aktenkundig: Er wurde von dem NKWD am 29.12.1938 in Butowo bei Moskau erschossen[112].

Geschäftsstelle 7 des Amtsgerichts

7 II 46/55.

Siegburg, den 27. Juni 1955

Gegenwärtig:

Justizangestellter Hellmig als Urkundsbeamter der Geschäftsstelle.

Es erscheint die Frau Wally <u>Götz</u>, geb. Diecke, aus Troisdorf, von Loestr. 29.

---

[111] Fundstelle: Amtsgericht Siegburg, Az.: 7 II 46/55.
[112] Siehe (Flörken, 2023).

Die Persönlichkeit der Erschienenen wurde durch Vorlage des Stammbuches festgestellt.

Die Erschienene erklärt:

Ich stelle hiermit den Antrag auf Todeserklärung meines Mannes Johann Götz, Schmied, geboren am 26. Januar 1899 in Poppelsdorf, Stadtkreis Bonn.

Standesamt der Geburt: Standesamt Bonn, Reg.Nr. 81/99,

Familienstand: verheiratet. Religion: katholisch,

Staatsangehörigkeit: deutsch.

Letzter Wohnort: Troisdorf, Kirchstrasse 1.

Datum der Heirat: 11. Juli 1922 in Troisdorf, Standesamt Troisdorf, Reg.Nr. 46/1922.

Aus unserer Ehe sind 2 Kinder hervorgegangen. Die Tochter ist im Alter von 24 Jahren verstorben, der Sohn[113] ist bereits volljährig.

Ich stelle nicht den Antrag, Ermittlungen über den Zeitpunkt des Todes anzustellen. Ich beantrage ferner für das Verfahren Gebühren- und Auslagenfreiheit.

Gründe:

Mein Ehemann hat mich am 17. Februar 1932 in Troisdorf verlassen. Die erste Nachricht habe ich von meinem Mann im Jahre 1933 aus Swerdlowsk im Ural erhalten. Die letzte Nachricht erhielt ich Ende des Jahres 1933. Karten meiner Kinder aus dem Jahre 1935 an meinen Mann gerichtet unter der Anschrift „Rote Hilfe Haus in Swerdlowsk, Ural-Gebirge" sind als unbestellbar zurückgekommen.

Nach einer Mitteilung der Botschaft der Union der Soz. Sowjet-Rep. in Deutschland, Konsular-Abt. in Berlin, Unter den Linden, vom 17.Oktober 1936 konnte der Aufenthalt meines Mannes nicht ermittelt werden. Diese Nachricht und die Nachricht der Deutschen Botschaft in Moskau vom 19. Oktober 1935, sowie 3 Karten meines Mannes aus Russland und die zurückgekommenen Karten meiner Kinder überreiche ich hiermit zu den Akten mit

---

[113] handschr. unterstrichen, ebenso die folgenden Stellen.

der Bitte um Rückgabe. Weiter überreiche ich 2 Bescheinigungen des DRK Siegburg vom 4.1.1955 und 26.1.1955, wonach mein Mann vermißt ist.

Auf eine Anfrage von mir an eine amtliche Stelle in Köln im Jahre 1945 erhielt ich die Nachricht, dass mein Mann sich in Magadan, Chabarowker Gebiet Dols[...], aufhalten sollte. Anfragen dorthin sind bisher unbeantwortet geblieben. Am 10.5.1954 und am 24.5.1955 habe ich an die Botschaft der UdSSR in Berlin erneute Anfragen nach meinem Mann gehalten, jedoch bis heute <u>keine</u> Nachricht auf beide unter „Einschreiben" gerichteten Briefe erhalten.

Diese Nichtbeantwortung meiner Anfragen erkläre ich dahin, dass ich bei der NSV von 1938 bis 7. März 1945 tätig gewesen bin und diese Tatsache der Russischen Botschaft bekannt geworden ist.

Ich versichere die Richtigkeit meiner vorstehenden Angaben, insbesondere, daß der letzte polizeilich gemeldete Wohnsitz meines Mannes Troisdorf war und dass er die Deutsche Staatsangehörigkeit besaß, an Eides statt.

v.g.u.

[gez.] Fr. Wally Götz geb. Diecke

geschlossen:

[gez.] Hellmig

Justizangestellter

[es folgen weiter handschriftliche Eintragungen des Behörde]

VERZEICHNIS DER ABBILDUNGEN

Abb. 1: Wichelshof, nach DOROW 74

Abb. 2: Ausschnitt aus Abb. 1; oben die »Alte Strasse«, heute Römerstrasse 75

Abb. 3: Gefässe 116

Abb. 4: Kleine Fundstücke 117

Abb. 5: Adelheid, by Rethel 120

Abb. 6: Roland, by Rethel 122

Abb. 7: Wappen der Walpot zu Gudenau 127

Abb. 8: Tafel IV. 204

Abb. 9: Tafel V. 205

LITERATURVERZEICHNIS

A Hand-Book for Travellers on the Continent: being a Guide through Holland, Belgium, Prussia ..., 2nd edition. (1838). London: Murray.

Aldenbrück, A. (1746). *De religione antiquorum Ubiorum dissertatio historico-mythologica.* Köln.

Asen, J. (1921). Ein Zinsregister des Klosters Dietkirchen bei Bonn von 1393. *AHVN, 105,* S. 116 ff.

aus'm Weerth, E. (1859). *Die Antiquitätensammlungen der Frau Sibylla Mertens-Schaaffhausen. Jahrbücher des Vereins von Alterthumsfreunden im Rheinlande* (Bd. 27). Bonn.

Broelmann, S. (1608). *Epideigma, siue specimen historiae vet. omnis et pvrae, florentis. atq. amplae civitatis vbiorvm, et eorvm ad Rhenum Agrippinensis oppidi ...* Köln: Grevenbruch.

Camodeca, G. (2013). Senatori Beneventani da Silla alla Tetrarchia. In *Antiqua Beneventana* (S. 233 ff). Benevent.

Caruso, P. (Hrsg.). (2013). *Antiqua Beneventana. La storia della citta romana ..* Benevent: La provinzia Sannita.

Dorow, W. (1823). *Die Denkmale germanischer und römischer Zeit in den Rheinisch-Westfälischen Provinzen (Bild)* (Bd. 1). Stuttgart/Tübingen.

Dorow, W. (1823). *Die Denkmale germanischer und römischer Zeit in den Rheinisch-Westfälischen Provinzen (Text)* (Bd. 1). Stuttgart/Tübingen.

Eichhoff, J. P. (Hrsg.). (1783). *Materialien zur geist- und weltlichen Statistick des niederrheinischen und westphälischen Kreises ...* (Bde. 2,1). Erlangen.

Flörken, N. (2023). Peter Ziert (1909-1938), ein Kommunist aus Sieglar, und seine Käthe. *Troisdorfer Jahreshefte, 53,* S. 22 ff.

Franzen, A. (Hrsg.). (1960). *Die Visitationsprotokolle ... im Erzstift Köln ...1569.* Münster.

Goethe, J. (1976). *Italienische Reise.* (C. Michel, Hrsg.) Frankfurt/Main, Insel.

Gruterus, J. (1616). *Inscriptionum Romanarum corpus absolutissimum.* Heidelberg.

Hainzmann, M. (2021). Coloniae Claudiae Augustae - ein epigraphischer Faktencheck mit Schwerpunkt auf CCAA. In K. Matijevic (Hrsg.), *Miscellanea historica et archaeologica.* Gutenberg: Druck und Satz.

Heusgen, P. (1926). *Die Pfarreien der Dekanate Meckenheim und Rheinbach.* Köln.

Hülle, G. (1835). *Der Drachenfels mit seinen Umgebungen ...* Bonn: Habicht.

Hullé, G. (1835). *Histoire des Sept-Monts...* Bonn: Habicht.

Lacomblet, T. J. (Hrsg.). (1840). *Urkundenbuch für die Geschichte des Niederrheins oder des Erzstifts Cöln ... aus den Quellen (Bd. 1).* Düsseldorf.

Lacomblet, T. J. (1846). *Urkundenbuch für die Geschichte des Niederrheins oder des Erzstifts Köln ... (Bd. 2).* Düsseldorf: Wolff.

Lehner, H. (1918). *Die antiken Steindenkmäler des Provinzialmuseums in Bonn.* Bonn: Cohen.

Lersch, L. (Hrsg.). (1837). *Erinnerung an Bonn in Liedern und Bildern.* Bonn: Henry & Cohen.

Lersch, L. (1840). *Die Inschriften des Königlichen Museums rheinisch-westphälischer Alterthümer und der Umgebung von Bonn.* Bonn: Habicht.

Maassen, G. (1894). *Geschichte der Pfarreien des Dekanats Bonn (Bd. 1).* Köln.

Matijevic, K. (Hrsg.). (2021). *Miscellanea historica et archaeologica. Festschrift Rainer Wiegels.* Gutenberg: Druck und Satz.

Minola, A. B. (1816). *Kurze Übersicht dessen, was sich unter den Römern seit Jul. Cäsar bis auf die Eroberung Galliens durch die Franken am Rheinstrom merkwürdiges ereignete, 2. vermehrte Auflage.* Köln: Mathieux.

Minola, A. B. (1818). *Beitraege zur Uebersicht der roemisch-deutschen Geschichte.* Köln: Mathieux.

Mommsen, T. (Hrsg.). (1883). *Inscriptiones Calabriae Apuliae Samnii Sabinorum Piceni (CIL 9).* Berlin: Reimer.

Pertz, G. (Hrsg.). (1887). *Epistolae saeculi XIII e regstis Pontificum Romanorum* (Bd. 2). Berlin: Weidmann.

Pick, R. (1884). Zur Geschichte der Münsterkirche in Bonn. *AHVN, 42,* S. 71 ff.

Schloßmacher, N. (2000). *Michaelskapelle und Marienkirche in Bonn-Bad Godesberg.* (Rheinischer Verein für Denkmalpflege ..., Hrsg.) Köln: Neusser Druckerei.

Schloßmacher/Schütz (Hrsg.). (2010). *800 Jahre Godesburg 1210-2010.* Bonn.

Simrock, K. (Hrsg.). (1837). *Rheinsagen aus dem Munde des Volks und deutscher Dichter.* Bonn: Weber.

Vogel, J. P. (1766). *Bönnische Chorographie.* Bonn.

von Haller von Königsfelden, F. L. (1811). *Helvetien unter den Römern* (Bd. 1). Bern.

von Stolterfoth, A. (Hrsg.). (1835). *Rheinischer Sagen-Kreis.* Frankfurt/Main: Jügel.

AUSFÜHRLICHES INHALTSVERZEICHNIS

Grabstein der Hyle oder Demo aus Thessaloniki   7

[0065] Grabstein für Vellaunus   8

0227 Weihealtar für die Aufanischen Matronen   9

[0245] Ehreninschrift des Marius Titius Rufinus   10

0948 Erzbischof Wichfrid zum Wichelshof   15

[0996 oder später] Grabstein für Megingoz und Gerberga   17

1210 Caesarius von Heisterbach: Zur Finanzierung der Godesburg   18

1246 Okt. 22 Papst Innozenz IV. schützt die Juden vor Zwangstaufen und Verfolgung   19

1247 Juli 05 Papst Innozent IV. an die deutschen Bischöfe   21

1569 Visitationsprotokoll der Pfarrei St. Johannes des Täufers, Metternich   27

1687 NN »Kurze anzeige welcher gestalten die archidiaconal stiftskirch sanctorum Cassii et Florentii zu Bonn [1583 ff] durch ein und anderen zufall in grossen schaden und merklichen abgang gerathen«   28

1621 Juristische Text der Stadt Köln   29

Register ueber diese Coellnische Reformation, Statuten, Ordnungen, Concordatten und Vertraege, etc.   30

Concordaten zwischen dem Ertzstifft und der Stadt Cøllen A° 1506 auffgericht   41

1803 A.G. Camus: »Voyage fait dans les Départements nouvellement réunis«, Auszug (frz.)   61

1803 A.G. Camus: »Reise in den neu vereinigten Departements«, Auszug (dt.)   66

»Nachgrabungen bei Bonn. Jahr 1818 und 1819«   71

1835 Rheinischer Sagenkeis   118

»Die heilige Adelheid«   118

»Roland, der treue Paladin«   120

1835 G. Hülle: »Der Drachenfels«   123

Balladen.   142

»Hedwig von der Wolkenburg,   142

»Sage vom Drachenfels und Rolandseck«   146

»Lorelei«   154

»Die Lore-Lei«   157

»Von der Lorelei«   158

1838 »A Hand-Book for the Travellers on the Continent«, Auszüge   158

1848 »Der sogenannte Aufruhr am 3. März 1848 zu Cöln«   179

1859 E. aus'm Weerth: »Die Antiquitätensammlungen der Frau Sibylla
Mertens-Schaaffhausen«   191

1946 Feb 23 Adenauer an Pfarrer Custodis   209

1955 Juni 27 Antrag auf Todeserklärung des Johann Götz   210

Literaturverzeichnis   214

INDEX

A

Aachen 118
Abbey 170, 175
Aberglauben 159
abundantia 99
Achtung 68
Ackerbau 139
Adelbert 126
Adelheid
  Äbtissin 18, 118
Adenauer
  Konrad 209
Agnes
  Nonne 118, 119
Agnes von Mansfeld 137, 139, 178
Agrippa 94, 112, 113, 159
Agrippina 160, 168
Ahr 133, 170, 173, 175
Aix-la-Chapelle 162, 169, 170
Akademie 71
Alaun 133
Albert 162, 164
Albertus Magnus 165
Albino 102
Albinus 102
Albrecht 126
Albrecht I. 126
Alexander 105
Allemagne 63, 64, 65
Alt 119
Altar 84, 91, 92, 95, 99, 113, 114, 115
Altenberg 170
  Abtei 170

Alter Zoll 67, 172
Ammianus 112
Ammianus Marcellinus 112
Amsterdam 169
Andernach 79, 108
Anneke 183, 187, 188, 190
Anno 30, 50, 56, 57
Anstalt 86
Antium 203
Anton von Schauenburg
  Erzbischof 137
Antwerpen 91, 169
Apollo 91
ara Ubiorum 90, 171
Arbeit 76, 78, 81, 84, 92, 93, 95, 115, 124, 180, 181, 182, 183, 189, 191, 197
Aristokratie 193
Aristoteles 171
Armorica 164
Armuth 181
Arnold 126
  Erzbischof 126
Arnsberg 161
Asien 115
Athen 89
Attila 82
Auelgau 15
Aufaniae 10
Aufklärung 183
Augusti 99
Augustus 81, 98, 99, 103, 110
Aurelius 104
aus'm Weerth 191, 206
Aussaat 96
avaritia 20

B

Babylon 166
Bacharach 154
Bacon 171
Badeanstalt 86
Barbaren 102
Barbarossa 161
Bas-Rhin 61, 66
Bassenheim 138
Bataver 91
Baudouin 61, 66
Bauer 69
Bauernmädchen 176
Baum 67, 123, 140
Becher 93, 121, 148
Beck 124
Becken 92
Becker 53, 182
Beckers 53
Beethoven 172
Beharrlichkeit 125
Bekehrung 23
Belgien 68, 69
Belgique 63, 64, 65
Bellevue 159, 170
   Hotel 174
Bergen 124, 140, 153
Berkum 128
Berlin 84, 94, 105, 170, 190, 196
Betzdorf
   Konrad von 42
Beuel 111, 112
Bewegung 70, 151, 197
Bewunderung 132
Beziehungen 192, 194
Bibliothek 202
Bier 69, 70
Bildung 72, 191, 194
Bischof 154, 155
Bischöfe 209

Blankenheim 115
Bleichart 170
Blitzeinschlag 29
Blumen 92, 140
Blut 143, 180, 185, 189
Bologna 195
Bonn 61, 62, 66, 67, 71, 72, 73, 79,
   80, 82, 91, 95, 98, 105, 106, 107,
   108, 109, 110, 111, 112, 114,
   115, 123, 126, 133, 134, 136,
   153, 154, 170, 172, 173, 174,
   175, 178, 191, 193, 194, 195,
   196, 206
   Museum 71, 171, 197
   Remigiusplatz 8
   Rheinstrasse 172
   Römerplatz 90
   Stiftskirche 9
   Universität 73, 178
   Universitätsbibliothek 202
Boppard 197, 203
Bornheim 128, 130, 131
Boulogne-sur-Mer 111
Bourel 188
Brabant 57, 131
Brand 97, 103
Brandschatzung 36, 48
bras 65
Braun 195
Braunkohle 173, 174
Braunschweig 96
Braut 150, 158
Brentano 157
Breslau 190
Brodt 52, 53
Broelmann 115
Broix 182, 186
Brot 53, 183, 186
Bruder 105, 135
Brüderlichkeit 186, 191

Brumaire 69
Bruno
    Erzbischof 165
Bruno II.
    Erzbischof 135
Bucer 135, 178
Bulle 200
Burg 46, 67, 79, 125, 126, 134,
    135, 137, 139, 147, 148
Burgbrohl 79
Bürger 110, 114, 142, 183, 187,
    190
Bürgermeister 136
Bürgerschaft 37, 182
Byron 177

C

Caelius 171
Caesar 81, 98, 101, 103
Caesarius von Heisterbach 18
Calais 61, 66
Calvin 138, 171
Camphausen 184
Camus 61, 66
Canaan 113
Capitel 110
Cäsar 98, 113, 186
Casino 167
Cassius 28
Cassiusstift
    Archiv 29
Castel 137
Castrum 109
CCAA 10
Censur 184, 185
Chapter 161
Chlodwig 168
Christ 156
Chronik 71, 101, 110, 137
Churfürst 72

Cicero 171, 201
Civilis 82, 91, 112
Claessen 185
Claudius 91, 103, 160
    Kaiser 91
Coblentz 61, 62
Coblenz 79, 111, 170, 173
Coehorn 172
Cölln 29
Cologne 61, 159, 160, 161, 162,
    163, 164, 165, 166, 167, 168,
    169, 170, 171, 173, 174, 175,
    177, 178
Cominius 90, 114
Commodus 104
Constantinopel 99
Cornelius
    Peter 194
Council 167
Cour de Cologne 170
Crevelt 61, 79, 91, 95, 108, 114
Cupido 162
Curator 73
Custodis
    Pfarrer 209

D

Daniel 71
Dante 171
de Praun 195
de Thou 61
Dechant 139
D'Ester 184, 185
Deutz 111, 159, 165, 170, 181
Diebe 200
Dielmann 118
Dieterich 128
Dietkirchen 108
Dietrich
    Erzbischof 18

Dietrich von Moers
    Erzbischof 128
diligence 159
Dom 136, 160, 165
Domainen 136
Domitian 90, 100, 103, 199
Donjon 175
Dorow 71
Drachenfels 123, 124, 125, 126,
    130, 132, 134, 136, 138, 139,
    140, 146, 147, 152, 153, 154,
    161, 173, 175, 176, 177, 178,
    179
    Familie 131
    Stammtafel 131
Dransdorf 98, 198
Dresden 71
Drusus 110, 112
Dunkel 111
Duns Scotus 165
Dürer 162, 164
Düsseldorf 118, 120, 123, 134,
    169, 170

E

Eau de Cologne 167
Ehe 39, 147
Ehre 126, 141
Ehrenbreitstein 112
Ehrgeiz 191, 195
Eifel 109, 172, 173
Eifer 113, 146, 191, 193
Eigennutz 180
Eigenthum 76, 128, 130
Einkünfte 125
Einwilligung 130
Eisen 82, 89
Eisenbahn 169
Elbe 110
Elberfeld 169, 170

Elector 160, 174
Elisabeth I.
    Königin 138
Empire 167
Endenich 109, 112
Engel 142
Engelbert 162
England 138, 164, 165, 167
Entschädigung 130
Erlöser 141
Ernst 71, 186
Erziehung 181, 186, 189
Esel 152, 153, 176
Essen 45, 53, 55
Eure 189
Ey 52
Eyd 30, 31, 34, 38, 42, 43, 44, 46,
    47, 50, 51, 53, 55, 56

F

Fabrik 92
Fähre 153
Farina
    Johann Maria 167
Faustina 99, 104
Feder 95, 132
Fehde 125, 135, 147
Feinde 110, 147, 148, 149, 183
Felix 90
Ferdinand
    Herzog 137
Ferne 84, 124
Festung 103
Fischenich 61, 66
Florentius 28
Flotte 94
Fortschritt 72
Franken 82, 96, 103, 105
Frankfurt 118
Frankreich 209

Frauen 93, 99, 109, 121, 138
Freiheit 180, 188, 189, 190, 191
Freund 50, 132, 148, 149
Freundschaft 194
Freyheit 38, 46, 48
Frieden 121, 193
Friedrich Barbarossa 161
Friedrich I. 125
   Erzbischof 134
Friesdorf 172, 173, 174, 175
Fruchtbarkeit 9
Fructidor 68, 69
Fulda 192
Fuß 68, 77, 79, 80, 81, 83, 85, 89,
   95, 107, 134, 135, 188

G

Gährung 112
Gallien 100, 101, 102, 103
Gallienus 102
Ganzen 73, 83, 97
Gärtner 66, 67
Gebet 151
Geduld 182
Gefängniß 98, 145
Geiselmorde 209
Geld 181, 185, 191, 192
Geldern 118, 126
Genius 92, 102, 199
Genua 193, 202
Georgi 153
Gerberga 17
Gereon 56, 160, 165
Gerhard 203
Gerhard von Are 126
Gericht 31, 32, 33, 34, 36, 37, 38,
   39, 47, 48, 49, 52, 53, 54, 55
Germanicus 112, 168
Germanien 98
Gerolt 90

Gesang 119, 151
Geschäft 69
Geschmack 106, 202
Gesellschaft 69, 137, 172
Gesetz 46, 49
Gesetzgebung 66, 180, 185, 189
Gesonia 110
Geständnis 22
Geusen 111, 112
Gilsdorf 98
Gimmersdorf 128
Gleichheit 191, 198
Glocken 29
Glück 68, 70, 71, 72, 192, 194, 200
Gnade 100
Göddert
   Burggraf 128
Godesberg 62, 67, 109, 133, 136,
   173, 174, 175
Godesburg 18
Goethe 171, 195
Gold 28, 96, 196
Goldfuss 172
Gordian 102
Gordon
   Lady 138
Gothen 105
Gottfried von der Wolkenburg 134
Göttingen 30
   Universität 131
Gottschalk 179, 182, 183, 184,
   185, 186, 187, 190
Götz
   Johann 211
Gregor X.
   Papst 21
Grimm 99
Groß 158
Gruben 79, 81, 82, 88, 95, 96, 101,
   103, 107

Gudenau 129, 131, 136
Guillaume 179
Gulden 53, 54, 128
Gürzenich 167
Güte 115

H

Habicht 123, 154
Hadrian 98, 100, 103
Haft 139, 190
Haller 90
Hals 93, 198
Hamburg 196
Handbuch 159
Handwerk 199
Hannover 196
Harff 187, 188
Harnisch 78
Haß 142, 183
Hasse 150
Hauptmann 96
Häuser 79
Hecke 80
Hedwig 142
Heidelberg 91
Heiden 98
Heilige Schrift 21
Heimat 8, 72
Heinrich
    Graf 127
Heinrich V. 126, 151
    König 125
Heister 132
Heisterbach 140, 153, 173, 175
    Abtei 135
Held 146
Helden 122, 191
Helena 99
    Kaiserin 28, 172
Hellas 73

Helm 95, 99, 198
Hemmerich 176
Herder 171
Herkules 171
Hermann I.
    Graf 15
Hermann V.
    Kurfürst 129
Hermann von Wied 27, 178
Herodot 115
Herz 113, 119, 142, 143, 145, 147,
    148, 151, 155, 157, 158, 193
Hexe 158
Himmerod
    Kloster 135
Hirsch 100
Hitze 149
Hochkreuz 109, 173
Höchst 147
Hochstaden
    Konrad von 134, 162
Hocker 179
Hof 40, 56, 96, 101, 102, 103, 105,
    159
Hoffmann 96, 101, 102, 103, 105
Holland 134, 158, 169
Hölle 150
Homer 114, 171
Honnef 124, 132, 134, 153
Hope 160, 161, 165
Hügel 108
Hunger 182
Hunnen 105, 140
Hütte 151

I

Ignatius 171
Industrie 199
Innozent IV.
    Papst 19

Isenburg 135, 171
Israel 166
Italien 68, 89, 113, 192, 193, 195

J

Jacob 91
Jäger 121
jambes 65
jardin botanique 61, 62
Jesuiten 115, 200
Johann von Drachenfels 131
Jordan 113
Josephine
   Kaiserin 125, 179
Juden 19, 21, 53, 137
Jülich 73
Jungfrau 157
Jüngling 143
Juno 113
Jupiter 95, 171
Jura 30
Justiz 190

K

Kaiser 79, 85, 93, 97, 98, 101, 102,
   103, 126, 151
Kaiserhof 159
Kalk 88
Kalkstein 84
Kanne 94, 95, 106
Karl der Grosse
   Kaiser 178
Karneval 168
Käse 89
Keller 78
Kern 71
Kessel 103, 105
Kessenich 68, 206
Kirche

   katholische 210
Kircher 200
Kirmes 68
Klein 115, 124
Klein-Asien 115
Kleve 170
Kloster 143, 144, 151, 156
Knochen 83, 96
Köln 29, 30, 31, 42, 66, 97, 98, 103,
   107, 109, 111, 134, 159, 179,
   189, 190, 191
   Dom 133, 134, 160, 165, 177
Kölntor 80
König 193
Königswinter 123, 124, 128, 134,
   136, 139, 140, 152, 175, 177
Konrad 42
Konstantin
   Kaiser 172
Konzentrationslager 209
Kraus 189
Kreuz 141
Kreuzberg 133, 136, 173, 175
Krieg 70, 110
Krieger 91, 95, 108, 109, 148, 201
Küdinghoven 133
Kühn 192
Kupfer 94, 97, 100, 101
Kurfürst 131, 137
Küster 135

L

Lager 82, 83, 84, 87, 106, 144, 148,
   180
Landwehr 177
Lange 95
Lannesdorf 133
Lauscher 143
Leda 162
Lehrer 123

Leichnam 41
Leiden 70, 182, 185
Leinen 77, 88
Leipzig 196
Lenné 61, 66, 67
Lese 172
Lessing 195
Limburg 162
Limperich 133
Lob 194
Lombeck 129, 130
London 138, 159, 196, 203
Loos 141
Lorelei 154, 156, 158
Löwen 196, 198
Löwenburg 135, 176
Lucius Verus 104
Luft 72, 143, 157
Lügen 202
Luther 138, 171
Luxemburg 190
Lyon 20, 23

M

Macer 8
Mährchen 78
Mainz 84, 106, 110, 197
Mainzer 159
Malusius 28
Mangel 136, 181, 202
Märchen 157
Marcus 159
    Verleger 196
Maria Stuart
    Königin 138
Mark 49, 126
Markt 99
Marlborough 172
Mars 171
Martin 165

Matronen 10
Maximilian Franz
    Kurfürst 133
Maximilian Heinrich
    Kurfürst 130
May 206
Mayn 78
Meckenheim 196
Medici
    Maria de 162
Medusa 166
Megengaudus 17
Megingoz 17
Mehlem 133, 178
Meier 84, 106
Melanchthon 135, 178
Melaten 46
Mendig 171
Menschlichkeit 209
Merkur 95
Mertens-Schaaffhausen 191, 192,
    194, 195
Meteor 115
Metternich 27
Michael 137
    Erzengel 18
Michels 185, 188
Minden 170
Minerva 90
Minervia 10, 89, 90
Minola 91, 111, 113, 124
Mitleid 150
Möbel 202
Möller 111
Monarchie 185
Mönche 135
Mons 77
Mons Testaceus 77
Mörder 150
More 160

Mosel 103
Moskau 211
Muffendorf 133
Mülheim 169
München 152, 179
Münster 79
Münzen 73, 76, 77, 79, 81, 82, 83,
    85, 93, 96, 97, 98, 99, 100, 101,
    103, 105, 192, 195, 197, 200
Murr 195
Murray 159
Muß 84
Muth 144, 147, 150

N

Nachen 145
Nagel 93
Nahe 80, 140
Nahrung 180
Name 8, 67, 68, 79, 91, 102, 108,
    109, 112, 114, 140, 182
Napoleon 179
Natur 67, 106, 126, 132, 192, 202
Neapel 87
Nees von Esenbeck 172
Nero 76, 81, 98, 99, 100, 103, 112,
    160, 168
Nerva 103
Nette 113
Nettersheim 10
Neujahr 71
Neuwied 79, 85, 91, 92, 94, 96,
    101, 102, 103, 105
Nibelungenlied 177
Niebuhr 170
Niederdollendorf 133, 175
Niederrhein 133
Nimwegen 170
Nöggerath 124
Nonne 118, 156

Nonnen 119, 125
Nonnenwerth 125, 132, 134, 151,
    153, 175, 178
Nürnberg 30, 195
Nuß 72

O

Oberkassel 133
Oberpleis 15
Oberwinter 133
Odysseus 198
Oel 78
Ölberg 176
Olbrück 133
Oppenheim 185, 187
Osten 103, 105
Otto I.
    Kaiser 15
Overbeck 196

P

Pantaleon 165
Paramente 29
Paris 61, 66, 163
Patriotismus 193
Pessach 21
Peter 160, 163, 164
Petersberg 18, 135, 175
Petrus 202
    Apostel 135
Pfand 36
Pferd 52, 53, 54, 84
Pferde 77, 84, 149
Pharao 22
Philipp
    Erzbischof 134, 135
Philipp von Drachenfels 131
Philippus 104
Pick 76, 90, 95, 97, 101, 115

pieds 63
Pius 100, 104
Platz 70, 79, 83, 107, 108, 109,
    115, 136, 167, 187, 188
Plinius 85, 93
Plittersdorf 133, 174, 194, 195
Polen 209
Poppelsdorf 67, 133, 173, 211
    Schloss 172
Portal 2
Postumus 102
Pracht 101, 193, 195
Prätorium 101
Preßfreiheit 180, 185, 189
Preussen 161, 170
Priester 113, 141, 147
Probst 126
Protestantismus 137
Protestation 47
Provence 63, 68
Psyche 162
Ptolemäus 112
Puppentheater 168
Pützburg 174

Q

Quadt 129

R

Rache 99, 139
Rädelsführer 190
Ramersdorf 133
Raub 141
Raveaux 179, 182, 184, 186, 188
Reformation 29, 30, 37, 42
Regulus 8
Reich 67, 103, 105, 180, 186
Reichsstadt 30, 47
Reinald

Erzbischof 126
Reisende 89
Reliquien 18
Remagen 133
Reni 195
Republik 98, 185
Rethel 118
Réunion 63
Reuter 100
Revolution 185
Rhein 8, 67, 71, 75, 77, 78, 80, 81,
    82, 85, 90, 91, 94, 95, 96, 102,
    103, 105, 107, 109, 110, 111,
    112, 113, 133, 145, 151, 156,
    157, 158, 176, 181, 186, 197
Rheinbach 109
Rheinberg 159
Rheindorf 111
Rheingau 133
Rheinland 182, 194
Rhin 61, 62, 63, 65, 66, 159
Rhöndorf 132, 134
Richter 33, 37, 39, 41, 42, 54
Ries
    Ferdinand 195
Ring 93
Ritter 78, 120, 121, 122, 128, 134,
    135, 147, 148, 149, 152, 156
Ritterburgen 78
Ritualmord 22
Robert 119
Rodderberg 133, 175, 178
Roisdorf 170
Roland 120, 121, 122, 147, 148,
    149, 150
    Ritter 178
Rolandsbogen 178
Rolandseck 125, 126, 133, 146,
    151, 175, 178, 179
Rolandswerth 125

Roll 55, 56
Rom 71, 77, 79, 87, 89, 99, 102,
    109, 191, 192, 196, 199, 200,
    203, 206
Römer 76, 77, 78, 79, 83, 84, 86,
    87, 88, 93, 94, 95, 97, 98, 99,
    101, 102, 108, 109, 113, 196,
    200
Römerplatz 171
Römerstadt 102
Rotterdam 170
Rubens 163
Ruckstuhl 71
Ruhe 180, 183, 189
Ruhm 67, 114, 122, 146
Ruine 106, 132, 135, 136, 140, 153
Rüngsdorf 133, 153, 175
Russland 209
Rüstung 93, 121, 149

S

Sachsen 105
Salpeter 93
Sardinien 193
Scaliger 101
Schaaffhausen
    Banquier 194
Schacht 76
Schaden 97, 184
Schäfer 136
Schall 115, 191
Schande 144, 145
Schatz 97, 98, 128, 155
Schau 112
Schauenburg 162
Scheben 84
Scheitel 73
Schenck
    Martin 28
Schenk

Beigeordneter 184
Schiefer 202
Schiffer 123, 132, 153, 157
Schild 99, 100
Schiller 152, 178
Schlegel 170, 171
Schlesien 180
Schlösser 94
Schmelz 93
Schmerz 119, 150, 158, 194
Schneider 181
Schön 142
Schopenhauer
    Adele 194
    Johanna 195
Schottland 139
Schreiber 34, 39, 124, 190
Schuld 32, 33, 48, 54, 107, 138,
    209
Schulden 32, 33, 52
Schwaben 142
Schweden 125
Schweiß 182
Senate 102
Sieben 153
Siebengebirge 123, 133, 134, 140,
    141, 145, 172, 173, 176
Siegburg
    Abtei 134
    Amtsgericht 210
Silber 28, 97, 101, 103, 105, 196,
    197, 199, 200, 202
Simon 30
Simrock 118
Sokrates 171
Sold 97
Solingen 169
Solms 73, 84, 97
Solms-Laubach 73, 84, 97
Somme 61, 66

Sommer 81, 105, 109
Sonne 92, 141, 145
St. Cassius 28
St. Engelbert 162
St. Gereon 160, 165
St. Johannes Baptista 27
St. Kunibert 165
St. Martin 165
St. Pantaleon 165
St. Peter 160, 163, 164
St. Petrus 18
St. Ursula 160, 162, 163
Stadtgraben 47
Stadthaus 69
Stein 72, 88, 90, 91, 97, 115, 137,
  158
Steinberger 182, 184
Stengel 142
Stephan 166
Stern
  Hotel 170
Sterne 145
Stockentor 173
Stolz 73, 122, 147
Strahl 144
Straßburg 139
Stroh 188
Stromberg 18, 138, 139, 153, 176
Sünde 141
Synagoge 19

T

Tabak 68, 69, 70
Tacitus 90, 112, 114, 115, 159, 171
Tafel 197
Tanz 70
Taufe 20
Tempel 84, 87, 109, 113, 115, 137
Teufel 143
Theater 168

Thermidor 69
Thorheit 188
Thüringer Wald 110
Tiberius 90, 93, 103, 114, 115, 159
Titius Rufinus
  Marcus 10
Titus 103
Tod 66, 103, 112, 126, 130, 132,
  138, 139, 141, 146, 151, 155,
  180, 196
Tönnisstein 79
Töpfer 77
Trachyt 134, 176
Trajan 81, 84, 98, 99, 100, 103, 168
Treviranus 172
Trier 109, 170
Trierischer Hof 170
Trimborn 111
Troisdorf 211
Truchsess
  Gebhard 28, 131, 138, 139, 172,
    175, 178
  Karl 28
Tuff 201
Tyrannen 102, 180

U

Übergabe 137
Ubier 90, 94, 112, 113, 114, 115,
  137
UdSSR 211
Ueberzeugung 124
Ufer 75, 80, 82, 85, 88, 95, 102,
  105, 107, 109, 110, 111, 113,
  133, 142, 145, 146
Umgiessen 28
Union 44
Universität 42, 66, 71, 105
Unkel 132
Unruhe 70

Unterricht 66
Unwissenheit 181, 191
Ursula 160, 162, 163

V

Valentinian 105
van Alpen 124
van Eyck 166
Varus 171
Vaterland 8, 132, 182
Vellaunus 8
Venus 99, 171, 201
Verbundbrief 37
Verfall 98, 100
Verfassung 30, 34, 37, 185
Vergnügen 68, 69, 70, 123, 124
Vermögen 137
Verordnung 105
Verviers 169
Verwüstung 29
Vespasian 103
Victor IV.
    Papst 126
Victoria 171
Vilich 17, 118
vinea Domini 172
Virgil 171
Vogel 72, 99
    Ph.N.M. 110
Vogelflug 72
Volksfreunde 190, 191
von Croy
    Karl Eugen 130
von der Lippe 136, 176
von der Vorst
    Clemens August 129, 131
    Georg Anton 129, 130
von Drachenfels
    Agnes 129
    Apollonia 128

Cläs 128
    Göddert 128, 129
von Gerolt 90, 114
von Grävenitz 188
von Greifenklau 128
von Harff 188
von Raumer 189, 190
von Rohr 144
von Solms-Laubach 73, 84, 97
von Spies 129
von Vorst Gudenau
    Max Friedrich 129, 131
von Walpot
    Joseph Clemens 130
Vorurtheil 191

W

Wachsthum 98
Waffen 148, 202
Wahl 44
Wähler 66
Wahlrecht 180, 189
Waisenhäuser 181, 193
Wald 110, 120, 121, 158
Wallraf 113, 114
Wallraff 166
Walporzheim 170
Walpot von Bassenheim 128, 129,
    130, 131
Walpot zu Bornheim 129
Walpot zu Gudenau 129, 130
Walraff 194
Walther 135
Wasser 67, 68, 77, 79, 83, 85, 86,
    100, 112, 152
Wegeler 61, 66
Wehmuth 150
Weil 95, 102, 154
Weimar 192, 196
Wein 52, 78, 92, 121, 139, 147, 198

Weingarten 79, 107
Welcker 195, 201
Wendung 80
Werden 57
Westphalen 135
Wewelinghoven 131
Wichelshof 16, 78, 79, 105, 107
Wichfrid
    Erzbischof 15
Widerstand 112, 125, 148
Wied 135
Wiederaufbau 125, 126
Wieland 171
Wiesbaden 118, 197
Wild 47
Wille 39, 147
Willich 179, 183, 187, 188
Winckelmann 195
Winzer 177
Wissenschaft 106, 143, 194
Wissenschaften 71
Wohlstand 72
Wolkenburg 125, 128, 134, 136,
    140, 142, 144, 153, 176
Würde 124, 184

X

Xanten 114, 198

Y

yeux 65

Z

Zauber 111
Zauberin 154
Zehnten 127
Zeitung 182, 190, 192, 199
Zerstörung 102, 107, 126
Ziert
    Peter 210
Zinsen 137
Zirkel 198
Zoll 67, 89, 95
zu Milendonk
    Dieterich 129
    Gertrud 129
Zukunft 73, 106, 186